NCS
건강보험
심사평가원
전산직 필기시험

NCS 건강보험심사평가원
전산직 필기시험

초판 발행   2019년 10월 16일
2쇄 발행   2021년 4월 16일

편 저 자 | 취업적성연구소
발 행 처 | ㈜서원각
등록번호 | 1999-1A-107호
주   소 | 경기도 고양시 일산서구 덕산로 88-45(가좌동)
교재주문 | 031-923-2051
팩   스 | 031-923-3815
교재문의 | 카카오톡 플러스 친구[서원각]
영상문의 | 070-4233-2505
홈페이지 | www.goseowon.com
책임편집 | 김원갑
디 자 인 | 이규희

PREFACE

우리나라 기업들은 1960년대 이후 현재까지 비약적인 발전을 이루었다. 이렇게 급속한 성장을 이룰 수 있었던 배경에는 우리나라 국민들의 근면성 및 도전정신이 있었다. 그러나 빠르게 변화하는 세계 경제의 환경에 적응하기 위해서는 근면성과 도전정신 이외에 또 다른 성장 요인이 필요하다.

최근 많은 공사ㆍ공단에서는 기존의 직무 관련성에 대한 고려 없이 인ㆍ적성, 지식 중심으로 치러지던 필기전형을 탈피하고, 산업현장에서 직무를 수행하기 위해 요구되는 능력을 산업부문별ㆍ수준별로 체계화 및 표준화한 NCS를 기반으로 하여 채용공고 단계에서 제시되는 '직무 설명자료'상의 직업기초능력과 직무수행능력을 측정하기 위한 직업기초능력평가, 직무수행능력평가 등을 도입하고 있다.

건강보험심사평가원에서도 업무에 필요한 역량 및 책임감과 적응력 등을 구비한 인재를 선발하기 위하여 고유의 직업기초능력평가를 치르고 있다. 본서는 건강보험심사평가원 신규직원 채용대비를 위한 필독서로 건강보험심사평가원 직업기초능력평가의 출제경향을 철저히 분석하여 응시자들이 보다 쉽게 시험유형을 파악하고 효율적으로 대비할 수 있도록 구성하였다.

신념을 가지고 도전하는 사람은 반드시 그 꿈을 이룰 수 있습니다. 처음에 품은 신념과 열정이 취업 성공의 그 날까지 빛바래지 않도록 서원각이 수험생 여러분을 응원합니다.

01 의사소통능력

1 의사소통과 의사소통능력

(1) 의사소통

① 개념 … 사람들 간에 생각이나 감정, 정보, 의견 등을 교환하는 총체적인 행위로, 직장생활에서의 의사소통은 조직과 팀의 효율성과 효과성을 성취할 목적으로 이루어지는 구성원 간의 정보와 지식 전달 과정이라고 할 수 있다.

② 기능 … 공동의 목표를 추구해 나가는 집단 내의 기본적 존재 기반이며 성과를 결정하는 핵심 기능이다.

③ 의사소통의 종류
  ㉠ 언어적인 것: 대화, 전화통화, 토론 등
  ㉡ 문서적인 것: 메모, 편지, 기획서 등
  ㉢ 비언어적인 것: 몸짓, 표정 등

01 인성검사의 개요

1 인성(성격)검사의 개념과 목적

인성(성격)이란 개인을 특징짓는 평범하고 일상적인 사회적 이미지, 즉 지속적이고 일관된 공적 성격(Public - personality)이며, 환경에 대응함으로써 선천적·후천적 요소의 상호작용으로 결정화된 심리적·사회적 특성 및 경향을 의미한다.

인성검사는 직무적성검사를 실시하는 대부분의 기업체에서 병행하여 실시하고 있으며, 인성검사만 독자적으로 실시하는 기업도 있다.

기업체에서는 인성검사를 통하여 각 개인이 어떠한 성격 특성이 발달되어 있고, 어떤 특성이 얼마나 부족한지, 그것이 해당 직무의 특성 및 조직문화와 얼마나 맞는지를 알아보고 이에 적합한 인재를 선발하고자 한다. 또한 개인에게 적합한 직무 배분과 부족한 부분을 교육을 통해 보완하도록 할 수 있다.

핵심이론정리

NCS 직업기초능력평가의 각 영역에 대한 핵심이론을 수록하였습니다.

출제예상문제

각 영역에 대한 다양한 유형의 출제예상문제를 수록하여 실전에 대비할 수 있습니다.

인성검사 및 면접

인성검사의 개요와 인성검사 예시를 수록하였습니다. 또한 성공취업을 위한 면접의 기본 및 최신 면접 기출을 수록하여 취업의 마무리까지 깔끔하게 책임집니다.

CONTENTS

PART

I

건강보험심사평가원 소개

01 기관소개 및 채용안내

1 평가원 소개

(1) 개요

심사평가원은 국민의료평가기관으로서 진료비 심사와 요양급여 적정성 평가업무를 통해 국민들이 걱정 없이 질 좋은 의료서비스를 누리고 의료공급자는 건실하게 성장할 수 있도록 최선을 다하고 있다.

심사평가원은 국민과 의료계 등 다양한 이해관계자와의 소통과 협력을 통해 보건의료 발전에 기여하고, 건강하고 안전한 의료문화를 열어가고자 끊임없는 변화와 혁신을 다하며, 또한, 지역사회와 함께 상생하고 국민을 위한 공공기관으로서 공동체 발전을 위해 사회적 책무를 다하고 있다.

(2) 비전 전략체계

① 미션 … 국민의 의료부담을 덜고, 안전하며 질 높은 의료이용을 돕는다.

② 비전 … 보건의료 디지털 혁신으로 최적의 의료문화를 만드는 Global HIRA

③ 경영목표

    ㉠ 적정의료율 70%

    ㉡ 의료 질 향상률 30% (누적)

    ㉢ 분석심사 추진성과 100%

    ㉣ 보장성 강화 정책 이행 100%

    ㉤ 약품비 재평가 비율 10%

    ㉥ 디지털 지수 70점

    ㉦ 부적절 의약품예장 60% 이상

    ㉧ 보건의료 빅데이터 활용 창업 R/D 지원 100건

    ㉨ 사회적가치 100점

    ㉩ 종합청렴도 1등급

    ㉪ 민간일자리 창출 2만명

④ 전략방향

    ㉠ 가치기반 심사평가 체계 전환

    ㉡ 국민지향 의료보장 강화

    ㉢ 디지털 중심 국민안전체계 확립

    ㉣ 경영형식을 통한 사회적가치 확대

⑤ 전략과제

    ㉠ 가치기반 심사평가 추진

    ㉡ 효율적 진료비 심사

    ㉢ 환자안전 및 의료 질 평가 강화

    ㉣ 적정진료 환경 조성

    ㉤ 단계적 급여화를 통한 보장성 강화

    ㉥ 지역사회 중심 보건의료체계 개선

    ㉦ 미래지향적 수가제도 고도화

    ㉧ 지속가능한 의료보장 정책지원

    ㉨ 포스트 코로나 대비 보건의료 안전관리 체계구축

    ㉩ HIRA 디지털 뉴딜 추진

    ㉪ ICT 기반 업무 효율화

    ㉫ 정보공개 확대로 국민 알 권리 보장

    ㉬ 상생협력 등 사회적 책임경영 강화

    ㉭ 안전경영 정착 및 기관운영 혁신

    ㉮ 윤리경영 실현을 위한 인권경영 · 청렴문화 확산

    ㉯ 협력을 통한 미래 보건의료발전 촉진

⑥ 핵심가치

    ㉠ 국민 최우선

    ㉡ 소통과 협력

    ㉢ 공정과 신뢰

    ㉣ 열린 전문성

⑦ 슬로건

    ㉠ Smart HIRA Better Health

    ㉡ 의료 질은 높게, 국민 건강엔 날개를

    ㉢ 보건의료를 가치 있게, 온 국민을 건강하게

2 업무안내

(1) HIRA 시스템

  한국의 건강보험제도는 급속한 성장과 한정된 자원하에 효율적인 제도를 운영해 오고 있으며, 이를 위해 건강보험심사평가원은 1977년부터 약 40년간 보건의료 서비스 지출 효율화의 역할을 충실히 해

오고 있다. 합리적인 보건의료서비스 시출을 위해 급여기준을 관리하는 '의료시비스 기준 설정', 진료비 심사 등을 통해 제공된 서비스가 적절했는지 확인하는 '모니터링 & 피드백', 의료자원 등 보건의료정보관리를 수행하는 '인프라 관리' 기능을 수행하고 있다.

(2) 의료행위관리

의료행위관리는 의사의 진료행위를 분류하고 행위별 표준코드를 부여하며, 적정한 가격 산정과 급여기준 등을 설정하여 관리하는 업무이다.

(3) 치료재료관리

치료재료관리는 스텐트, 인공관절, 임플란트 등을 분류하고 용도, 기능 등을 고려하여 코드를 부여하며 적정한 가격 산정과 급여기준 등을 설정하여 관리하는 업무이다.

(4) 의약품관리

의약품 관리는 임상적으로 치료적 가치가 높은 의약품에 대해 적정한 가격을 책정하고 급여기준 등을 설정하여 관리하는 업무이다.

(5) 진료비청구/심사 운영

심사운영은 의료공급자가 진료비를 청구하면 국민건강보험법 등에서 정한 기준에 의해 진료비와 진료 내역이 올바르게 청구되었는지, 의·약학적으로 타당하고 비용 효과적으로 이루어졌는지 확인하는 업무이다.

(6) 의료 질 평가운영

평가는 진찰·수술·의약품 사용 등 의료서비스에 대해 의약학적 측면과 비용·효과적인 측면에서 적정하게 행하였는지를 평가하는 업무이다.

(7) 의약품안전사용서비스(DUR)

의약품안전사용서비스(DUR, Drug Utilization Review)는 의사 및 약사에게 의약품 처방·조제 시 금기 등 의약품 안전성과 관련된 정보를 실시간으로 제공하여 부적절한 약물사용을 사전에 점검할 수 있도록 지원하는 업무이다.

(8) 현지조사

현지조사는 요양기관이 지급받은 요양급여비용 등에 대해 세부 진료내역을 근거로 사실관계 및 적법여부를 확인·조사하고, 그 결과에 따라 부당이득 환수 및 행정처분 등을 실시하는 보건복지부장관의 행정조사이다.

(9) 의약품유통정보관리

의약품유통정보관리는 국내에서 유통되는 모든 의약품에 대해 국가 표준코드를 부여하고 생산·수입·공급·소비 실적을 수집하여 관리하는 업무이다.

(10) 의료자원관리

의료자원관리는 진료비 심사 및 의료서비스 질 평가에 기초자료가 되는 의료자원 현황(의료 인력·시설·장비 등)을 의료공급자로부터 신고 받아 전산 등록·관리하는 업무이다.

(11) 환자분류체계 개발

환자분류체계(Patient Classification System, PCS)는 상병, 시술 등을 이용해서 외래나 입원환자를 자원소모나 임상적 측면에서 유사한 그룹으로 분류하는 체계이다. 의료기관간 진료비나 질적 수준을 비교하기 위해서는 비교 대상이 되는 의료기관의 환자구성이 동일해야 하는데, 이를 보정하기 위한 도구로서 가장 널리 사용되고 있는 것이 환자분류체계이다.

(12) 보건의료 Big data 분석

보건의료 빅데이터는 전 국민 진료정보, 의약품, 의료자원 정보 등을 축적한 자료로 근거 기반의 국가 보건의료 정책 수립 및 학술 연구 등에 활용되고 있다.

3 인재상

(1) 통합 인재상

창의성과 열린 전문성을 갖추고 공정한 업무수행으로 국민에게 신뢰받는 심평인

(2) 국민을 위하는 인재

국민 안전과 건강 증진을 최우선으로 생각하는 인재

(3) 소통하고 협력하는 인재

상호존중의 자세로 내·외부와 협력하는 인재

(4) 공정함으로 신뢰받는 인재

공정하고 균형 잡힌 업무수행으로 신뢰받는 인재

(5) 열린 전문성을 갖춘 창의적 인재

열린 사고로 전문성을 키우고 창의성을 발휘하는 인재

4 **채용안내**

(1) 자격기준

① 공통 자격조건

    ㉠ 병역법 제76조의 병역의무 불이행자에 해당하지 않는 자(군필, 미필, 면제 및 '21. 8. 15. 이전 전역예정자는 응시 가능)

    ㉡ 건강보험심사평가원 인사규정 제14조 임용결격사유에 해당하지 않는 자

    ㉢ 건강보험심사평가원 인사규정 제71조에 따라 수습임용(예정)일 기준 정년(만 60세)이 도래하지 않는 자

    ㉣ 수습 임용(예정)일부터 근무가능한 자

② 행정직(6급갑) ⋯ 제한 없음

③ 심사직

    ㉠ 약사(4급)

    • 약사 면허 취득 후 관련업무 1년 이상 경력자, 약사 면허 취득 후 약학 관련 석사학위 이상 소지자

    • 관련업무 : 면허 취득 후 당해분야 경력

    ㉡ 간호사 등(5급)

    • 면허 취득 후 관련업무 1년 이상 경력자

    -관련면허 : 간호사, 의료기사, 보건의료정보관리사

    -관련업무 : 종합병원급 이상 의료기관의 임상이나 심사경력, 진료비 심사기관의 심사경력

    • 치과기공사 · 위생사의 경우 치과대학 부속 치과병원 근무도 포함하여 경력 인정

    • 진료비 심사기관 인정 범위 : 건강보험심사평가원, 국민연금공단 장애심사센터, 근로복지공단 산재의학센터

④ 전산직(6급갑)

    ㉠ 전산 관련 자격증 1개 이상 소지자

    ㉡ 관련자격 : 정보처리기사, 전자계산기기사, 정보통신기사

⑤ 연구직 ⋯ 직무 관련 석사학위 이상 소지자

(2) 전형절차

---
① 채용공고 → ② 서류심사 → ③ 필기시험 → ④ 인성검사 → ⑤ 증빙서류 등록 → ⑥ 면접심사 → ⑦ 임용(증빙) 서류 등록 · 확인 → ⑧ 수습 임용
---

(3) 필기시험

① **시험대상** ⋯ 서류심사 합격자

② **시험과목** ⋯ NCS 기반 직업기초능력평가 / 직무수행능력평가

③ 세부내용

구분	영역	직무별 평가내용
1교시 총 80문항 90분	NCS 기반 직업기초 능력평가 총 40문항	[행정직·심사직] 총 40문항 -의사소통능력, 문제해결능력, 정보능력, 조직이해능력 [전산직] 총 40문항 -의사소통능력, 수리능력, 문제해결능력, 정보능력 [연구직] 총 40문항 -의사소통능력, 수리능력, 문제해결능력, 정보능력, 자원관리능력
	직무수행 능력평가 총 40문항	[보건의료지식] 행정직·전산직·연구직 각 10문항 / 심사직 40문항 ※ 보건의료지식 : 건강보험심사평가원 업무 및 역할, 건강보험법령 • 건강보험법령 출제범위 및 기준 -국민건강보험법 -국민건강보험법 시행령 -국민건강보험법 시행규칙 -국민건강보험 요양급여의 기준에 관한 규칙 [직무관련 전공지식 평가] 행정직·전산직·연구직 각 30문항 • 행정직 : 법학, 행정학, 경영학, 경제학 등 통합전공지식 • 전산직 : 프로그래밍 언어, 데이터베이스, 정보통신분야 지식 등 • 연구직 : 보건의료분야 정책현안 지식, 통계 분석·해석 등

(4) 면접심사

① **면접대상** ⋯ 기간 내 인성검사 실시를 완료한 자

② **면접장소** ⋯ 건강보험심사평가원 본원 교육장 등

③ 면접방법

구분	평가내용
다대일 집중면접 (면접위원 다수 / 면접자 1인)	직무역량, 조직적합성 및 인성 동시 평가 (심층, 인성면접) ※ 전산직 : 코딩 및 프로그램 개발 관련 기술능력 검증 병행 　　연구직 : 학위·개인학술연구논문 기반 PT면접 병행

02 관련기사

심사평가원, 자동차보험 '지급보증정보' 발급 프로세스 개선 착수

다양한 플랫폼 제공과 업무 편의성 향상 제고

건강보험심사평가원(이하 '심사평가원')은 16일 교통사고 환자 자격과 관련된 청구오류를 예방하고 업무 편의성을 향상시키기 위해 지급보증정보 신청·발급 프로세스를 개선한다고 밝혔다.

심사평가원은 지급보증정보*를 의료기관이 쉽고 빠르게 사용할 수 있도록 '18년 지급보증정보 중계 시스템을 구축하여, 지급보증정보 확인시간 단축(2일→2분), 자격 관련 청구오류 30% 감소, 의료기관 행정비용 약 15억 원이 절감되는 성과를 이뤘다.

교통사고 환자의 신속한 진료를 가능하게 하는 등 고객 관점의 기대효과가 높아 '20년 감사원 감사 결과 적극행정 모범사례로 선정되어 올해 포상도 받을 계획이다.

*보험회사 등이 의료기관에 알려주는 교통사고 환자 정보(지급보증 여부, 지급한도 등)

다만, 중계시스템은 포털기반의 단일 서비스, 환자정보를 수기로 재입력해야 하는 등 의료기관의 불편함으로 이용률이 15% 정도에 불과한 실정이다.

이에 심사평가원은 보험회사와 의약단체 등 이해관계자와의 충분한 협의를 거쳐 '지급보증정보' 신청·발급 프로세스를 다양한 플랫폼으로 제공하고 업무 편의성 향상을 위해 노력할 계획이다.

시스템 개선 방안은 보험회사 등의 업무시스템을 변경하지 않는 범위 내에서 의료기관이 API*를 통해 직접 지급보증정보를 확인 가능하게 하고, 향후 지급보증 개선 로드맵을 만들어 지속적으로 추진한다는 내용이다.

*API : 사용자 프로그램에서 다른 서비스에 요청을 보내고 응답을 받도록 정의된 인터페이스

오영식 자동차보험심사센터장은 "자동차보험 보상 및 자격점검업무는 매우 복잡하고 어려운 업무이지만, 이해관계자와의 협력을 통해 국민, 의료기관 및 보험회사 모두 상생할 수 있도록 적극적으로 서비스를 개선할 예정"이라고 밝혔다.

− 2021. 3. 16

면접질문 심사평가원이 지급보증정보 중계시스템을 구축하여 이루어낸 성과에 대해 간략하게 설명해 보시오.

심사평가원, 빅데이터를 활용한 최초 특허 획득

보건의료데이터 공동 연구로 임상 현장에서 활용가능 사례 만들어

건강보험심사평가원(이하 '심사평가원')이 서울대학교병원 신경과(윤병우 교수), 한림대학교병원 신경과(이병철 교수)와 공동 연구해 출원한 '급성 뇌경색 환자의 3개월 후 기능적 예후 예측 방법 및 시스템'이 '21. 2월 특허(등록번호 10-2216822)를 취득했다.

이는 심사평가원이 보건의료빅데이터 공동 연구를 통해 취득한 최초의 특허 등록 사례다.

이 특허는 CRCS* registry 등록 환자의 데이터와 심사평가원의 건강보험 청구 데이터를 연계한 데이터베이스를 이용한 것으로, 국내 실정에 맞는 '뇌졸중 예후 예측 및 관리모델 개발' 연구를 통해 발명됐다.

*CRCS(Clinical Research Center for Stroke) : 뇌졸중 임상연구센터

급성 뇌경색 환자의 기능적 예후와 관련된 연령, 성별, 이전 뇌졸중병력 등 인자 분석을 통해, 3개월 후 기능적 예후 예측 점수체계를 마련했다.

예후 불량군과 예후 양호군으로 분류해 객관적으로 급성 뇌경색 환자의 3개월 후 기능적 예후에 대한 예측이 가능하도록 했고, 이를 환자 특성에 맞는 치료 및 관리에 적용할 수 있도록 함으로서 임상 진료의 질 향상에 기여했다.

심사평가원은 2015년부터 보건의료빅데이터개방시스템(opendata.hira.or.kr)을 통해 이용목적에 맞춰 보건의료데이터를 제공하고 있으며, 이를 통해 학술연구, 신약개발 등 R&D사업 등에 활용할 수 있도록 지원하고 있다. 또한, 보건의료데이터를 포털, 앱에서 이용할 수 있도록 병원·약국정보 등을 Open API로 제공하고 있다.

심사평가원 박한준 빅데이터실장은 "이번 특허를 통해 보건의료데이터 활용 연구가 실제 임상 진료 현장에서 적용 될 수 있는 가능성을 열었다. 앞으로도 국민 건강 증진에 도움 될 수 있도록 다양한 연구 분야에 적극 지원하겠다."고 전했다.

- 2021. 2. 26

면접질문   심사평가원이 빅데이터를 기반으로 제공하고 있는 보건의료데이터에 대해 아는 대로 설명해 보시오.

PART

II

직업기초능력평가

01 의사소통능력

1 의사소통과 의사소통능력

(1) 의사소통

① 개념 … 사람들 간에 생각이나 감정, 정보, 의견 등을 교환하는 총체적인 행위로, 직장생활에서의 의사소통은 조직과 팀의 효율성과 효과성을 성취할 목적으로 이루어지는 구성원 간의 정보와 지식 전달 과정이라고 할 수 있다.

② 기능 … 공동의 목표를 추구해 나가는 집단 내의 기본적 존재 기반이며 성과를 결정하는 핵심 기능이다.

③ 의사소통의 종류
  ㉠ 언어적인 것 : 대화, 전화통화, 토론 등
  ㉡ 문서적인 것 : 메모, 편지, 기획안 등
  ㉢ 비언어적인 것 : 몸짓, 표정 등

④ 의사소통을 저해하는 요인 : 정보의 과다, 메시지의 복잡성 및 메시지 간의 경쟁, 상이한 직위와 과업지향형, 신뢰의 부족, 의사소통을 위한 구조상의 권한, 잘못된 매체의 선택, 폐쇄적인 의사소통 분위기 등

(2) 의사소통능력

① 개념 … 의사소통능력은 직장생활에서 문서나 상대방이 하는 말의 의미를 파악하는 능력, 자신의 의사를 정확하게 표현하는 능력, 간단한 외국어 자료를 읽거나 외국인의 의사표시를 이해하는 능력을 포함한다.

② 의사소통능력 개발을 위한 방법
  ㉠ 사후검토와 피드백을 활용한다.
  ㉡ 명확한 의미를 가진 이해하기 쉬운 단어를 선택하여 이해도를 높인다.
  ㉢ 적극적으로 경청한다.
  ㉣ 메시지를 감정적으로 곡해하지 않는다.

2 의사소통능력을 구성하는 하위능력

(1) 문서이해능력

① 문서와 문서이해능력
   - ㉠ 문서 : 제안서, 보고서, 기획서, 이메일, 팩스 등 문자로 구성된 것으로 상대방에게 의사를 전달하여 설득하는 것을 목적으로 한다.
   - ㉡ 문서이해능력 : 직업현장에서 자신의 업무와 관련된 문서를 읽고, 내용을 이해하고 요점을 파악할 수 있는 능력을 말한다.

예제 1

다음은 신용카드 약관의 주요내용이다. 규정 약관을 제대로 이해하지 못한 사람은?

[부가서비스]
카드사는 법령에서 정한 경우를 제외하고 상품을 새로 출시한 후 1년 이내에 부가서비스를 줄이거나 없앨 수가 없다. 또한 부가서비스를 줄이거나 없앨 경우에는 그 세부내용을 변경일 6개월 이전에 회원에게 알려주어야 한다.

[중도 해지 시 연회비 반환]
연회비 부과기간이 끝나기 이전에 카드를 중도해지하는 경우 남은 기간에 해당하는 연회비를 계산하여 10 영업일 이내에 돌려줘야 한다. 다만, 카드 발급 및 부가서비스 제공에 이미 지출된 비용은 제외된다.

[카드 이용한도]
카드 이용한도는 카드 발급을 신청할 때에 회원이 신청한 금액과 카드사의 심사 기준을 종합적으로 반영하여 회원이 신청한 금액 범위 이내에서 책정되며 회원의 신용도가 변동되었을 때에는 카드사는 회원의 이용한도를 조정할 수 있다.

[부정사용 책임]
카드 위조 및 변조로 인하여 발생된 부정사용 금액에 대해서는 카드사가 책임을 진다. 다만, 회원이 비밀번호를 다른 사람에게 알려주거나 카드를 다른 사람에게 빌려주는 등의 중대한 과실로 인해 부정사용이 발생하는 경우에는 회원이 그 책임의 전부 또는 일부를 부담할 수 있다.

① 혜수 : 카드사는 법령에서 정한 경우를 제외하고는 1년 이내에 부가서비스를 줄일 수 없어.
② 진성 : 카드 위조 및 변조로 인하여 발생된 부정사용 금액은 일괄 카드사가 책임을 지게 돼.
③ 영훈 : 회원의 신용도가 변경되었을 때 카드사가 이용한도를 조정할 수 있어.
④ 영호 : 연회비 부과기간이 끝나기 이전에 카드를 중도 해지하는 경우에는 남은 기간에 해당하는 연회비를 카드사는 돌려줘야 해.

답 ②

[출제의도]
주어진 약관의 내용을 읽고 그에 대한 상세 내용의 정보를 이해하는 능력을 측정하는 문항이다.
[해설]
② 부정사용에 대해 고객의 과실이 있으면 회원이 그 책임의 전부 또는 일부를 부담할 수 있다.

② 문서의 종류

　ㄱ 공문서 : 정부기관에서 공무를 집행하기 위해 작성하는 문서로, 단체 또는 일반회사에서 정부기관을 상대로 사업을 진행할 때 작성하는 문서도 포함된다. 엄격한 규격과 양식이 특징이다.

　ㄴ 기획서 : 아이디어를 바탕으로 기획한 프로젝트에 대해 상대방에게 전달하여 시행하도록 설득하는 문서이다.

　ㄷ 기안서 : 업무에 대한 협조를 구하거나 의견을 전달할 때 작성하는 사내 공문서이다.

　ㄹ 보고서 : 특정한 업무에 관한 현황이나 진행 상황, 연구·검토 결과 등을 보고하고자 할 때 작성하는 문서이다.

　ㅁ 설명서 : 상품의 특성이나 작동 방법 등을 소비자에게 설명하기 위해 작성하는 문서이다.

　ㅂ 보도자료 : 정부기관이나 기업체 등이 언론을 상대로 자신들의 정보를 기사화 되도록 하기 위해 보내는 자료이다.

　ㅅ 자기소개서 : 개인이 자신의 성장과정이나, 입사 동기, 포부 등에 대해 구체적으로 기술하여 자신을 소개하는 문서이다.

　ㅇ 비즈니스 레터(E-mail) : 사업상의 이유로 고객에게 보내는 편지다.

　ㅈ 비즈니스 메모 : 업무상 확인해야 할 일을 메모형식으로 작성하여 전달하는 글이다.

③ 문서이해의 절차 … 문서의 목적 이해→문서 작성 배경·주제 파악→정보 확인 및 현안문제 파악→문서 작성자의 의도 파악 및 자신에게 요구되는 행동 분석→목적 달성을 위해 취해야 할 행동 고려→문서 작성자의 의도를 도표나 그림 등으로 요약·정리

(2) 문서작성능력

① 작성되는 문서에는 대상과 목적, 시기, 기대효과 등이 포함되어야 한다.

② 문서작성의 구성요소

　ㄱ 짜임새 있는 골격, 이해하기 쉬운 구조

　ㄴ 객관적이고 논리적인 내용

　ㄷ 명료하고 설득력 있는 문장

　ㄹ 세련되고 인상적인 레이아웃

다음은 들은 내용을 구조적으로 정리하는 방법이다. 순서에 맞게 배열하면?

> ㉠ 관련 있는 내용끼리 묶는다.
> ㉡ 묶은 내용에 적절한 이름을 붙인다.
> ㉢ 전체 내용을 이해하기 쉽게 구조화한다.
> ㉣ 중복된 내용이나 덜 중요한 내용을 삭제한다.

① ㉠㉡㉢㉣   ② ㉠㉡㉣㉢
③ ㉡㉠㉢㉣   ④ ㉡㉠㉣㉢

[출제의도]
음성정보는 문자정보와는 달리 쉽게 잊혀 지기 때문에 음성정보를 구조화 시키는 방법을 묻는 문항이다.
[해설]
내용을 구조적으로 정리하는 방법은 '㉠ 관련 있는 내용끼리 묶는다. → ㉡ 묶은 내용에 적절한 이름을 붙인다. → ㉣ 중복된 내용이나 덜 중요한 내용을 삭제한다. → ㉢ 전체 내용을 이해하기 쉽게 구조화한다.'가 적절하다.

답 ②

③ 문서의 종류에 따른 작성방법

 ㉠ 공문서

  • 육하원칙이 드러나도록 써야 한다.

  • 날짜는 반드시 연도와 월, 일을 함께 언급하며, 날짜 다음에 괄호를 사용할 때는 마침표를 찍지 않는다.

  • 대외문서이며, 장기간 보관되기 때문에 정확하게 기술해야 한다.

  • 내용이 복잡할 경우 '－다음－', '－아래－'와 같은 항목을 만들어 구분한다.

  • 한 장에 담아내는 것을 원칙으로 하며, 마지막엔 반드시 '끝'자로 마무리 한다.

 ㉡ 설명서

  • 정확하고 간결하게 작성한다.

  • 이해하기 어려운 전문용어의 사용은 삼가고, 복잡한 내용은 도표화 한다.

  • 명령문보다는 평서문을 사용하고, 동어 반복보다는 다양한 표현을 구사하는 것이 바람직하다.

 ㉢ 기획서

  • 상대를 설득하여 기획서가 채택되는 것이 목적이므로 상대가 요구하는 것이 무엇인지 고려하여 작성하며, 기획의 핵심을 잘 전달하였는지 확인한다.

  • 분량이 많을 경우 전체 내용을 한눈에 파악할 수 있도록 목차구성을 신중히 한다.

  • 효과적인 내용 전달을 위한 표나 그래프를 적절히 활용하고 산뜻한 느낌을 줄 수 있도록 한다.

  • 인용한 자료의 출처 및 내용이 정확해야 하며 제출 전 충분히 검토한다.

ⓔ 보고서

- 도출하고자 한 핵심내용을 구체적이고 간결하게 작성한다.
- 내용이 복잡할 경우 도표나 그림을 활용하고, 참고자료는 정확하게 제시한다.
- 제출하기 전에 최종점검을 하며 질의를 받을 것에 대비한다.

예제 3

다음 중 공문서 작성에 대한 설명으로 가장 적절하지 못한 것은?

① 공문서나 유가증권 등에 금액을 표시할 때에는 한글로 기재하고 그 옆에 괄호를 넣어 숫자로 표기한다.
② 날짜는 숫자로 표기하되 년, 월, 일의 글자는 생략하고 그 자리에 온점(.)을 찍어 표시한다.
③ 첨부물이 있는 경우에는 붙임 표시문 끝에 1자 띄우고 "끝."이라고 표시한다.
④ 공문서의 본문이 끝났을 경우에는 1자를 띄우고 "끝."이라고 표시한다.

[출제의도]
업무를 할 때 필요한 공문서 작성법을 잘 알고 있는지를 측정하는 문항이다.
[해설]
공문서 금액 표시
아라비아 숫자로 쓰고, 숫자 다음에 괄호를 하여 한글로 기재한다.
예) 금 123,456원(금 일십이만삼천사백오십육원)

답 ①

---

④ 문서작성의 원칙

ⓐ 문장은 짧고 간결하게 작성한다(간결체 사용).
ⓑ 상대방이 이해하기 쉽게 쓴다.
ⓒ 불필요한 한자의 사용을 자제한다.
ⓓ 문장은 긍정문의 형식을 사용한다.
ⓔ 간단한 표제를 붙인다.
ⓕ 문서의 핵심내용을 먼저 쓰도록 한다(두괄식 구성).

⑤ 문서작성 시 주의사항

ⓐ 육하원칙에 의해 작성한다.
ⓑ 문서 작성시기가 중요하다.
ⓒ 한 사안은 한 장의 용지에 작성한다.
ⓓ 반드시 필요한 자료만 첨부한다.
ⓔ 금액, 수량, 일자 등은 기재에 정확성을 기한다.
ⓕ 경어나 단어사용 등 표현에 신경 쓴다.
ⓖ 문서작성 후 반드시 최종적으로 검토한다.

⑥ 효과적인 문서작성 요령

    ㉠ 내용이해 : 전달하고자 하는 내용과 핵심을 정확하게 이해해야 한다.

    ㉡ 목표설정 : 전달하고자 하는 목표를 분명하게 설정한다.

    ㉢ 구성 : 내용 전달 및 설득에 효과적인 구성과 형식을 고려한다.

    ㉣ 자료수집 : 목표를 뒷받침할 자료를 수집한다.

    ㉤ 핵심전달 : 단락별 핵심을 하위목차로 요약한다.

    ㉥ 대상파악 : 대상에 대한 이해와 분석을 통해 철저히 파악한다.

    ㉦ 보충설명 : 예상되는 질문을 정리하여 구체적인 답변을 준비한다.

    ㉧ 문서표현의 시각화 : 그래프, 그림, 사진 등을 적절히 사용하여 이해를 돕는다.

(3) 경청능력

① 경청의 중요성 … 경청은 다른 사람의 말을 주의 깊게 들으며 공감하는 능력으로 경청을 통해 상대방을 한 개인으로 존중하고 성실한 마음으로 대하게 되며, 상대방의 입장에 공감하고 이해하게 된다.

② 경청을 방해하는 습관 … 짐작하기, 대답할 말 준비하기, 걸러내기, 판단하기, 다른 생각하기, 조언하기, 언쟁하기, 옳아야만 하기, 슬쩍 넘어가기, 비위 맞추기 등

③ 효과적인 경청방법

    ㉠ 준비하기 : 강연이나 프레젠테이션 이전에 나누어주는 자료를 읽어 미리 주제를 파악하고 등장하는 용어를 익혀둔다.

    ㉡ 주의 집중 : 말하는 사람의 모든 것에 집중해서 적극적으로 듣는다.

    ㉢ 예측하기 : 다음에 무엇을 말할 것인가를 추측하려고 노력한다.

    ㉣ 나와 관련짓기 : 상대방이 전달하고자 하는 메시지를 나의 경험과 관련지어 생각해 본다.

    ㉤ 질문하기 : 질문은 듣는 행위를 적극적으로 하게 만들고 집중력을 높인다.

    ㉥ 요약하기 : 주기적으로 상대방이 전달하려는 내용을 요약한다.

    ㉦ 반응하기 : 피드백을 통해 의사소통을 점검한다.

예제 4

다음은 면접스터디 중 일어난 대화이다. 민아의 고민을 해소하기 위한 조언으로 가장 적절한 것은?

> 지섭 : 민아씨, 어디 아파요? 표정이 안 좋아 보여요.
> 민아 : 제가 원서 넣은 공단이 내일 면접이어서요. 그동안 스터디를 통해서 면접 연습을 많이 했는데도 벌써부터 긴장이 되네요.
> 지섭 : 민아씨는 자기 의견도 명확히 피력할 줄 알고 조리 있게 설명을 잘 하시니 걱정 안하셔도 될 것 같아요. 아, 손에 꽉 쥐고 계신 건 뭔가요?
> 민아 : 아, 제가 예상 답변을 정리해서 모아둔거에요. 내용은 거의 외웠는데 이렇게 쥐고 있지 않으면 불안해서
> 지섭 : 그 정도로 준비를 철저히 하셨으면 걱정할 이유 없을 것 같아요.
> 민아 : 그래도 압박면접이거나 예상치 못한 질문이 들어오면 어떻게 하죠?
> 지섭 : ______________________

① 시선을 적절히 처리하면서 부드러운 어투로 말하는 연습을 해보는 건 어때요?
② 공식적인 자리인 만큼 옷차림을 신경 쓰는 게 좋을 것 같아요.
③ 당황하지 말고 질문자의 의도를 잘 파악해서 침착하게 대답하면 되지 않을까요?
④ 예상 질문에 대한 답변을 좀 더 정확하게 외워보는 건 어떨까요?

[출제의도]
상대방이 하는 말을 듣고 질문 의도에 따라 올바르게 답하는 능력을 측정하는 문항이다.
[해설]
민아는 압박질문이나 예상치 못한 질문에 대해 걱정을 하고 있으므로 침착하게 대응하라고 조언을 해주는 것이 좋다.

답 ③

(4) 의사표현능력

① 의사표현의 개념과 종류

㉠ 개념 : 화자가 자신의 생각과 감정을 청자에게 음성언어나 신체언어로 표현하는 행위이다.

㉡ 종류

- 공식적 말하기 : 사전에 준비된 내용을 대중을 대상으로 말하는 것으로 연설, 토의, 토론 등이 있다.
- 의례적 말하기 : 사회·문화적 행사에서와 같이 절차에 따라 하는 말하기로 식사, 주례, 회의 등이 있다.
- 친교적 말하기 : 친근한 사람들 사이에서 자연스럽게 주고받는 대화 등을 말한다.

② 의사표현의 방해요인

㉠ 연단공포증 : 연단에 섰을 때 가슴이 두근거리거나 땀이 나고 얼굴이 달아오르는 등의 현상으로 충분한 분석과 준비, 더 많은 말하기 기회 등을 통해 극복할 수 있다.

ⓛ 말 : 말의 장단, 고저, 발음, 속도, 쉼 등을 포함한다.

ⓒ 음성 : 목소리와 관련된 것으로 음색, 고저, 명료도, 완급 등을 의미한다.

ⓔ 몸짓 : 비언어적 요소로 화자의 외모, 표정, 동작 등이다.

ⓜ 유머 : 말하기 상황에 따른 적절한 유머를 구사할 수 있어야 한다.

③ 상황과 대상에 따른 의사표현법

ⓐ 잘못을 지적할 때 : 모호한 표현을 삼가고 확실하게 지적하며, 당장 꾸짖고 있는 내용에만 한정한다.

ⓛ 칭찬할 때 : 자칫 아부로 여겨질 수 있으므로 센스 있는 칭찬이 필요하다.

ⓒ 부탁할 때 : 먼저 상대방의 사정을 듣고 응하기 쉽게 구체적으로 부탁하며 거절을 당해도 싫은 내색을 하지 않는다.

ⓔ 요구를 거절할 때 : 먼저 사과하고 응해줄 수 없는 이유를 설명한다.

ⓜ 명령할 때 : 강압적인 말투보다는 '○○을 이렇게 해주는 것이 어떻겠습니까?'와 같은 식으로 부드럽게 표현하는 것이 효과적이다.

ⓗ 설득할 때 : 일방적으로 강요하기보다는 먼저 양보해서 이익을 공유하겠다는 의지를 보여주는 것이 좋다.

ⓢ 충고할 때 : 충고는 가장 최후의 방법이다. 반드시 충고가 필요한 상황이라면 예화를 들어 비유적으로 깨우쳐주는 것이 바람직하다.

ⓞ 질책할 때 : 샌드위치 화법(칭찬의 말 + 질책의 말 + 격려의 말)을 사용하여 청자의 반발을 최소화 한다.

예제 5

당신은 팀장님께 업무 지시내용을 수행하고 결과물을 보고 드렸다. 하지만 팀장님께서는 "최대리 업무를 이렇게 처리하면 어떡하나? 누락된 부분이 있지 않은가."라고 말하였다. 이에 대해 당신이 행할 수 있는 가장 부적절한 대처 자세는?

① "죄송합니다. 제가 잘 모르는 부분이라 이수혁 과장님께 부탁을 했는데 과장님께서 실수를 하신 것 같습니다."

② "주의를 기울이지 못해 죄송합니다. 어느 부분을 수정보완하면 될까요?"

③ "지시하신 내용을 제가 충분히 이해하지 못하였습니다. 내용을 다시 한 번 여쭤보아도 되겠습니까?"

④ "부족한 내용을 보완하는 자료를 취합하기 위해서 하루정도가 더 소요될 것 같습니다. 언제까지 재작성하여 드리면 될까요?"

[출제의도]

상사가 잘못을 지적하는 상황에서 어떻게 대처해야 하는지를 묻는 문항이다.

[해설]

상사가 부탁한 지시사항을 다른 사람에게 부탁하는 것은 옳지 못하며 설사 그렇다고 해도 그 일의 과오에 대해 책임을 전가하는 것은 지양해야 할 자세이다.

답 ①

④ 원활한 의사표현을 위한 지침

   ⊙ 올바른 화법을 위해 독서를 하라.

   ⓛ 좋은 청중이 되라.

   ⓒ 칭찬을 아끼지 마라.

   ⓔ 공감하고, 긍정적으로 보이게 하라.

   ⓜ 겸손은 최고의 미덕임을 잊지 마라.

   ⓗ 과감하게 공개하라.

   ⓢ 뒷말을 숨기지 마라.

   ⓞ 첫마디 말을 준비하라.

   ⓩ 이성과 감성의 조화를 꾀하라.

   ⓧ 대화의 룰을 지켜라.

   ⓚ 문장을 완전하게 말하라.

⑤ 설득력 있는 의사표현을 위한 지침

   ⊙ 'Yes'를 유도하여 미리 설득 분위기를 조성하라.

   ⓛ 대비 효과로 분발심을 불러 일으켜라.

   ⓒ 침묵을 지키는 사람의 참여도를 높여라.

   ⓔ 여운을 남기는 말로 상대방의 감정을 누그러뜨려라.

   ⓜ 하던 말을 갑자기 멈춤으로써 상대방의 주의를 끌어라.

   ⓗ 호칭을 바꿔서 심리적 간격을 좁혀라.

   ⓢ 끄집어 말하여 자존심을 건드려라.

   ⓞ 정보전달 공식을 이용하여 설득하라.

   ⓩ 상대방의 불평이 가져올 결과를 강조하라.

   ⓧ 권위 있는 사람의 말이나 작품을 인용하라.

   ⓚ 약점을 보여 주어 심리적 거리를 좁혀라.

   ⓣ 이상과 현실의 구체적 차이를 확인시켜라.

   ⓟ 자신의 잘못도 솔직하게 인정하라.

   ⓗ 집단의 요구를 거절하려면 개개인의 의견을 물어라.

   ⓐ 동조 심리를 이용하여 설득하라.

   ⓑ 지금까지의 노고를 치하한 뒤 새로운 요구를 하라.

   ⓒ 담당자가 대변자 역할을 하도록 하여 윗사람을 설득하게 하라.

   ⓓ 겉치레 양보로 기선을 제압하라.

   ⓔ 변명의 여지를 만들어 주고 설득하라.

   ⓕ 혼자 말하는 척하면서 상대의 잘못을 지적하라.

(5) 기초외국어능력

① 기초외국어능력의 개념과 필요성
   - ㉠ 개념 : 기초외국어능력은 외국어로 된 간단한 자료를 이해하거나, 외국인과의 전화응대와 간단한 대화 등 외국인의 의사표현을 이해하고, 자신의 의사를 기초외국어로 표현할 수 있는 능력이다.
   - ㉡ 필요성 : 국제화·세계화 시대에 다른 나라와의 무역을 위해 우리의 언어가 아닌 국제적인 통용어를 사용하거나 그들의 언어로 의사소통을 해야 하는 경우가 생길 수 있다.

② 외국인과의 의사소통에서 피해야 할 행동
   - ㉠ 상대를 볼 때 흘겨보거나, 노려보거나, 아예 보지 않는 행동
   - ㉡ 팔이나 다리를 꼬는 행동
   - ㉢ 표정이 없는 것
   - ㉣ 다리를 흔들거나 펜을 돌리는 행동
   - ㉤ 맞장구를 치지 않거나 고개를 끄덕이지 않는 행동
   - ㉥ 생각 없이 메모하는 행동
   - ㉦ 자료만 들여다보는 행동
   - ㉧ 바르지 못한 자세로 앉는 행동
   - ㉨ 한숨, 하품, 신음소리를 내는 행동
   - ㉩ 다른 일을 하며 듣는 행동
   - ㉪ 상대방에게 이름이나 호칭을 어떻게 부를지 묻지 않고 마음대로 부르는 행동

③ 기초외국어능력 향상을 위한 공부법
   - ㉠ 외국어공부의 목적부터 정하라.
   - ㉡ 매일 30분씩 눈과 손과 입에 밸 정도로 반복하라.
   - ㉢ 실수를 두려워하지 말고 기회가 있을 때마다 외국어로 말하라.
   - ㉣ 외국어 잡지나 원서와 친해져라.
   - ㉤ 소홀해지지 않도록 라이벌을 정하고 공부하라.
   - ㉥ 업무와 관련된 주요 용어의 외국어는 꼭 알아두자.
   - ㉦ 출퇴근 시간에 외국어 방송을 보거나, 듣는 것만으로도 귀가 트인다.
   - ㉧ 어린이가 단어를 배우듯 외국어 단어를 암기할 때 그림카드를 사용해 보라.
   - ㉨ 가능하면 외국인 친구를 사귀고 대화를 자주 나눠 보라.

출제예상문제

1 다음은 건강보험심사평가원의 고객서비스헌장이다. 밑줄 친 단어를 한자로 바꾸어 쓴 것으로 옳지 않은 것은?

> 우리 기관은 <u>요양</u>기관이 국민에게 제공하는 의료서비스의 적정성을 보장함으로써 국민의료의 질 향상과 건강증진에 공헌하도록 최선을 다하겠습니다.
>
> 또한, 우리 임·직원은 밝고 열린 의식으로 국민 여러분께 도움이 되는 새로운 창조적 서비스 창출과 대내외 이해관계자와 함께 성장·발전하는 <u>상생</u> 협력 관계 구축을 위해 노력할 것을 다짐하며 다음과 같이 실천하겠습니다.
> 1. 우리는 고객의 소리에 항상 귀 기울이고, 고객의 관점에서 생각하고 행동하겠습니다.
> 2. 우리는 고객에게 신속 공정 정확하고 편안한 서비스를 제공하겠습니다.
> 3. 우리는 고객과의 약속은 반드시 지키며, 고객의 비밀을 <u>보호</u>하겠습니다.
> 4. 우리는 고객이 원하는 정보를 최대한 <u>공개</u>하여 투명경영을 실천해 나가겠습니다.
> 5. 우리는 고객의 불편과 불만사항을 경청하여 잘못된 점은 바로 시정하고 개선하겠습니다.
> 우리는 이와 같이 고객에 대한 다짐을 실천하기 위하여 서비스 이행표준을 설정하여 이를 성실히 수행하고 나아가 공기관으로서 사회적 <u>책무</u>를 다하여, 윤리경영을 실천하는 건강보험심사평가원이 될 것을 약속드립니다.

① 요양 – 療養　　　　　② 상생 – 常生
③ 보호 – 保護　　　　　④ 공개 – 公開
⑤ 책무 – 責務

• 상생(常生) : 영원한 생명
• 상생(相生) : 두 가지 또는 여럿이 서로 공존하면서 살아감을 비유적으로 이르는 말

2 다음 글을 바탕으로 포괄수가제에 대해 이해한 내용으로 옳지 않은 것은?

> 현행 건강보험수가제도는 행위별 수가제를 근간으로 하며, 동 제도는 의료기관의 진찰, 검사, 처치 등 각각의 진료 행위들을 일일이 계산하여 사후적으로 비용을 지불하는 방식이다. 이러한 행위별 수가제는 급격한 진료량 증가와 이에 따른 의료비용 상승 가속화의 요인이 되고 있으며, 그 밖에도 의료서비스 공급 형태의 왜곡, 수가 관리의 어려움, 의료기관의 경영 효율화 유인장치 미비 등 많은 문제점들이 파생되었다.
>
> 이에 보건복지부는 행위별 수가제의 문제점을 개선하고 다양한 수가지불제도를 운영하기 위한 방안으로 질병군별 포괄수가제도의 도입을 추진하게 되었다. 이를 위해 1995년 1월에 질병군별(DRG)지불제도 도입 검토협의회를 구성하고, 일부 질병군을 대상으로 희망의료기관에 한하여 1997년부터 질병군별 포괄수가제도 시범사업을 시작하여 2001년까지 제3차 시범사업을 실시하였다.
>
> 동 시범사업 실시 및 평가를 통하여 2002년부터 8개 질병군에 대하여 요양기관에서 선택적으로 참여하는 방식으로 본 사업을 실시하였고 2003년 9월 이후에는 정상 분만을 제외하여 7개 질병군(수정체수술, 편도선수술, 항문수술, 탈장수술, 맹장수술, 자궁수술, 제왕절개 수술)을 선택 적용하였다. 2012년 7월 병·의원급에 당연적용 및 2013년 7월 종합병원급 이상 모든 의료기관을 대상으로 확대 적용하였다.
>
> 한편, 7개 질병군 포괄수가제도가 비교적 단순한 수술에 적합한 모형으로 개발되어 중증질환 등 복잡한 수술을 포함하는 전체 질병군으로 확대하기 어렵다는 한계가 있다. 이를 극복하기 위해 2009년 4월부터 국민건강보험공단 일산병원에 입원한 환자를 대상으로 신포괄수가 시범 사업을 실시하여 2011년 7월부터는 지역거점 공공병원으로 시범사업을 확대 실시하고, 2016년 말 기준으로 41개 병원, 559개 질병군을 대상으로 시범사업을 실시하고 있다.

① 포괄수가제는 부도덕한 의료서비스의 공급만을 개선하기 위한 것은 아니다.

② 공단은 포괄수가제를 7개 해당 질병군에서 더 확대 적용하기 위한 노력을 하고 있다.

③ 포괄수가제는 이전의 행위별 수가제이던 것을 일부 질병군에 한해 질병군별 수가제로 변경한 제도이다.

④ 시범사업 기간인 만큼 7개 질병군에 해당되어도 대형 병원에서 진료 시에는 포괄수가제 적용 여부를 사전에 확인하여야 한다.

⑤ 정상 분만 시의 의료행위는 포괄적으로 의료수가가 적용되지 않는다.

 ④ 포괄수가제는 이미 병·의원급과 종합병원급 이상 모든 의료기관을 대상으로 적용되고 있다. 시범사업 중인 것은 신포괄수가 제도이다.
　① 의료서비스 공급 형태의 왜곡, 수가 관리의 어려움, 의료기관의 경영 효율화 유인장치 미비 등 다양한 문제점들을 개선하고자 탄생한 것이 포괄수가제이다.
　② 확대 적용을 위해 활발한 시범사업을 진행하고 있다.
　③ 포괄수가제 실시를 기준으로 (7개 질병군에 한해) 이전에는 행위별, 이후에는 질병군별 수가를 적용하게 되는 것이다.
　⑤ 정상 분만은 포괄수가제 해당 질병군에서 제외되었으므로 포괄적 의료행위에 대한 수가가 적용되지 않는다.

Answer ⟶ 1.② 2.④

┃3~4┃ 다음은 골밀도 검사에 관한 급여기준 자료이다. 다음을 보고 물음에 답하시오.

〈골밀도 검사(bone densitometry)〉

■ 골밀도 검사의 정의

인체 특정 부위의 뼈의 양을 골밀도라고 하는 지표로 측정하고 이를 정상인의 골밀도와 비교하여 얼마나 뼈의 양이 감소되었는지를 평가하는 검사

■ 급여대상

1. 65세 이상의 여성과 70세 이상의 남성
2. 고휘험요소[※]가 1개 이상 있는 65세 미만의 폐경 후 여성
3. 비정상적으로 1년 이상 무월경을 보이는 폐경 전 여성
4. 비외상성(fragility) 골절
5. 골다공증을 유발할 수 있는 질환이 있거나 약물을 복용중인 경우
6. 기타 골다공증 검사가 반드시 필요한 경우

 ※ 고위험요소 : 저체중[BMI(체질량지수) < 18.5], 외상에 의하지 않은 골절의 과거력이 있거나 가족력이 있는 경우, 외과적인 수술로 인한 폐경 또는 40세 이전의 자연 폐경

■ 산정횟수

진단 시에는 1회 인정하되, 말단골 골밀도검사 결과 추가검사의 필요성이 있는 경우 1회에 한하여 중심뼈에서 추가검사 인정

■ 검사비용

위의 급여기준에 해당되어 요양급여대상인 경우, 골밀도검사비용은 검사당 최저 약 1만 2천만 원~최고 약 3만 7천 원(2013년 의원급 기준)까지이다.

■ 본인부담금

입원인 경우는 총진료비(비급여 제외) 중 20%를 부담(식대는 50%)하고, 외래로 치료한 경우에는 기관 종별에 따라 본인부담률은 차등 적용된다.

3 위의 급여기준 자료를 보고 고객의 문의에 따라 응대한 내용으로 가장 적절하지 것은? (단, 언급되지 않은 다른 사항은 고려하지 않는다)

① Q : 제가 올해로 60세가 되는 여성인데요, 골밀도 검사를 하려고 합니다. 급여대상이 되나요?

　A : 급여대상이 되지 않습니다. 여성의 경우에는 65세 이상이어야 합니다.

② Q : 골밀도 검사가 인정되는 산정횟수를 알고 싶습니다.

　A : 진단 시에는 1회 인정됩니다. 다만, 말단골 골밀도검사 결과 추가검사의 필요성이 있는 경우 1회에 한하여 중심뼈에서 추가검사가 인정됩니다.

③ Q : 제가 외래로 치료하였는데 본인부담률은 어느 정도 되는 건가요?

　A : 비급여를 제외하고 총진료비 중 20%를 부담하여야 합니다.

④ Q : 급여기준에 해당된다면 골밀도검사비용은 대략 얼마정도인가요?

　A : 검사당 최저 약 1만 2천만 원~최고 약 3만 7천 원 정도입니다.

⑤ Q : 보건소에서 인바디 측정 후 체질량지수가 17이라며 골밀도 검사 권유를 받은 50대 여성입니다. 급여대상이 되나요?

　A : 실례지만, 폐경 여부를 여쭈어도 괜찮을까요? 체질량지수가 18.5 미만이시니, 폐경이 되셨다면 급여대상에 해당하십니다.

 ③ 입원인 경우는 총진료비(비급여 제외) 중 20%를 부담(식대는 50%)하고, 외래로 치료한 경우에는 기관 종별에 따라 본인부담률은 차등 적용된다.

4 다음 중 골밀도 검사 급여대상에 해당되지 않는 경우를 모두 고르면?

> ㉠ 외상성(fragility) 골절인 경우
> ㉡ 비정상적으로 6개월 무월경을 보이는 폐경 전 여성
> ㉢ 체질량지수가 17이고 50세의 폐경 후 여성
> ㉣ 골다공증을 유발할 수 있는 약물을 복용중인 경우
> ㉤ 70세의 남성

① ㉠㉡　　　　　　　　　　　　　② ㉠㉢

③ ㉡㉢　　　　　　　　　　　　　④ ㉢㉤

⑤ ㉣㉤

 ㉠ 급여대상은 비외상성(fragility) 골절인 경우이다.
㉡ 급여대상은 비정상적으로 1년 이상 무월경을 보이는 폐경 전 여성일 경우이다.

Answer ➔ 3.③　4.①

5 다음은 어느 시의회의 2018년도 업무보고 청취 회의의 회의록의 일부이다. 회의에 임하는 태도로 가장 부적절한 것은?

> A 위원장 : 2018년도 업무보고 청취의 건을 계속해서 상정합니다. 다음은 부문별 보고로
> 보건관리과 소관 업무보고를 받도록 하겠습니다. ㉠보건관리과장 나오셔서 신
> 규사업 위주로 보고해 주시기 바랍니다.
>
> 보건관리과장 : 보건관리과장 ○○○입니다. 보건관리과 소관 2018년도 주요업무 계획을
> 보고 드리겠습니다.
>
> (보고사항 생략)
>
> A 위원장 : 수고하셨습니다. 다음은 질의하실 위원 질의하여 주시기 바랍니다.
>
> B 위원 : ㉡B 위원입니다. ○○○과장님 보고 잘 받았습니다. 우리 시 시민의 건강을 위
> 해 늘 애쓰심에 감사의 말씀을 드리고요. 질의 들어가겠습니다. 보고서 11쪽, 보건소 제
> 증명 인터넷 재발급 서비스를 보면 신규사업인데 비예산 사업이네요. 저는 이런 부분에
> 대해서 직원 분들한테 감사하다는 말씀드리고 싶어요. 기존에 있는 시스템, 프로그램을
> 활용해서 제증명을 발급하는 거죠?
>
> 보건관리과장 : 동은 작년도에 실시했고요. 59.3%를 동에서 발급했습니다.
>
> B 위원 : 비예산으로 사업을 함으로써 우리 시민이 편안하게 행정서비스를 받을 수 있다
> 는 것에 박수를 보내드립니다. 이런 것들이 정말 중요한 사업이 아닌가 생각을
> 합니다. 감사하고요. 14쪽 '4분의 기적', 이건 꼭 필요한 겁니다. 지금 우리 시
> 전체에 설치된 자동심장충격기가 몇 개죠? 2017년 실적을 보면 종합운동장 등
> 78개소라고 돼 있는데요.
>
> 보건관리과장 : ㉢올해부터 5월 31일까지 500세대 이상 되는 아파트라든지 집단시설에 의
> 무적으로 설치하도록 되어 있습니다.
>
> B 위원 : 강제조항이 있습니까?
>
> 보건관리과장 : 법이 개정돼서 올해부터 점검을 통해서 주택과에서 감사도 하고요. 저희
> 도 점검을 통해서, 관리비로 다 세우기 때문에…….
>
> B 위원 : ㉣잘 하고 계시는 사업인데요. 본 위원이 걱정스러운 게 4분의 기적이에요. 일
> 반적으로 평상 시 다니다 보면 '자동심장충격기 여기 있구나.'하고 알아요. 그런
> 데 그런 건 급할 때 사용하잖아요. 그때 "자동심장충격기 보신 분 가져다주세
> 요."하면 사람들이 위치가 어디인지 파악할 수가 없게 되어 있어요. ㉤요컨대,
> 효과적으로 홍보가 안됐다는 거죠.

① ㉠
② ㉡
③ ㉢
④ ㉣
⑤ ㉤

③ B 위원은 시 전체 설치된 자동심장충격기가 몇 개인지 물었는데 보건관리과장은 ⓒ에서 다른 답변을 하고 있다. 회의 중 받은 질의에 대해서는 질의자의 질문에 적절한 답변을 해야 한다.

① 명령을 할 때에는 강압적인 말투보다는 요청하듯 부드럽게 표현하는 것이 효과적이다.

② 회의에서질의를 할 때에는 가장 먼저 자신의 소속이나 이름을 밝히고, 발표자의 보고를 경청했다는 표현 등을 함께 해 주면 좋다.

④ 질책을 하기 전에는 칭찬의 말을 먼저 하고 질책의 말을 하는 것이 바람직하며, 질책 후에는 격려를 함께 하는 것이 청자의 반발을 최소화할 수 있다.

⑤ 자신의 말의 요점이 무엇인지 다시 한 번 언급해 줌으로써 보다 정확한 의사소통이 가능하다.

Answer ⟿ 5.③

6 다음은 유인입국심사에 대한 설명이다. 옳지 않은 것은?

◆ 유인입국심사 안내
- 입국심사는 국경에서 허가받는 행위로 내외국인 분리심사를 원칙으로 하고 있습니다.
- 외국인(등록외국인 제외)은 입국신고서를 작성하여야 하며, 등록대상인 외국인은 입국 일로부터 90일 이내 관할 출입국관리사무소에 외국인 등록을 하여야 합니다.
- 단체사증을 소지한 중국 단체여행객은 입국신고서를 작성하지 않으셔도 됩니다.(청소 년 수학여행객은 제외)
- 대한민국 여권을 위·변조하여 입국을 시도하는 외국인이 급증하고 있으므로 다소 불 편하시더라도 입국심사관의 얼굴 대조, 질문 등에 적극 협조하여 주시기 바랍니다.
- 외국인 사증(비자) 관련 사항은 법무부 출입국 관리국으로 문의하시기 바랍니다.

◆ 입국신고서 제출 생략
내국인과 90일 이상 장기체류 할 목적으로 출입국사무소에 외국인 등록을 마친 외국인 의 경우 입국신고서를 작성하실 필요가 없습니다.

◆ 심사절차

STEP 01	기내에서 입국신고서를 작성하지 않은 외국인은 심사 전 입국신고서를 작성해 주세요.
STEP 02	내국인과 외국인 심사 대기공간이 분리되어 있으니, 줄을 설 때 주의해 주세요. ※ 내국인은 파란선, 외국인은 빨간선으로 입장
STEP 03	심사대 앞 차단문이 열리면 입장해 주세요.
STEP 04	내국인은 여권을, 외국인은 입국신고서와 여권을 심사관에게 제시하고, 심 사가 끝나면 심사대를 통과해 주세요. ※ 17세 이상의 외국인은 지문 및 얼굴 정보를 제공해야 합니다.

① 등록대상인 외국인은 입국일로부터 90일 이내 관할 출입국관리사무소에 외국인 등록 을 하여야 한다.
② 중국 청소년 수학여행객은 단체사증을 소지하였더라도 입국신고서를 작성해야 한다.
③ 모든 외국인은 지문 및 얼굴 정보를 제공해야 한다.
④ 입국심사를 하려는 내국인은 파란선으로 입장해야 한다.
⑤ 내국인은 입국신고서를 작성할 필요가 없다.

(Tip) ③ 지문 및 얼굴 정보 제공은 17세 이상의 외국인에 해당한다.

7 다음의 업무제휴협약서를 보고 이해한 내용을 기술한 것 중 가장 적절하지 않은 것을 고르면?

〈업무제휴협약〉

㈜○○○과 ★★ CONSULTING(이하 ★★)는 상호 이익 증진을 목적으로 신의성실의 원칙에 따라 다음과 같이 업무협약을 체결합니다.

1. 목적

양사는 각자 고유의 업무영역에서 최선을 다하고 영업의 효율적 진행과 상호 관계의 증진을 통하여 상호 발전에 기여하고 편의를 적극 도모하고자 한다.

2. 업무내용

① ㈜○○○의 A제품 관련 홍보 및 판매

② ★★ 온라인 카페에서 A제품 안내 및 판매

③ A제품 관련 마케팅 제반 정보 상호 제공

④ A제품 판매에 대한 합의된 수수료 지급

⑤ A제품 관련 무료 A/S 제공

3. 업체상호사용

양사는 업무제휴의 목적에 부합하는 경우에 한하여 상대의 상호를 마케팅에 사용 가능하나 사전에 협의된 내용을 변경할 수 없다.

4. 공동마케팅

양사는 상호 이익 증진을 위하여 공동으로 마케팅을 할 수 있다. 공동마케팅을 필요로 할 경우 그 일정과 방법을 상호 협의하여 진행하여야 한다.

5. 협약기간

본 협약의 유효기간은 1년으로 하며, 양사는 매년 초 상호 합의에 의해 유효기간을 1년 단위로 연장할 수 있고 필요 시 업무제휴 내용의 변경이 가능하다.

6. 기타사항

① 양사는 본 협약의 권리의무를 타인에게 양도할 수 없다.

② 양사는 상대방의 상호, 지적재산권 및 특허권 등을 절대 보장하며 침해할 수 없다.

③ 양사는 업무제휴협약을 통해 알게 된 정보에 대해 정보보안을 요청할 경우, 대외적으로 비밀을 유지하여야 한다.

2018년 1월 1일

㈜○○○   ★★ CONSULTING

대표이사 김XX   대표이사 이YY

Answer➔ 6.③ 7.③

① 해당 문서는 두 회사의 업무제휴에 대한 전반적인 사항을 명시하기 위해 작성되었다.

② ★★은 자사의 온라인 카페에서 ㈜○○○의 A제품을 판매하고 이에 대해 합의된 수수료를 지급 받는다.

③ ★★은 업무 제휴의 목적에 부합하는 경우에 ㈜○○○의 상호를 마케팅에 사용할 수 있으며 사전에 협의된 내용을 변경할 수 있다.

④ 협약기간에 대한 상호 합의가 없다면, 본 계약은 2018년 12월 31일부로 만료된다.

⑤ ★★은 ㈜○○○의 지적재산권 및 특허권을 절대 보장하며 침해할 수 없다.

 '3. 업체상호사용' 항목에 따르면, 양사는 업무제휴의 목적에 부합하는 경우에 한하여 상대의 상호를 마케팅에 사용 가능하나 사전에 협의된 내용을 변경할 수는 없다.

▌8~9 ▌ 다음은 어느 공사의 윤리강령에 관한 일부 내용이다. 이를 보고 물음에 답하시오.

임직원의 기본윤리

• 제4조 : 임직원은 공사의 경영이념과 비전을 공유하고 공사가 추구하는 목표와 가치에 공감하여 창의적인 정신과 성실한 자세로 맡은바 책임을 다하여야 한다.

• 제7조 : 임직원은 직무를 수행함에 있어 공사의 이익에 상충되는 행위나 이해관계를 하여서는 아니 된다.

• 제8조 : 임직원은 직무와 관련하여 사회통념상 용인되는 범위를 넘어 공정성을 저해할 수 있는 금품 및 향응 등을 직무관련자에게 제공하거나 직무관련자로부터 제공받아서는 아니 된다.

• 제12조 : 임직원은 모든 정보를 정당하고 투명하게 취득·관리하여야 하며 회계기록 등의 정보는 정확하고 정직하게 기록·관리하여야 한다.

고객에 대한 윤리

• 제13조 : 임직원은 고객이 공사의 존립이유이며 목표라는 인식하에서 항상 고객을 존중하고 고객의 입장에서 생각하며 고객을 모든 행동의 최우선의 기준으로 삼는다.

• 제14조 : 임직원은 고객의 요구와 기대를 정확하게 파악하여 이에 부응하는 최고의 상품과 최상의 서비스를 제공하기 위해 노력한다.

경쟁사 및 거래업체에 대한 윤리

• 제16조 : 임직원은 모든 사업 및 업무활동을 함에 있어서 제반법규를 준수하고 국내외 상거래관습을 존중한다.

• 제17조 : 임직원은 자유경쟁의 원칙에 따라 시장경제 질서를 존중하고 경쟁사와는 상호존중을 기반으로 정당한 선의의 경쟁을 추구한다.

• 제18조 : 임직원은 공사가 시행하는 공사·용역·물품구매 등의 입찰 및 계약체결 등에 있어서 자격을 구비한 모든 개인 또는 단체에게 평등한 기회를 부여한다.

임직원에 대한 윤리

- 제19조 : 공사는 임직원에 대한 믿음과 애정을 가지고 임직원 개개인을 존엄한 인격체로 대하며, 임직원 개인의 종교적·정치적 의사와 사생활을 존중한다.
- 제20조 : 공사는 교육 및 승진 등에 있어서 임직원 개인의 능력과 자질에 따라 균등한 기회를 부여하고, 성과와 업적에 대해서는 공정하게 평가하고 보상하며, 성별·학력·연령·종교·출신지역·장애 등을 이유로 차별하거나 우대하지 않는다.
- 제21조 : 공사는 임직원의 능력개발을 적극 지원하여 전문적이고 창의적인 인재로 육성하고, 임직원의 독창적이고 자율적인 사고와 행동을 촉진하기 위하여 모든 임직원이 자유롭게 제안하고 의사표현을 할 수 있는 여건을 조성한다.

8 공사의 윤리강령을 보고 이해한 내용으로 가장 적절하지 않은 것은?

① 윤리강령은 윤리적 판단의 기준을 임직원에게 제공하기 위해 작성되었다.

② 국가와 사회에 대한 윤리는 위의 윤리강령에 언급되지 않았다.

③ 임직원이 지켜야 할 행동 기준뿐만 아니라 공사가 임직원을 어떻게 대해야 하는지에 관한 윤리도 포함되었다.

④ 강령에 저촉된 행위를 한 임직원에 대하여는 징계 조치를 취할 수 있다.

⑤ 공사는 임직원에 대하여 성별·학력·연령·종교·출신지역·장애 등을 이유로 차별하거나 우대하지 않는다.

(Tip) ④ 윤리강령을 나열하였을 뿐, 징계 조치에 관한 부분은 나와 있지 않다.

9 위의 '임직원의 기본윤리' 중 언급되지 않은 항목은?

① 이해충돌 회피 ② 부당이득 수수금지
③ 투명한 정보관리 ④ 책임완수
⑤ 자기계발

(Tip) 제4조는 책임완수, 제7조는 이해충돌 회피, 제8조는 부당이득 수수 금지, 제12조는 투명한 정보관리에 관한 내용이다. 자기계발에 관한 부분은 언급되지 않았다.

Answer 8.④ 9.⑤

10 다음은 A 출판사 B 대리의 업무보고서이다. 이 업무보고서를 통해 알 수 있는 내용이 아닌 것은?

업무 내용	비고
09:10~10:00 [실내 인테리어] 관련 신간 도서 저자 미팅	※ 외주 업무 진행 보고
10:00~12:30 시장 조사(시내 주요 서점 방문)	1. [보세사] 원고 도착
12:30~13:30 점심식사	2. [월간 무비스타] 영화평론 의뢰
13:30~17:00 시장 조사 결과 분석 및 보고서 작성	
17:00~18:00 영업부 회의 참석	※ 중단 업무
※ 연장근무 1. 문화의 날 사내 행사 기획 회의	1. [한국어교육능력] 기출문제 분석 2. [관광통역안내사] 최종 교정

① B 대리는 A 출판사 영업부 소속이다.

② [월간 무비스타]에 실리는 영화평론은 A 출판사 직원이 쓴 글이 아니다.

③ B 대리는 시내 주요 서점을 방문하고 보고서를 작성하였다.

④ A 출판사에서는 문화의 날에 사내 행사를 진행할 예정이다.

⑤ B 대리의 현재 중단 업무는 2개이다.

(Tip) ① B 대리가 영업부 회의에 참석한 것은 사실이나, 해당 업무보고서만으로 A 출판사 영업부 소속이라고 단정할 수는 없다.

11 〈보기〉를 참조할 때, ⊙과 유사한 예로 볼 수 없는 것은?

> 어머니가 세탁기 버튼을 눌러 놓고는 텔레비전 드라마를 보고 있다. 우리가 이러한 모습을 볼 수 있는 이유는 바로 전자동 세탁기의 등장 때문이다. 전자동 세탁기는 세탁조 안에 탈수조가 있으며 탈수조 바닥에는 물과 빨랫감을 회전시키는 세탁판이 있다. 그리고 세탁조 밑에 클러치가 있는데, 클러치는 모터와 연결되어 있어서 모터의 힘을 세탁판이나 탈수조에 전달한다. 마이크로컴퓨터는 이 장치들을 제어하여 빨래를 하게 한다. 그렇다면 빨래로부터 주부들의 ⊙손을 놓게 한 전자동 세탁기는 어떻게 빨래를 하는가?

> 〈보기〉
> ⊙은 '손(을)'과 '놓다'가 결합하여, 각 단어가 지닌 원래 의미와는 다른 새로운 의미, 즉 '하던 일을 그만두거나 잠시 멈추다.'의 뜻을 나타낸다. 이렇게 두 개 이상의 단어가 만나 새로운 의미를 가지는 경우가 있다.

① 어제부터 모두들 그 식당에 발을 끊었다.

② 모든 학생들이 선생님 말씀에 귀를 기울였다.

③ 결국은 결승전에서 우리 편이 무릎을 꿇었다.

④ 조용히 눈을 감고 미래의 자신의 모습을 생각했다.

⑤ 장에 가신 아버지가 오시기를 목을 빼고 기다렸다.

 ④ '눈을 감고'는 눈꺼풀을 내려 눈동자를 덮는 것을 의미한다. 단어의 본래의 의미가 사용되었으므로 관용적 표현이 아니다.

12 다음은 항공보안 자율신고제도의 FAQ이다. 잘못 이해한 사람은?

> **Q** 누가 신고하나요?
>
> **A** 누구든지 신고할 수 있습니다.
> - 승객(공항이용자) : 여행 중에 항공보안에 관한 불편사항 및 제도개선에 필요한 내용 등을 신고해 주세요.
> - 보안업무 종사자 : 업무 수행 중에 항공보안 위해요인 및 항공보안을 해칠 우려가 있는 사항 등을 신고해 주세요.
> - 일반업무 종사자 : 공항 및 항공기 안팎에서 업무 수행 중에 항공보안 분야에 도움이 될 사항 등을 신고해 주세요.
>
> **Q** 무엇을 신고하나요?
>
> **A** 항공보안 관련 내용은 무엇이든지 가능합니다.
> - 항공기내 반입금지 물품이 보호구역(보안검색대 통과 이후 구역) 또는 항공기 안으로 반입된 경우
> - 승객과 승객이 소지한 휴대물품 등에 대해 보안검색이 미흡하게 실시된 경우
> - 상주직원과 그 직원이 소지한 휴대물품 등에 대해 보안검색이 미흡하게 실시된 경우
> - 검색 받은 승객과 받지 않은 승객이 섞이는 경우
> - X-ray 및 폭발물흔적탐지장비 등 보안장비가 정상적으로 작동이 되지 않은 상태로 검색이 된 경우
> - 공항운영자의 허가를 받지 아니하고 보호구역에 진입한 경우
> - 항공기 안에서의 소란 · 흡연 · 폭언 · 폭행 · 성희롱 등 불법행위가 발생된 경우
> - 항공보안 기준 위반사항을 인지하거나 국민불편 해소 및 제도개선이 필요한 경우
>
> **Q** 신고자의 비밀은 보장되나요?
>
> **A** 「항공보안법」 제33의2에 따라 다음과 같이 신고자와 신고내용이 철저히 보호됩니다.
> - 누구든지 자율신고 내용 등을 이유로 신고자에게 불이익한 조치를 하는 경우 1천만 원 이하 과태료 부과
> - 신고자의 의사에 반하여 개인정보를 공개할 수 없으며, 신고내용은 보안사고 예방 및 항공보안 확보 목적 이외의 용도로 사용금지
>
> **Q** 신고한 내용은 어디에 활용되나요?
>
> **A** 신고내용은 위험분석 및 평가와 개선대책 마련을 통해 국가항공보안 수준을 향상시키는데 활용됩니다.
>
> **Q** 마시던 음료수는 보안검색대를 통과할 수 있나요?
>
> **A** 국제선을 이용하실 때에는 100ml 이하 용기에 한해 투명지퍼백(1L)에 담아야 반입이 가능합니다.

① 甲 : 공항직원이 아니라도 공항이용자라면 누구든지 신고가 가능하군.

② 乙 : 기내에서 담배를 피우는 사람을 발견하면 신고해야겠네.

③ 丙 : 자율신고자에게 불이익한 조치를 하면 1천만 원 이하의 과태료에 처해질 수 있군.

④ 丁 : 500ml 물병에 물이 100ml 이하로 남았을 경우 1L 투명지퍼백에 담으면 국제선
에 반입이 가능하네.

⑤ 戊 : 자율신고를 통해 국가항공보안 수준을 향상시키려는 좋은 제도구나.

 ④ 100ml 이하 용기에 한함으로 500ml 물병에 들어있는 물은 국제선 반입이 불가능하다.

13 다음은 '저출산 문제 해결 방안'에 대한 글을 쓰기 위한 개요이다. ㉠에 들어갈 내용으로 가장 적
절한 것은?

> Ⅰ. 서론 : 저출산 문제의 심각성
> Ⅱ. 본론
>   1. 저출산 문제의 원인
>   ① 출산과 양육에 대한 부담 증가
>   ② 직장 일과 육아 병행의 어려움
>   2. 저출산 문제의 해결 방안
>   ① 출산과 양육에 대한 사회적 책임 강화
>   ② (㉠   )
> Ⅲ. 결론 : 해결 방안의 적극적 실천 당부

① 저출산 실태의 심각성

② 미혼율 증가와 1인가구 증가

③ 저출산으로 인한 각종 사회문제 발생

④ 출산율 감소 원인

⑤ 가정을 배려하는 직장 문화 조성

(Tip) 저출산 문제의 원인으로 '직장 일과 육아 병행의 어려움'이 있으므로 해결 방안으로 '가정을
배려하는 직장 문화 조성'이 들어가야 적절하다.

제6조(보증사고)

① 보증사고라 함은 아래에 열거된 보증사고 사유 중 하나를 말합니다.

    1. 보증채권자가 전세계약기간 종료 후 1월까지 정당한 사유 없이 전세보증금을 반환받지 못하였을 때

    2. 전세계약 기간 중 전세목적물에 대하여 경매 또는 공매가 실시되어, 배당 후 보증채권자가 전세보증금을 반환받지 못하였을 때

② 제1항 제1호의 보증사고에 있어서는 전세계약기간이 갱신(묵시적 갱신을 포함합니다)되지 않은 경우에 한합니다.

제7조(보증이행 대상이 아닌 채무)

보증회사는 다음 각 호의 어느 하나에 해당하는 사유가 있는 경우에는 보증 채무를 이행하지 아니합니다.

    1. 천재지변, 전쟁, 내란 기타 이와 비슷한 사정으로 주채무자가 전세계약을 이행하지 못함으로써 발생한 채무

    2. 주채무자의 전세보증금 반환의무 지체에 따른 이자 및 지연손해금

    3. 주채무자가 실제 거주하지 않는 명목상 임차인 등 정상계약자가 아닌 자에게 부담하는 채무

    4. 보증채권자가 보증채무이행을 위한 청구서류를 제출하지 아니하거나 협력의무를 이행하지 않는 등 보증채권자의 책임 있는 사유로 발생하거나 증가된 채무 등

제9조(보증채무 이행청구시 제출서류)

① 보증채권자가 보증채무의 이행을 청구할 때에는 보증회사에 다음의 서류를 제출하여야 합니다.

    1. 보증채무이행청구서

    2. 신분증 사본

    3. 보증서 또는 그 사본(보증회사가 확인 가능한 경우에는 생략할 수 있습니다)

    4. 전세계약이 해지 또는 종료되었음을 증명하는 서류

    5. 명도확인서 또는 퇴거예정확인서

    6. 배당표 등 전세보증금 중 미수령액을 증명하는 서류(경·공매시)

    7. 회사가 요구하는 그 밖의 서류

② 보증채권자는 보증회사로부터 전세계약과 관계있는 서류사본의 교부를 요청받은 때에는 이에 응하여야 합니다.

③ 보증채권자가 제1항 내지 제2항의 서류 중 일부를 누락하여 이행을 청구한 경우 보증회사는 서면으로 기한을 정하여 서류보완을 요청할 수 있습니다.

제18조(분실·도난 등)

보증채권자는 이 보증서를 분실·도난 또는 멸실한 경우에는 즉시 보증회사에 신고하여야 합니다. 만일 신고하지 아니함으로써 일어나는 제반 사고에 대하여 보증회사는 책임을 부담하지 아니합니다.

14 이 회사의 사원 L은 약관을 읽고 질의응답에 답변을 했다. 질문에 대한 답변으로 옳지 않은 것은?

① Q : 2년 전세 계약이 만료되고 묵시적으로 계약이 연장되었는데, 이 경우도 보증사고에 해당하는 건가요?

A : 묵시적으로 전세계약기간이 갱신된 경우에는 보증사고에 해당하지 않습니다.

② Q : 보증서를 분실하였는데 어떻게 해야 하나요?

A : 즉시 보증회사에 신고하여야 합니다. 그렇지 않다면 제반 사고에 대하여 보증회사는 책임지지 않습니다.

③ Q : 주채무자가 전세보증금 반환의무를 지체하는 바람에 생긴 지연손해금도 보증회사에서 이행하는 건가요?

A : 네. 주채무자의 전세보증금 반환의무 지체에 따른 이자 및 지연손해금도 보증 채무를 이행하고 있습니다.

④ Q : 보증회사에 제출해야 하는 서류는 어떤 것들이 있나요?

A : 보증채무이행청구서, 신분증 사본, 보증서 또는 그 사본, 전세계약이 해지 또는 종료되었음을 증명하는 서류, 명도확인서 또는 퇴거예정확인서, 배당표 등 전세보증금중 미수령액을 증명하는 서류(경 · 공매시) 등이 있습니다.

⑤ Q : 여름 홍수로 인해서 주채무자가 전세계약을 이행하지 못하고 있습니다. 이 경우에도 보증회사가 보증 채무를 이행하는 건가요?

A : 천재지변의 사유가 있는 경우에는 보증 채무를 이행하지 아니합니다.

(Tip) ③ 주채무자의 전세보증금 반환의무 지체에 따른 이자 및 지연손해금은 보증 채무를 이행하지 아니한다(제7조 제2호).

Answer↠ 14.③

15 다음과 같은 상황이 발생하여 적용되는 약관을 찾아보려고 한다. 적용되는 약관의 조항과 그에 대한 대응방안으로 옳은 것은?

> 보증채권자인 A는 보증채무 이행을 청구하기 위하여 보증채무이행청구서, 신분증 사본, 보증서 사본, 명도확인서를 제출하였다. 이를 검토해 보던 사원 L은 A가 전세계약이 해지 또는 종료되었음을 증명하는 서류를 제출하지 않은 것을 알게 되었다. 이 때, 사원 L은 어떻게 해야 하는가?

① 제9조 제2항, 청구가 없었던 것으로 본다.
② 제9조 제2항, 기간을 정해 서류보완을 요청한다.
③ 제9조 제3항, 청구가 없었던 것으로 본다.
④ 제9조 제3항, 기간을 정해 서류보완을 요청한다.
⑤ 제9조 제3항, 처음부터 청구를 다시 하도록 한다.

> **Tip** 보증채권자가 서류 중 일부를 누락하여 이행을 청구한 경우 보증회사는 서면으로 기한을 정하여 서류보완을 요청할 수 있다.

16 다음 글의 밑줄 친 부분을 고쳐 쓰기 위한 방안으로 적절하지 않은 것은?

> 봉사는 자발적으로 이루어지는 것이므로 원칙적으로 아무런 보상이 주어지지 않는다. ㉠ 그리고 적절한 칭찬이 주어지면 자발적 봉사자들의 경우에도 더욱 적극적으로 활동하게 된다고 한다. ㉡그러나 이러한 칭찬 대신 일정액의 보상을 제공하면 어떻게 될까? ㉢오히려 봉사자들의 동기는 약화된다고 한다. ㉣나는 여름방학 동안에 봉사활동을 많이 해 왔다. 왜냐하면 봉사에 대해 주어지는 금전적 보상은 봉사자들에게 그릇된 메시지를 전달하기 때문이다. 봉사에 보수가 주어지면 봉사자들은 다른 봉사자들도 무보수로는 일하지 않는다고 생각할 것이고 언제나 보수를 기대하게 된다. 보수를 기대하게 되면 그것은 봉사라고 하기 어렵다. ㉤즉, 자발적 봉사가 사라진 자리를 이익이 남는 거래가 차지하고 만다.

① ㉠은 앞의 문장과는 상반된 내용이므로 '하지만'으로 고쳐 쓴다.

② ㉡에서 만일의 상황을 가정하므로 '그러나'는 '만일'로 고쳐 쓴다.

③ ㉢'오히려'는 뒤 내용이 일반적 예상과는 다른 결과가 될 것임을 암시하는데, 이는 적절하므로 그대로 둔다.

④ ㉣은 글의 내용과는 관련 없는 부분이므로 삭제한다.

⑤ ㉤의 '즉'은 '예를 들면'으로 고쳐 쓴다.

Tip ⑤ '즉'은 옳게 쓰여진 것으로 고쳐 쓰면 안 된다.

Answer → 15.④ 16.⑤

17 다음 자료는 H선자 50주년 기념 프로모션에 대한 안내문이다. 안내문을 보고 이해한 내용으로 틀린 사람을 모두 고른 것은?

H전자 50주년 기념행사 안내

    50년이라는 시간동안 저희 H전자를 사랑해주신 고객여러분들께 감사의 마음을 전하고자 아래와 같이 행사를 진행합니다. 많은 이용 부탁드립니다.

– 아래 –

1. 기간 : 20××년 12월 1일~ 12월 15일
2. 대상 : 전 구매고객
3. 내용 : 구매 제품별 혜택 상이

제품명		혜택	비고
노트북	H-100	• 15% 할인	현금결제 시 할인 금액의 5% 추가 할인
	H-105	• 2년 무상 A/S • 사은품 : 노트북 파우치 or 5GB USB(택1)	
세탁기	H 휘롬	• 20% 할인 • 사은품 : 세제 세트, 고급 세탁기커버	전시상품 구매 시 할인 금액의 5% 추가 할인
TV	스마트 H TV	• 46in 구매시 LED TV 21.5in 무상 증정	
스마트폰	H-Tab20	• 10만 원 할인(H카드 사용 시) • 사은품 : 샤오밍 10000mAh 보조배터리	–
	H-V10	• 8만 원 할인(H카드 사용 시) • 사은품 : 샤오밍 5000mAh 보조배터리	–

4. 기타 : 기간 내에 H카드로 매장 방문 20만 원 이상 구매고객에게 1만 서비스 포인트를 더 드립니다.
5. 추첨행사 안내 : 매장 방문고객 모두에게 추첨권을 드립니다(1인 1매).

등수	상품
1등상(1명)	H캠-500D
2등상(10명)	샤오밍 10000mAh 보조배터리
3등상(500명)	스타베네 상품권(1만 원)

※ 추첨권 당첨자는 20××년 12월 25일 www.H-digital.co.kr에서 확인하실 수 있습니다.

> ⊙ 수미 : H-100 노트북을 현금으로 사면 20%나 할인 받을 수 있구나.
>
> ⓒ 병진 : 스마트폰 할인을 받으려면 H카드가 있어야 해.
>
> ⓒ 지수 : 46in 스마트 H TV를 사면 같은 기종의 작은 TV를 사은품으로 준대.
>
> ② 효정 : H전자에서 할인 혜택을 받으려면 H카드나 현금만 사용해야 하나봐.

① 수미

② 병진, 지수

③ 수미, 효정

④ 수미, 병진, 효정

⑤ 수미, 지수, 효정

 ⊙ 15% 할인 후 가격에서 5%가 추가로 할인되는 것이므로 20%보다 적게 할인된다.

ⓒ 위 안내문과 일치한다.

ⓒ 같은 기종이 아닌 LED TV가 증정된다.

② 노트북, 세탁기, TV는 따로 H카드를 사용해야 한다는 항목이 없으므로 옳지 않다.

Answer 17.⑤

18

> 저소득 계층을 위한 지원 방안으로는 대상자에게 현금을 직접 지급하는 소득보조, 생활필수품의 가격을 할인해 주는 가격보조 등이 있다.
>
> ㈎ 특별한 조건이 없다면 최적의 소비선택은 무차별 곡선과 예산선의 접점에서 이루어진다.
>
> ㈏ 또한 X재, Y재를 함께 구매했을 때, 만족도가 동일하게 나타나는 X재와 Y재 수량을 조합한 선을 무차별 곡선이라고 한다.
>
> ㈐ 그런데 소득보조나 가격보조가 실시되면 실질 소득의 증가로 예산선이 변하고, 이에 따라 소비자마다 만족하는 상품 조합도 변하게 된다.
>
> ㈑ 이 제도들을 이해하기 위해서는 먼저 대체효과와 소득효과의 개념을 아는 것이 필요하다.
>
> ㈒ 어떤 소비자가 X재와 Y재만을 구입한다고 할 때, 한정된 소득 범위 내에서 최대로 구입 가능한 X재와 Y재의 수량을 나타낸 선을 예산선이라고 한다.
>
> 즉 예산선과 무차별 곡선의 변화에 따라 각 소비자의 최적 선택지점도 변하는 것이다.

① ㈎ － ㈏ － ㈑ － ㈒ － ㈐

② ㈐ － ㈒ － ㈎ － ㈏ － ㈑

③ ㈑ － ㈒ － ㈏ － ㈎ － ㈐

④ ㈒ － ㈎ － ㈏ － ㈐ － ㈑

⑤ ㈏ － ㈎ － ㈒ － ㈐ － ㈑

㈑ '이 제도'라는 것을 보아 앞에 제도에 대한 설명이 있음을 알 수 있다. 따라서 제시된 글의 바로 뒤에 와야 한다.

㈒ ㈑에서 개념을 아는 것이 필요하다고 했으므로 뒤에서 설명이 시작됨을 알 수 있다.

㈏ '또한'이라는 말을 통해 ㈒의 이야기에 연결된다는 것을 알 수 있다.

㈎ 예산선과 무차별 곡선에 대한 이야기가 나오고, 특별한 조건이 없다면 이 둘의 접점에서 최적의 소비선택이 이루어진다고 말하고 있다.

㈐ '그런데' 이후는 ㈎에서 제시된 특별한 조건에 해당한다.

19

제약 산업은 1960년대 냉전 시대부터 지금까지 이윤율 1위를 계속 고수해 온 고수익 산업이다.

㈎ 또 미국은 미-싱가폴 양자 간 무역 협정을 통해 특허 기간을 20년에서 50년으로 늘렸고, 이를 다른 나라와의 무역 협정에도 적용하려 하고 있다.

㈏ 다국적 제약사를 갖고 있는 미국 등 선진국들이 지적 재산권을 적극적으로 주장하는 핵심적인 이유도 이런 독점을 이용한 이윤 창출에 있다.

㈐ 이 이윤율의 크기는 의약품 특허에 따라 결정되는데 독점적인 특허권을 바탕으로 '마음대로' 정해진 가격이 유지되고 있다.

㈑ 이를 위해 다국적 제약 회사와 해당 국가들은 지적 재산권을 제도화하고 의약품 특허를 더욱 강화하고 있다.

㈒ 제약 산업은 냉전 시대에는 군수 산업보다 높은 이윤을 창출하였고, 신자유주의 시대인 지금은 은행보다 더 높은 평균이윤율을 자랑하고 있다.

① ㈏ - ㈑ - ㈎ - ㈒ - ㈐

② ㈐ - ㈎ - ㈑ - ㈏ - ㈒

③ ㈐ - ㈑ - ㈏ - ㈎ - ㈒

④ ㈒ - ㈏ - ㈐ - ㈑ - ㈎

⑤ ㈒ - ㈐ - ㈏ - ㈑ - ㈎

 첫 번째 문장에 제약 산업에 관한 글이 제시되었다. 제약 산업에 관한 연결된 글로 ㈒가 적절하다. ㈒에서 제시된 평균이윤율을 ㈐에서 '이 이윤율'이라고 하여 설명하고 있으므로 ㈒ - ㈐의 순서가 된다. ㈏의 '이런 독점'이라는 단어를 통해 ㈐의 독점을 이용한 이윤 창출이라는 말과 연결된다는 것을 알 수 있다. ㈑의 '이를 위해'는 ㈏의 '이런 독점을 이용한 이윤 창출'과 연결되고, ㈎에서는 ㈑의 구체적 사례를 들고 있다.

사진은 자신의 주관대로 끌고 가야 한다. 일정한 규칙이 없는 사진 문법으로 의사 소통을 하고자 할 때 필요한 것은 대상이 되는 사물의 객관적 배열이 아니라 주관적 조합이다. 어떤 사물을 어떻게 조합해서 어떤 생각이나 느낌을 나타내는가 하는 것은 작가의 주관적 판단에 의할 수밖에 없다. 다만 철저하게 주관적으로 엮어야 한다는 것만은 확실하다.

주관적으로 엮고, 사물을 조합한다고 해서 소위 '만드는 사진'처럼 합성을 하고 이중 촬영을 하라는 뜻은 아니다. 특히 요즈음 디지털 사진이 보편화되면서 포토샵을 이용한 합성이 많이 보이지만, 그런 것을 권하려는 것이 아니다. 사물을 있는 그대로 찍되, 주위 환경과 어떻게 어울리게 하여 어떤 의미로 살려 낼지를 살펴서 그들끼리 연관을 지을 줄 아는 능력을 키우라는 뜻이다.

사람들 중에는 아직도 사진이 객관적인 매체라고 오해하는 사람들이 퍽 많다. 그러나 사진의 형태만 보면 객관적일 수 있지만, 내용으로 들어가 보면 객관성은 한 올도 없다. 어떤 대상을 찍을 것인가 하는 것부터가 주관적인 선택 행위이다. 아름다움을 표현하기 위해서 꽃을 찍는 사람이 있는가 하면 꽃 위를 나는 나비를 찍는 사람도 있을 것이고 그 곁의 여인을 찍는 사람도 있을 것이다. 이처럼 어떤 대상을 택하는가 하는 것부터가 주관적인 작업이며, 이것이 사진이라는 것을 머리에 새겨 두고 사진에 임해야 한다. 특히 그 대상을 어떻게 찍을 것인가로 들어가면 이제부터는 전적으로 주관적인 행위일 수밖에 없다. 렌즈의 선택, 셔터 스피드나 조리개 값의 결정, 대상과의 거리 정하기 등 객관적으로는 전혀 찍을 수 없는 것이 사진이다. 그림이나 조각만이 주관적 예술은 아니다.

때로 객관적이고자 하는 마음으로 접근할 수도 있기는 하다. 특히 다큐멘터리 사진의 경우 상황을 객관적으로 파악, 전달하고자 하는 마음은 이해가 되지만, 어떤 사람도 완전히 객관적으로 접근할 수는 없다. 그 객관이라는 것도 그 사람 입장에서의 객관이지 절대적 객관이란 이 세상에 있을 수가 없는 것이다. 더구나 예술로서의 사진으로 접근함에 있어서야 말할 것도 없는 문제이다. 객관적이고자 하는 시도도 과거의 예술에서 있기는 했지만, 그 역시 객관적이고자 실험을 해 본 것일 뿐 객관적 예술을 이루었다는 것은 아니다.

예술이 아닌 단순 매체로서의 사진이라 해도 객관적일 수는 없다. 그 이유는 간단하다. 사진기가 저 혼자 찍으면 모를까, 찍는 사람이 있는 한 그 사람의 생각과 느낌은 어떻게든지 그 사진에 작용을 한다. 하다못해 무엇을 찍을 것인가 하는 선택부터가 주관적인 행위이다. 더구나 예술로서, 창작으로서의 사진은 주관을 배제하고는 존재조차 할 수 없다는 사실을 깊이 새겨서, 언제나 '나는 이렇게 보았다. 이렇게 생각한다. 이렇게 느꼈다.'라는 점에 충실하도록 노력해야 할 것이다.

① 사진의 주관성을 염두에 두어야 하는 까닭은 무엇인가?

② 사진으로 의사 소통을 하고자 할 때 필요한 것은 무엇인가?

③ 단순 매체로서의 사진도 객관적일 수 없는 까닭은 무엇인가?

④ 사진의 객관성을 살리기 위해서는 구체적으로 어떤 작업을 해야 하는가?

⑤ 사진을 찍을 때 사물을 주관적으로 엮고 조합하라는 것은 어떤 의미인가?

 ④ 이 글에서는 사진의 주관성에 대해 설명하면서 주관적으로 사진을 찍어야 함을 강조하고 있을 뿐, 사진을 객관적으로 찍으려면 어떻게 작업해야 한다는 구체적인 정보는 나와 있지 않다.

21 다음은 주문과 다른 물건을 배송 받은 Mr. Hopkins에게 보내는 사과문이다. 순서를 바르게 나열한 것은?

Dear Mr. Hopkins

a. We will send you the correct items free of delivery charge.

b. We are very sorry to hear that you received the wrong order.

c. Once again, please accept our apologies for the inconvenience, and we look forward to serving you again in the future.

d. Thank you for your letter dated October 23 concerning your recent order.

e. Apparently, this was caused by a processing error.

---

① c − e − a − d − b

② d − b − e − a − c

③ b − c − a − e − d

④ e − a − b − d − c

⑤ a − e − d − b − c

 「Mr. Hopkins에게

　d. 당신의 최근 주문에 관한 10월 23일의 편지 감사합니다.

　b. 당신이 잘못된 주문을 받았다니 매우 유감스럽습니다.

　e. 듣자 하니, 이것은 프로세싱 오류로 인해 야기되었습니다.

　a. 우리는 무료배송으로 당신에게 정확한 상품을 보낼 것입니다.

　c. 다시 한 번, 불편을 드린 것에 대한 저희의 사과를 받아주시길 바라오며, 장래에 다시 서비스를 제공할 수 있기를 기대합니다.」

22 다음은 안전한 스마트뱅킹을 위한 스마트폰 정보보호 이용자 6대 안전수칙이다. 다음 안전수칙에 따르지 않은 행동은?

1. 의심스러운 애플리케이션 다운로드하지 않기
   스마트폰용 악성코드는 위·변조된 애플리케이션에 의해 유포될 가능성이 있습니다. 따라서 의심스러운 애플리케이션의 다운로드를 자제하시기 바랍니다.

2. 신뢰할 수 없는 사이트 방문하지 않기
   의심스럽거나 알려지지 않은 사이트를 방문할 경우 정상 프로그램으로 가장한 악성 프로그램이 사용자 몰래 설치될 수 있습니다. 인터넷을 통해 단말기가 악성코드에 감염되는 것을 예방하기 위해서 신뢰할 수 없는 사이트에는 방문 하지 않도록 합니다.

3. 발신인이 불명확하거나 의심스러운 메시지 및 메일 삭제하기
   멀티미디어메세지(MMS)와 이메일은 첨부파일 기능을 제공하기 때문에 스마트폰 악성 코드를 유포하기 위한 좋은 수단으로 사용되고 있습니다. 해커들은 게임이나 공짜 경품지급, 혹은 유명인의 사생활에 대한 이야기 등 자극적이거나 흥미로운 내용을 전달 하여 사용자를 현혹하는 방법으로 악성코드를 유포하고 있습니다. 발신인이 불명확하 거나 의심스러운 메시지 및 메일은 열어보지 마시고 즉시 삭제하시기 바랍니다.

4. 블루투스 등 무선인터페이스는 사용 시에만 켜놓기
   지금까지 국외에서 발생한 스마트폰 악성코드의 상당수가 무선인터페이스의 일종인 블루투스(Bluetooth) 기능을 통해 유포된 것으로 조사되고 있습니다. 따라서 블루투 스나 무선랜을 사용하지 않을 경우에는 해당 기능을 비활성화(꺼놓음) 하는 것이 필 요합니다. 이로써 악성코드 감염 가능성을 줄일 뿐만 아니라 단말기의 불필요한 배터 리 소모를 막을 수 있습니다.

5. 다운로드한 파일은 바이러스 유무를 검사한 후 사용하기
   스마트폰용 악성프로그램은 인터넷을 통해 특정 프로그램이나 파일에 숨겨져 유포될 수 있으므로, 프로그램이나 파일을 다운로드하여 실행하고자 할 경우 가급적 스마트 폰용 백신프로그램으로 바이러스 유무를 검사한 후 사용하는 것이 좋습니다.

6. 비밀번호 설정 기능을 이용하고 정기적으로 비밀번호 변경하기
   단말기를 분실 혹은 도난당했을 경우 개인정보가 유출되는 것을 방지하기 위하여 단 말기 비밀번호를 설정하여야 합니다. 또한 단말기를 되찾은 경우라도 악의를 가진 누 군가에 의해 악성코드가 설치될 수 있기 때문에 비밀번호 설정은 중요합니다. 제품출 시 시 기본으로 제공되는 비밀번호(예 : "0000")를 반드시 변경하여 사용하시기 바라 며, 비밀번호를 설정할 때에는 유추하기 쉬운 비밀번호(예 : "1111", "1234" 등)는 사용 하지 않도록 합니다.

① 봉순이는 유명인 A씨에 대한 사생활 내용이 담긴 MMS를 받아서 열어보고선 삭제했다.
② 형식이는 개인정보 유출을 방지하기 위해 1개월에 한번 씩 비밀번호를 변경하고 있다.
③ 음악을 즐겨듣는 지수는 블루투스를 사용하지 않을 때에는 항상 블루투스를 꺼놓는다.
④ 평소 의심이 많은 봉기는 신뢰할 수 없는 사이트는 절대 방문하지 않는다.
⑤ 해진이는 스마트폰으로 파일을 다운로드 한 경우는 반드시 바이러스 유무를 검사한 후 사용한다.

① 발신인이 불명확하거나 의심스러운 메시지 및 메일은 열어보지 말고 즉시 삭제해야 한다.

23 다음 ㉠, ㉡에 들어갈 내용으로 올바르게 짝지어진 것은?

> 현행 「독점규제 및 공정거래에 관한 법률」(이하 "공정거래법") 집행의 큰 문제점 중의 하나는 제재는 많으나 피해기업에 대한 배상은 쉽지가 않다는 점이다. 과징금제도는 제재와 부당이득환수의 목적이 있으나 금전적으로는 부당이득을 피해자가 아닌 국가가 환수하는 구조이다. 공정거래법 위반으로 인해 피해를 입은 자가 공정거래위원회에 신고하여 가해기업에게 거액의 과징금이 부과된다 하더라도 과징금은 국고로 편입되어 버리기 때문에 피해자에 대한 배상은 별도의 민사소송을 제기하여야 한다.
>
> 그런데 민사소송은 절차가 복잡하고 시간이 많이 소요될 뿐만 아니라 미국식의 당연위법원칙, 약자에게 관대한 경향이 있는 배심원 제도, 증거개시제도(discovery) 등이 도입되어 있지 않기 때문에 경제적 약자가 경제적 강자를 상대로 소송을 제기하여 승소하는 것은 쉽지가 않다. 미국에서도 사적 집행으로서의 손해배상소송이 급증한 것은 1960년대 이후이며 1977년에 절정이었는데, 당연위법원칙이나 배심원 제도 등이 주요 원인으로 지적되고 있다. 반면 1980년대 들어서는 당연위법원칙의 후퇴, 시카고학파의 영향에 따른 경제분석 강화 등으로 손해배상소송이 (㉠)
>
> 결국, 피해자의 신고 후 공정거래위원회가 조사하여 거액의 과징금을 부과한다 하더라도 피해자는 그 결과에 만족하지 못하는 경우가 생기게 되고 그렇게 되면 공정거래절차의 효용성이 크게 (㉡) 국민의 불신이 높아질 수밖에 없다. 따라서 피해자의 실질적인 구제를 위하여서는 별도의 민사소송 제기 없이 공정거래위원회의 결정에 의해 손해배상명령을 직접 내리는 것이 효율적이라는 주장이 과거에도 간헐적으로 제기되어 왔다. 하지만 이러한 제도는 외국에서도 사례를 찾아보기 어려울 뿐만 아니라 우리나라의 법체계에 있어서도 너무나 독특한 것이기 때문에 정부 안팎에서만 논의가 되었을 뿐이다.

	㉠	㉡
①	늘어났다.	떨어지고
②	늘어났다.	올라가고
③	줄어들었다.	올라가고
④	줄어들었다.	떨어지고
⑤	유지되었다.	떨어지고

 ㉠ 미국에서 손해배상소송이 급증한 것은 당연위법원칙이나 배심원 제도 때문이었는데 1980년대 들어서 당연위법원칙이 후퇴하였으므로 손해배상소송이 줄어들었다.
㉡ 가해자에게 과징금을 부과한다 하더라도 국고로 편입되기 때문에 피해자는 만족하지 못하게 되며 공정거래절차의 효용성이 크게 떨어지고 국민의 불신이 높아진다.

Answer↱ 22.① 23.④

24 다음 글의 핵심적인 논지를 바르게 정리한 것은?

주먹과 손바닥으로 상징되는 이항 대립 체계는 롤랑 바르트도 지적하고 있듯이 서구 문화의 뿌리를 이루고 있는 기본 체계이다. 천사와 악마, 영혼과 육신, 선과 악, 괴물을 죽여야 공주와 행복한 결혼을 한다는 이른바 세인트 조지 콤플렉스가 바로 서구 문화의 본질이었다고 할 수 있다. 그러니까 서양에는 이항 대립의 중간항인 가위가 결핍되어 있었던 것이다. 주먹과 보자기만 있는 대립항에서는 어떤 새로운 변화도 일어나지 않는다. 항상 이기는 보자기와 지는 주먹의 대립만이 존재한다.

서양에도 가위바위보와 같은 민속놀이가 있긴 하지만 그것은 동아시아에서 들어온 것이라고 한다. 그들은 이런 놀이를 들여옴으로써 서양 문화가 논리적 배중률이니 모순율이니 해서 극력 배제하려고 했던 가위의 힘, 말하자면 세 손가락은 닫혀 있고 두 손가락은 펴 있는 양쪽의 성질을 모두 갖춘 중간항을 발견하였다. 열려 있으면서도 닫혀 있는 가위의 존재, 그 때문에 이항 대립의 주먹과 보자기의 세계에 새로운 생기와 긴장감이 생겨난다. 주먹은 가위를 이기고 가위는 보자기를 이기며 보자기는 주먹을 이기는, 그 어느 것도 정상에 이를 수 없으며 그 어느 것도 밑바닥에 깔리지 않는 서열 없는 관계가 형성되는 것이다.

유교에서 말하는 중용(中庸)도 가위의 기호 체계로 보면 정태론이 아니라 강력한 동태적 생성력으로 해석될 수 있을 것이다. 그것은 단순한 균형이나 조화가 아니라 주먹과 보자기의 가치 시스템을 파괴하고 새로운 질서를 끌어내는 혁명의 원리라고도 볼 수 있다. 〈역경(易經)〉을 서양 사람들이 변화의 서(書)라고 부르듯이 중용 역시 변화를 전제로 한 균형이며 조화라는 것을 잊어서는 안 된다. 쥐구멍에도 볕들 날이 있다는 희망은 이와 같이 변화의 상황에서만 가능한 꿈이라고 할 수 있다.

요즘 서구에서 일고 있는 '제3의 길'이란 것은 평등과 자유가 이항 대립으로 치닫고 있는 것을 새로운 가위의 패러다임으로 바꾸려는 시도라고 풀이할 수 있다. 지난 냉전 체제는 바로 정치 원리인 평등을 극단적으로 추구하는 구소련의 체제와 경제 원리인 자유를 극대화한 미국 체제의 충돌이었다고 할 수 있다. 이 '바위-보'의 대립 구조에 새로운 가위가 끼어들면서 구소련은 붕괴하고 자본주의는 승리라기보다 새로운 패러다임의 전환점에 서 있게 된 것이다. 새 천년의 21세기는 새로운 게임, 즉 가위바위보의 게임으로 상징된다고도 볼 수 있다. 화식과 생식의 요리 모델밖에 모르는 서구 문화에 화식(火食)도 생식(生食)도 아닌 발효식의 한국 김치가 들어가게 되면 바로 그러한 가위 문화가 생겨나게 되는 것이다.

역사학자 홉스봄의 지적대로 20세기는 극단의 시대였다. 이런 대립적인 상황이 열전이나 냉전으로 나타나 1억 8천만 명의 전사자를 낳는 비극을 만들었다. 전쟁만이 아니라 정신과 물질의 양극화로 환경은 파괴되고 세대의 갈등과 양성의 대립은 가족의 붕괴, 윤리의 붕괴를 일으키고 있다. 원래 예술과 기술은 같은 것이었으나 그것이 양극화되어 이상과 현실의 간극처럼 되고 인간 생활의 균형을 깨뜨리고 말았다. 이런 위기에서 벗어나기 위해 우리는 주먹과 보자기의 대립을 조화시키고 융합하는 방법을 찾아야 할 것이다.

① 예술과 기술의 조화를 이룬 발전을 이루어야 한다.

② 미래의 사회는 자유와 평등을 함께 구현하여야 한다.

③ 동양 문화의 장점을 살려 새로운 문화를 창조해야 한다.

④ 이분법적인 사고에서 벗어나 새로운 발상을 하여야 한다.

⑤ 냉전 시대의 해체로 화합과 조화의 자세가 요구되고 있다.

 ④ 이분법적인 사고를 바탕으로 한 이항 대립의 한계(서구 문화)를 극복하고, 새로운 패러다임(중간항의 존재)으로 전환해야 한다는 논지를 전개하고 있다.

Answer ⤷ 24.④

25 다음은 은행을 사칭한 대출 주의 안내문이다. 이에 대한 설명으로 옳지 않은 것은?

항상 OO은행을 이용해 주시는 고객님께 감사드립니다.

최근 OO은행을 사칭하면서 대출 협조문이 Fax로 불특정 다수에게 발송되고 있어 각별한 주의가 요망됩니다. OO은행은 절대로 Fax를 통해 대출 모집을 하지 않으니 아래의 Fax 발견시 즉시 폐기하시기 바랍니다.

아래 내용을 검토하시어 자금문제로 고민하는 대표이하 직원 여러분들에게 저의 은행의 금융정보를 공유할 수 있도록 업무협조 부탁드립니다.

수신 : 직장인 및 사업자
발신 : OO은행 여신부
여신상담전화번호 : 070-xxxx-xxxx

대상	직장인 및 개인/법인 사업자
금리	개인신용등급적용 (최저 4.8~)
연령	만 20세~만 60세
상환 방식	1년만기일시상환, 원리금균등분할상환
대출 한도	100만원~1억원
대출 기간	12개월~최장 60개월까지 설정가능
서류 안내	공통서류 – 신분증 직장인 – 재직, 소득서류 사업자 – 사업자 등록증, 소득서류

※ 기타사항
• 본 안내장의 내용은 법률 및 관련 규정 변경시 일부 변경될 수 있습니다.
• 용도에 맞지 않을 시, 연락 주시면 수신거부 처리 해드리겠습니다.

현재 OO은행을 사칭하여 문자를 보내는 불법업체가 기승입니다. OO은행에서는 본 안내장 외엔 문자를 발송치 않으니 이점 유의하시어 대처 바랍니다.

① Fax 수신문에 의하면 최대 대출 한도는 1억원까지이다.
② Fax로 수신되는 대출 협조문은 OO은행에서 보낸 것이 아니다.
③ 대출 주의 안내문은 수신거부 처리가 가능하다.
④ Fax로 수신되는 대출 협조문은 즉시 폐기하여야 한다.
⑤ OO은행에서는 대출 협조문을 문자로 발송한다.

(Tip) ⑤ OO은행에서는 본 안내장 외엔 문자를 발송하지 않는다.

26 다음은 고령화 시대의 노인 복지 문제라는 제목으로 글을 쓰기 위해 수집한 자료이다. 자료를 모두 종합하여 설정할 수 있는 논지 전개 방향으로 가장 적절한 것은?

㉠ 노령화 지수 추이(통계청)

연도	1990	2000	2010	2020	2030
노령화 지수	20.0	34.3	62.0	109.0	186.6

※ 노령화 지수 : 유년인구 100명당 노령인구

㉡ 경제 활동 인구 한 명당 노인 부양 부담이 크게 증가할 것으로 예상된다. 노인 인구에 대한 의료비 증가로 건강 보험 재정도 위기 상황에 처할 수 있을 것으로 보인다. 향후 노인 요양 시설 및 재가(在家) 서비스를 위해 부담해야 할 투자비용도 막대하다.

– 00월 00일 ○○뉴스 중

㉢ 연금 보험이나 의료 보험 같은 혜택도 중요하지만 우리 같은 노인이 경제적으로 독립할 수 있도록 일자리를 만들어 주는 것이 더 중요한 것 같습니다.

– 정년 퇴직자의 인터뷰 중 –

---

① 노인 인구의 증가 속도에 맞춰 노인 복지 예산 마련이 시급한 상황이다. 노인 복지 예산을 마련하기 위한 구체적 방안은 무엇인가?

② 노인 인구의 급격한 증가로 여러 가지 사회 문제가 나타날 것으로 예상된다. 이러한 상황의 심각성을 사람들에게 어떻게 인식시킬 것인가?

③ 노인 인구의 증가가 예상되면서 노인 복지 대책 또한 절실히 요구되고 있다. 이러한 상황에서 노인 복지 정책의 바람직한 방향은 무엇인가?

④ 노인 인구가 증가하면서 노인 복지 정책에 대한 노인들의 불만도 높아지고 있다. 이러한 불만을 해소하기 위해서 정부는 어떠한 노력을 해야 하는가?

⑤ 현재 정부의 노인 복지 정책이 마련되어 있기는 하지만 실질적인 복지 혜택으로 이어지지 않고 있다. 이러한 현상이 나타나게 된 근본 원인은 무엇인가?

 ㉠㉡을 통해 노인인구 증가에 대한 문제제기를 제기하고, ㉢을 통해 노인 복지 정책의 바람직한 방향을 금전적인 복지보다는 경제적인 독립, 즉 일자리 창출 등으로 잡아야 한다고 논지를 전개해야 한다.

27 다음은 라디오 대담의 일부이다. 대담 참여자의 말하기 방식에 대한 설명으로 적절하지 않은 것은?

> 진행자 : 청취자 여러분, 안녕하세요. 오늘은 ○○ 법률 연구소에 계신 법률 전문가를 모시고 생활 법률 상식을 배워보겠습니다. 안녕하세요?
>
> 전문가 : 네, 안녕하세요. 오늘은 '정당행위'에 대해 말씀드리고자 합니다. 먼저 여러분께 문제 하나 내 보겠습니다. 만약 스파이더맨이 도시를 파괴하려는 악당들과 싸우다 남의 건물을 부쉈다면, 부서진 건물은 누가 배상해야 할까요?
>
> 진행자 : 일반적인 경우라면 건물을 부순 사람이 보상해야겠지만, 이런 경우에 정의를 위해 악당과 싸운 스파이더맨에게 보상을 요구하는 것은 좀 지나친 것 같습니다.
>
> 전문가 : 청취자 여러분들도 이와 비슷한 생각을 하실 것 같은데요, 이런 경우에는 스파이더맨의 행위를 악당으로부터 도시를 지키기 위한 행위로 보고 민법 761조 1항에 의해 배상책임을 면할 수 있도록 하고 있습니다. 이때 스파이더맨의 행위를 '정당행위'라고 합니다.
>
> 진행자 : 아, 그러니까 악당으로부터 도시를 지키기 위해 싸운 스파이더맨의 행위가 '정당행위'이고, 정당행위로 인한 부득이한 손해는 배상할 필요가 없다는 뜻이군요.
>
> 전문가 : 네, 맞습니다. 그래야 스파이더맨의 경우처럼 불의를 보고 나섰다가 오히려 손해를 보는 일이 없겠죠.
>
> 진행자 : 그런데 문득 이런 의문이 드네요. 만약 스파이더맨에게 배상을 받을 수 없다면 건물 주인은 누구에게 배상을 받을 수 있을까요?
>
> 전문가 : 그래서 앞서 말씀드린 민법 동일 조항에서는 정당행위로 인해 손해를 입은 사람이 애초에 불법행위를 저질러 손해의 원인을 제공한 사람에게 배상을 청구할 수 있도록 하고 있습니다. 즉 건물 주인은 악당에게 손해배상을 청구할 수 있습니다.

① 진행자는 화제와 관련된 질문을 던지며 대담을 진전시키고 있다.

② 진행자는 전문가가 한 말의 핵심 내용을 재확인함으로써 청취자들의 이해를 돕고 있다.

③ 전문가는 청취자가 관심을 가질 질문을 던져 화제에 집중도를 높이고 있다.

④ 전문가는 구체적인 법률 근거를 제시하여 신뢰성을 높이고 있다.

⑤ 전문가는 추가적인 정보를 제시함으로써 진행자의 오해를 바로 잡고 있다.

> **Tip** 제시문은 라디오 대담 상황으로, 진행자와 전문가의 대담을 통해 '정당행위'의 개념과 배상책임 면제에 관한 법리를 쉽게 설명해 주고 있다. 전문가는 마지막 말에서 추가적인 정보를 제시하고 있지만 그것을 통해 진행자의 오해를 바로잡고 있는 것은 아니다.

28 문화체육관광부 홍보팀에 근무하는 김문화씨는 '탈춤'에 관한 영상물을 제작하는 프로젝트를 맡게 되었다. 제작계획서 중 다음의 제작 회의 결과가 제대로 반영되지 않은 것은?

- 제목 : 탈춤 체험의 기록임이 나타나도록 표현
- 주 대상층 : 탈춤에 무관심한 젊은 세대
- 내용 : 실제 경험을 통해 탈춤을 알아가고 가까워지는 과정을 보여 주는 동시에 탈춤에 대한 정보를 함께 제공
- 구성 : 간단한 이야기 형식으로 구성
- 전달방식 : 정보들을 다양한 방식으로 전달

〈제작계획서〉

제목	'기획 특집 – 탈춤 속으로 떠나는 10일간의 여행'	①
제작 의도	젊은 세대에게 우리 고유의 문화유산인 탈춤에 대한 관심을 불러일으킨다.	②
전체 구성	중심 얼개	• 대학생이 우리 문화 체험을 위해 탈춤이 전승되는 마을을 찾아가는 상황을 설정한다. • 탈춤을 배우기 시작하여 마지막 날에 공연으로 마무리한다는 줄거리로 구성한다.	③
	보조 얼개	탈춤에 대한 정보를 별도로 구성하여 중간 중간에 삽입한다.	
전달 방식	해설	내레이션을 통해 탈춤에 대한 학술적 이견들을 깊이 있게 제시하여 탈춤에 조예가 깊은 시청자들의 흥미를 끌도록 한다.	④
	영상 편집	• 탈에 대한 정보를 시각 자료로 제시한다. • 탈춤의 종류, 지역별 탈춤의 특성 등에 대한 그래픽 자료를 보여 준다. • 탈춤 연습 과정과 공연 장면을 현장감 있게 보여 준다.	⑤

 ④ 해당 영상물의 제작 의도는 탈춤에 무관심한 젊은 세대를 대상으로 하여 우리 고유의 문화유산인 탈춤에 대한 관심을 불러일으키기 위한 것이다. 따라서 탈춤에 대한 학술적 이견들을 깊이 있게 제시하는 것은 제작 의도와 맞지 않는다.

Answer → 27.⑤ 28.④

다음은 어느 공항의 〈교통약자 공항이용안내〉의 일부이다. 이를 읽고 물음에 답하시오.

패스트트랙
- Fast Track을 이용하려면 교통약자(보행장애인, 7세 미만 유소아, 80세 이상 고령자, 임산부, 동반 여객 2인 포함)는 본인이 이용하는 항공사의 체크인카운터에서 이용대상자임을 확인 받고 'Fast Track Pass'를 받아 Fast Track 전용출국장인 출국장 1번, 6번 출국장입구에서 여권과 함께 제시하면 됩니다.
- 인천공항 동편 전용출국통로(Fast Track, 1번 출국장), 오전7시 ~ 오후7시까지 운영 중이며, 운영상의 미비점을 보완하여 정식운영(동·서편, 전 시간 개장)을 개시할 예정에 있습니다.

휠체어 및 유모차 대여
공항 내 모든 안내데스크에서 휠체어 및 유모차를 필요로 하는 분께 무료로 대여하여 드리고 있습니다.

장애인 전용 화장실
- 여객터미널 내 화장실마다 최소 1실의 장애인 전용화장실이 있습니다.
- 장애인분들의 이용 편의를 위하여 넓은 출입구와 내부공간, 버튼식자동문, 비상벨, 센서작동 물내림 시설을 설치하였으며 항상 깨끗하게 관리하여 편안한 공간이 될 수 있도록 하고 있습니다.

주차대행 서비스
- 공항에서 허가된 주차대행 서비스(유료)를 이용하시면 보다 편리하고 안전하게 차량을 주차하실 수 있습니다.
- 경차, 장애인, 국가유공자의 경우 할인된 금액으로 서비스를 이용하실 수 있습니다.

장애인 주차 요금 할인
주차장 출구의 유인부스를 이용하는 장애인 차량은 장애인증을 확인 후 일반주차요금의 50%를 할인하여 드리고 있습니다.

휠체어 리프트 서비스
- 장기주차장에서 여객터미널까지의 이동이 불편한 장애인, 노약자 등 교통약자의 이용 편의 증진을 위해 무료 이동 서비스를 제공하여 드리고 있습니다.
- 여객터미널↔장기주차장, 여객터미널↔화물터미널행의 모든 셔틀버스에 휠체어 탑승리프트를 설치, 편안하고 안전하게 모시고 있습니다.

29 다음 교통약자를 위한 서비스 중 무료로 이용할 수 있는 서비스만으로 묶인 것은?

① 주차대행 서비스, 장애인 전용 화장실 이용

② 장애인 차량 주차, 휠체어 및 유모차 대여

③ 휠체어 및 유모차 대여, 휠체어 리프트 서비스

④ 휠체어 및 유모차 대여, 주차대행 서비스

⑤ 장애인 차량 주차, 휠체어 리프트 서비스

> (Tip) ①④ 주차대행 서비스가 유료이다.
> ②⑤ 장애인 차량은 장애인증 확인 후 일반주차요금의 50%가 할인된다.

30 Fast Track 이용 가능한 교통약자가 아닌 사람은?

① 80세 고령자   ② 임산부

③ 보행장애인   ④ 8세 아동

⑤ 6세 유아

> (Tip) Fast Track 이용 가능한 교통약자는 보행장애인, 7세 미만 유소아, 80세 이상 고령자, 임산부, 동반여객 2인이다.

02 수리능력

1 직장생활과 수리능력

(1) 기초직업능력으로서의 수리능력

① 개념 ··· 직장생활에서 요구되는 사칙연산과 기초적인 통계를 이해하고 도표의 의미를 파악하거나 도표를 이용해서 결과를 효과적으로 제시하는 능력을 말한다.

② 수리능력은 크게 기초연산능력, 기초통계능력, 도표분석능력, 도표작성능력으로 구성된다.
- ㉠ 기초연산능력 : 직장생활에서 필요한 기초적인 사칙연산과 계산방법을 이해하고 활용할 수 있는 능력
- ㉡ 기초통계능력 : 평균, 합계, 빈도 등 직장생활에서 자주 사용되는 기초적인 통계기법을 활용하여 자료의 특성과 경향성을 파악하는 능력
- ㉢ 도표분석능력 : 그래프, 그림 등 도표의 의미를 파악하고 필요한 정보를 해석하는 능력
- ㉣ 도표작성능력 : 도표를 이용하여 결과를 효과적으로 제시하는 능력

(2) 업무수행에서 수리능력이 활용되는 경우

① 업무상 계산을 수행하고 결과를 정리하는 경우

② 업무비용을 측정하는 경우

③ 고객과 소비자의 정보를 조사하고 결과를 종합하는 경우

④ 조직의 예산안을 작성하는 경우

⑤ 업무수행 경비를 제시해야 하는 경우

⑥ 다른 상품과 가격비교를 하는 경우

⑦ 연간 상품 판매실적을 제시하는 경우

⑧ 업무비용을 다른 조직과 비교해야 하는 경우

⑨ 상품판매를 위한 지역조사를 실시해야 하는 경우

⑩ 업무수행과정에서 도표로 주어진 자료를 해석하는 경우

⑪ 도표로 제시된 업무비용을 측정하는 경우

다음 자료를 보고 주어진 상황에 대한 물음에 답하시오.

〈근로소득에 대한 간이 세액표〉

월 급여액(천 원) [비과세 및 학자금 제외]		공제대상 가족 수				
이상	미만	1	2	3	4	5
2,500	2,520	38,960	29,280	16,940	13,570	10,190
2,520	2,540	40,670	29,960	17,360	13,990	10,610
2,540	2,560	42,380	30,640	17,790	14,410	11,040
2,560	2,580	44,090	31,330	18,210	14,840	11,460
2,580	2,600	45,800	32,680	18,640	15,260	11,890
2,600	2,620	47,520	34,390	19,240	15,680	12,310
2,620	2,640	49,230	36,100	19,900	16,110	12,730
2,640	2,660	50,940	37,810	20,560	16,530	13,160
2,660	2,680	52,650	39,530	21,220	16,960	13,580
2,680	2,700	54,360	41,240	21,880	17,380	14,010
2,700	2,720	56,070	42,950	22,540	17,800	14,430
2,720	2,740	57,780	44,660	23,200	18,230	14,850
2,740	2,760	59,500	46,370	23,860	18,650	15,280

※ 갑근세는 제시되어 있는 간이 세액표에 따름
※ 주민세＝갑근세의 10%
※ 국민연금＝급여액의 4.50%
※ 고용보험＝국민연금의 10%
※ 건강보험＝급여액의 2.90%
※ 교육지원금＝분기별 100,000원(매 분기별 첫 달에 지급)

박○○ 사원의 5월 급여내역이 다음과 같고 전월과 동일하게 근무하였으나 특별수당은 없고 차량지원금으로 100,000원을 받게 된다면, 6월에 받게 되는 급여는 얼마인가? (단, 원 단위 절삭)

(주) 서원플랜테크 5월 급여내역			
성명	박○○	지급일	5월 12일
기본급여	2,240,000	갑근세	39,530
직무수당	400,000	주민세	3,950
명절 상여금		고용보험	11,970
특별수당	20,000	국민연금	119,700
차량지원금		건강보험	77,140
교육지원		기타	
급여계	2,660,000	공제합계	252,290
		지급총액	2,407,710

① 2,443,910
② 2,453,910
③ 2,463,910
④ 2,473,910

기본 급여	2,240,000	갑근세	46,370
직무 수당	400,000	주민세	4,630
명절 상여금		고용 보험	12,330
특별 수당		국민 연금	123,300
차량 지원금	100,000	건강 보험	79,460
교육 지원		기타	
급여계	2,740,000	공제 합계	266,090
		지급 총액	2,473,910

답 ④

(3) 수리능력의 중요성

① 수학적 사고를 통한 문제해결

② 직업세계의 변화에의 적응

③ 실용적 가치의 구현

(4) 단위환산표

구분	단위환산
길이	1cm = 10mm, 1m = 100cm, 1km = 1,000m
넓이	$1cm^2$ = $100mm^2$, $1m^2$ = $10,000cm^2$, $1km^2$ = $1,000,000m^2$
부피	$1cm^3$ = $1,000mm^3$, $1m^3$ = $1,000,000cm^3$, $1km^3$ = $1,000,000,000m^3$
들이	$1m\ell$ = $1cm^3$, $1d\ell$ = $100cm^3$, 1L = $1,000cm^3$ = $10d\ell$
무게	1kg = 1,000g, 1t = 1,000kg = 1,000,000g
시간	1분 = 60초, 1시간 = 60분 = 3,600초
할푼리	1푼 = 0.1할, 1리 = 0.01할, 1모 = 0.001할

예제 2

둘레의 길이가 4.4km인 정사각형 모양의 공원이 있다. 이 공원의 넓이는 몇 a인가?

① 12,100a   ② 1,210a

③ 121a   ④ 12.1a

[출제의도]
길이, 넓이, 부피, 들이, 무게, 시간, 속도 등 단위에 대한 기본적인 환산 능력을 평가하는 문제로서, 소수점 계산이 필요하며, 자릿수를 읽고 구분할 줄 알아야 한다.
[해설]
공원의 한 변의 길이는
$4.4 \div 4 = 1.1(km)$ 이고
$1km^2 = 10,000a$ 이므로
공원의 넓이는
$1.1km \times 1.1km = 1.21km^2$
$= 12,100a$

답 ①

2 수리능력을 구성하는 하위능력

(1) 기초연산능력

① **사칙연산** … 수에 관한 덧셈, 뺄셈, 곱셈, 나눗셈의 네 종류의 계산법으로 업무를 원활하게 수행하기 위해서는 기본적인 사칙연산뿐만 아니라 다단계의 복잡한 사칙연산까지도 수행할 수 있어야 한다.

② **검산** … 연산의 결과를 확인하는 과정으로 대표적인 검산방법으로 역연산과 구거법이 있다.
   - ⊙ **역연산** : 덧셈은 뺄셈으로, 뺄셈은 덧셈으로, 곱셈은 나눗셈으로, 나눗셈은 곱셈으로 확인하는 방법이다.
   - ⓒ **구거법** : 원래의 수와 각 자리 수의 합이 9로 나눈 나머지가 같다는 원리를 이용한 것으로 9를 버리고 남은 수로 계산하는 것이다.

■ 예제 3

다음 식을 바르게 계산한 것은?

$$1 + \frac{2}{3} + \frac{1}{2} - \frac{3}{4}$$

① $\frac{13}{12}$ ② $\frac{15}{12}$

③ $\frac{17}{12}$ ④ $\frac{19}{12}$

[출제의도]
직장생활에서 필요한 기초적인 사칙연산과 계산방법을 이해하고 활용할 수 있는 능력을 평가하는 문제로서, 분수의 계산과 통분에 대한 기본적인 이해가 필요하다.
[해설]
$$\frac{12}{12} + \frac{8}{12} + \frac{6}{12} - \frac{9}{12} = \frac{17}{12}$$

답 ③

---

(2) 기초통계능력

① 업무수행과 통계
   - ⊙ **통계의 의미** : 통계란 집단현상에 대한 구체적인 양적 기술을 반영하는 숫자이다.
   - ⓒ 업무수행에 통계를 활용함으로써 얻을 수 있는 이점
     - 많은 수량적 자료를 처리가능하고 쉽게 이해할 수 있는 형태로 축소
     - 표본을 통해 연구대상 집단의 특성을 유추
     - 의사결정의 보조수단
     - 관찰 가능한 자료를 통해 논리적으로 결론을 추출·검증

ⓒ 기본적인 통계치

- 빈도와 빈도분포 : 빈도란 어떤 사건이 일어나거나 증상이 나타나는 정도를 의미하며, 빈도분포란 빈도를 표나 그래프로 종합적으로 표시하는 것이다.
- 평균 : 모든 사례의 수치를 합한 후 총 사례 수로 나눈 값이다.
- 백분율 : 전체의 수량을 100으로 하여 생각하는 수량이 그중 몇이 되는가를 퍼센트로 나타낸 것이다.

② 통계기법

ⓐ 범위와 평균

- 범위 : 분포의 흩어진 정도를 가장 간단히 알아보는 방법으로 최곳값에서 최젓값을 뺀 값을 의미한다.
- 평균 : 집단의 특성을 요약하기 위해 가장 자주 활용하는 값으로 모든 사례의 수치를 합한 후 총 사례 수로 나눈 값이다.
- 관찰값이 1, 3, 5, 7, 9일 경우 범위는 $9 - 1 = 8$이 되고, 평균은 $\dfrac{1+3+5+7+9}{5} = 5$가 된다.

ⓑ 분산과 표준편차

- 분산 : 관찰값의 흩어진 정도로, 각 관찰값과 평균값의 차의 제곱의 평균이다.
- 표준편차 : 평균으로부터 얼마나 떨어져 있는가를 나타내는 개념으로 분산값의 제곱근 값이다.
- 관찰값이 1, 2, 3이고 평균이 2인 집단의 분산은 $\dfrac{(1-2)^2 + (2-2)^2 + (3-2)^2}{3} = \dfrac{2}{3}$ 이고 표준편차는 분산값의 제곱근 값인 $\sqrt{\dfrac{2}{3}}$ 이다.

③ 통계자료의 해석

ⓐ 다섯숫자요약

- 최솟값 : 원자료 중 값의 크기가 가장 작은 값
- 최댓값 : 원자료 중 값의 크기가 가장 큰 값
- 중앙값 : 최솟값부터 최댓값까지 크기에 의하여 배열했을 때 중앙에 위치하는 사례의 값
- 하위 25%값 · 상위 25%값 : 원자료를 크기 순으로 배열하여 4등분한 값

ⓑ 평균값과 중앙값 : 평균값과 중앙값은 그 개념이 다르기 때문에 명확하게 제시해야 한다.

인터넷 쇼핑몰에서 회원가입을 하고 디지털캠코더를 구매하려고 한다. 다음은 구입하고자 하는 모델에 대하여 인터넷 쇼핑몰 세 곳의 가격과 조건을 제시한 표이다. 표에 있는 모든 혜택을 적용하였을 때 디지털캠코더의 배송비를 포함한 실제 구매가격을 바르게 비교한 것은?

구분	A 쇼핑몰	B 쇼핑몰	C 쇼핑몰
정상가격	129,000원	131,000원	130,000원
회원혜택	7,000원 할인	3,500원 할인	7% 할인
할인쿠폰	5% 쿠폰	3% 쿠폰	5,000원
중복할인여부	불가	가능	불가
배송비	2,000원	무료	2,500원

① A<B<C
② B<C<A
③ C<A<B
④ C<B<A

[출제의도]
직장생활에서 자주 사용되는 기초적인 통계기법을 활용하여 자료의 특성과 경향성을 파악하는 능력이 요구되는 문제이다.

[해설]
㉠ A 쇼핑몰
• 회원혜택을 선택한 경우:
 $129,000 - 7,000 + 2,000 = 124,000$(원)
• 5% 할인쿠폰을 선택한 경우:
 $129,000 \times 0.95 + 2,000 = 124,550$(원)
㉡ B 쇼핑몰:
 $131,000 \times 0.97 - 3,500 = 123,570$(원)
㉢ C 쇼핑몰
• 회원혜택을 선택한 경우:
 $130,000 \times 0.93 + 2,500 = 123,400$(원)
• 5,000원 할인쿠폰을 선택한 경우: $130,000 - 5,000 + 2,500 = 127,500$(원)
∴ C<B<A

답 ④

(3) 도표분석능력

① 도표의 종류

  ㉠ **목적별** : 관리(계획 및 통제), 해설(분석), 보고

  ㉡ **용도별** : 경과 그래프, 내역 그래프, 비교 그래프, 분포 그래프, 상관 그래프, 계산 그래프

  ㉢ **형상별** : 선 그래프, 막대 그래프, 원 그래프, 점 그래프, 층별 그래프, 레이더 차트

② 도표의 활용

  ㉠ **선 그래프**

  • 주로 시간의 경과에 따라 수량에 의한 변화 상황(시계열 변화)을 절선의 기울기로 나타내는 그래프이다.

  • 경과, 비교, 분포를 비롯하여 상관관계 등을 나타낼 때 쓰인다.

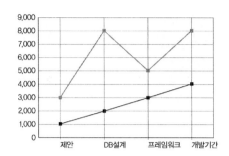

ⓛ 막대 그래프

• 비교하고자 하는 수량을 막대 길이로 표시하고 그 길이를 통해 수량 간의 대소관계를 나타내는 그래프이다.

• 내역, 비교, 경과, 도수 등을 표시하는 용도로 쓰인다.

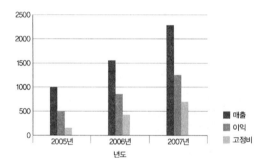

ⓒ 원 그래프

• 내역이나 내용의 구성비를 원을 분할하여 나타낸 그래프이다.

• 전체에 대해 부분이 차지하는 비율을 표시하는 용도로 쓰인다.

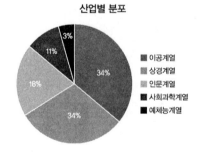

ⓔ 점 그래프
- 종축과 횡축에 2요소를 두고 보고자 하는 것이 어떤 위치에 있는가를 나타내는 그래프이다.
- 지역분포를 비롯하여 도시, 기방, 기업, 상품 등의 평가나 위치·성격을 표시하는데 쓰인다.

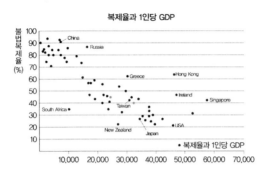

ⓜ 층별 그래프
- 선 그래프의 변형으로 연속내역 봉 그래프라고 할 수 있다. 선과 선 사이의 크기로 데이터 변화를 나타낸다.
- 합계와 부분의 크기를 백분율로 나타내고 시간적 변화를 보고자 할 때나 합계와 각 부분의 크기를 실수로 나타내고 시간적 변화를 보고자 할 때 쓰인다.

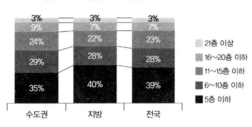

ⓗ 레이더 차트(거미줄 그래프)
- 원 그래프의 일종으로 비교하는 수량을 직경, 또는 반경으로 나누어 원의 중심에서의 거리에 따라 각 수량의 관계를 나타내는 그래프이다.
- 비교하거나 경과를 나타내는 용도로 쓰인다.

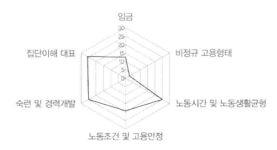

③ 도표 해석상의 유의사항

    ㉠ 요구되는 지식의 수준을 넓힌다.

    ㉡ 도표에 제시된 자료의 의미를 정확히 숙지한다.

    ㉢ 도표로부터 알 수 있는 것과 없는 것을 구별한다.

    ㉣ 총량의 증가와 비율의 증가를 구분한다.

    ㉤ 백분위수와 사분위수를 정확히 이해하고 있어야 한다.

예제 5

다음 표는 2009 ~ 2010년 지역별 직장인들의 자기개발에 관해 조사한 내용을 정리한 것이다. 이에 대한 분석으로 옳은 것은?

(단위 : %)

연도 구분 지역	2009				2010			
	자기개발 하고 있음	자기개발 비용 부담 주체			자기개발 하고 있음	자기개발 비용 부담 주체		
		직장 100%	본인 100%	직장50%+ 본인50%		직장 100%	본인 100%	직장50%+ 본인50%
충청도	36.8	8.5	88.5	3.1	45.9	9.0	65.5	24.5
제주도	57.4	8.3	89.1	2.9	68.5	7.9	68.3	23.8
경기도	58.2	12	86.3	2.6	71.0	7.5	74.0	18.5
서울시	60.6	13.4	84.2	2.4	72.7	11.0	73.7	15.3
경상도	40.5	10.7	86.1	3.2	51.0	13.6	74.9	11.6

① 2009년과 2010년 모두 자기개발 비용을 본인이 100% 부담하는 사람의 수는 응답자의 절반 이상이다.

② 자기개발을 하고 있다고 응답한 사람의 수는 2009년과 2010년 모두 서울시가 가장 많다.

③ 자기개발 비용을 직장과 본인이 각각 절반씩 부담하는 사람의 비율은 2009년과 2010년 모두 서울시가 가장 높다.

④ 2009년과 2010년 모두 자기개발을 하고 있다고 응답한 비율이 가장 높은 지역에서 자기개발비용을 직장이 100% 부담한다고 응답한 사람의 비율이 가장 높다.

[출제의도]
그래프, 그림, 도표 등 주어진 자료를 이해하고 의미를 파악하여 필요한 정보를 해석하는 능력을 평가하는 문제이다.
[해설]
② 지역별 인원수가 제시되어 있지 않으므로, 각 지역별 응답자 수는 알 수 없다.
③ 2009년에는 경상도에서, 2010년에는 충청도에서 가장 높은 비율을 보인다.
④ 2009년과 2010년 모두 '자기개발을 하고 있다'고 응답한 비율이 가장 높은 지역은 서울시이며, 2010년의 경우 자기개발 비용을 직장이 100% 부담한다고 응답한 사람의 비율이 가장 높은 지역은 경상도이다.

답 ①

(4) 도표작성능력

① 도표작성 절차

    ㉠ 어떠한 도표로 작성할 것인지를 결정

    ㉡ 가로축과 세로축에 나타낼 것을 결정

    ㉢ 한 눈금의 크기를 결정

    ㉣ 자료의 내용을 가로축과 세로축이 만나는 곳에 표현

    ㉤ 표현한 점들을 선분으로 연결

    ㉥ 도표의 제목을 표기

② 도표작성 시 유의사항

    ㉠ 선 그래프 작성 시 유의점

- 세로축에 수량, 가로축에 명칭구분을 제시한다.
- 선의 높이에 따라 수치를 파악하는 경우가 많으므로 세로축의 눈금을 가로축보다 크게 하는 것이 효과적이다.
- 선이 두 종류 이상일 경우 반드시 그 명칭을 기입한다.

    ㉡ 막대 그래프 작성 시 유의점

- 막대 수가 많을 경우에는 눈금선을 기입하는 것이 알아보기 쉽다.
- 막대의 폭은 모두 같게 하여야 한다.

    ㉢ 원 그래프 작성 시 유의점

- 정각 12시의 선을 기점으로 오른쪽으로 그리는 것이 보통이다.
- 분할선은 구성비율이 큰 순서로 그린다.

    ㉣ 층별 그래프 작성 시 유의점

- 눈금은 선 그래프나 막대 그래프보다 적게 하고 눈금선은 넣지 않는다.
- 층별로 색이나 모양이 완전히 다른 것이어야 한다.
- 같은 항목은 옆에 있는 층과 선으로 연결하여 보기 쉽도록 한다.

출제예상문제

1 동료인 甲과 乙은 둘이 함께 건강검진을 받으러 갔다. A~D 네 가지 진료를 받아야 하는 상황에서 각 진료별 甲과 乙의 소요 시간은 다음과 같다. 甲이 먼저 진료를 시작하고 이어서 같은 진료를 乙이 받는 순서로 진행될 때, 다음 보기 중 乙이 대기하여야 하는 시간이 가장 짧은 진료 순서는 어느 것인가? (단, 진료는 두 사람만 한다고 가정한다)

구분	A진료	B진료	C진료	D진료
甲	5분	2분	4분	1분
乙	3분	3분	2분	4분

① A − B − C − D

② B − A − C − D

③ B − D − A − C

④ C − D − A − B

⑤ D − C − B − A

 각 보기에 주어진 순서대로 진료를 받았을 경우 乙의 대기 시간을 계산해 보면 다음과 같다.

•A − B − C − D : 乙은 최초 5분을 대기해야 한다. 이후 甲이 B진료를 끝내고 C진료를 시작한 지 1분 만에 乙의 A진료가 끝나게 되며, 따라서 B진료를 대기 없이 진행하고 甲의 C진료와 乙의 B진료가 동시에 끝나게 된다. 이후 甲의 D진료는 1분, 乙의 C진료는 2분이므로 역시 추가로 乙이 대기해야 할 시간은 없게 된다.

•B − A − C − D : 위와 같은 방법으로 계산하면 乙은 2분 + 2분 + 1분 = 5분을 대기해야 한다.

•B − D − A − C : 2분

•C − D − A − B : 4분

•D − C − B − A : 1분 + 2분 = 3분

따라서 甲의 다음 진료 시간과 乙의 남은 진료 시간을 고려하여 판단할 때, 최초 대기 시간인 2분 이외에는 乙의 추가 대기 시간이 필요 없게 되는 B − D − A − C의 순서가 乙의 대기 시간이 가장 짧게 됨을 알 수 있다.

2 건강보험심사평가원에 입사한 A는 신규로 등록한 장애인 보장용구인 B제품에 대한 사용자 평점 자료를 검토하고 있다. 다음의 평점 자료와 평가 기준을 바탕으로 B제품이 받을 등급을 판단한다면?

〈평점 자료〉

평점 구분	응답자 수
20점 미만	12명
20점 ~ 40점 미만	15명
40점~ 60점 미만	28명
60점 ~ 80점 미만	36명
80점 ~ 100점 미만	14명
100점	25명
합계	130명

〈평가 기준〉

제품 평균 평점	등급
80점 초과 ~ 100점	상
60점 초과 ~ 80점	중상
40점 초과 ~ 60점	중
20점 초과 ~ 40점	중하
0점 초과 ~ 20점	하
0점	등급 보류

① 상   ② 중상

③ 중   ④ 중하

⑤ 하

 각 구간의 정확한 변량이 제시되지 않은 문제는 구간의 평균값인 '중앙값'을 구간의 점수로 하여 계산한다. 따라서 B제품의 평균을 구하면,

$$\frac{(10 \times 12) + (30 \times 15) + (50 \times 28) + (70 \times 36) + (90 \times 14) + (100 \times 25)}{130} = \frac{8,250}{130} = 약 \ 63.5점으로$$

'중상' 등급에 해당한다.

3 다음은 A, B, C 3개 지역의 병원 수 현황을 나타낸 표이다. Y − 3년의 병원 수를 A, B, C 지역 순서대로 바르게 나열한 것은?

(단위 : %, 개)

구분	Y − 3년 대비 Y − 2년의 증감률	Y − 2년 대비 Y − 1년의 증감 수	Y − 1년 대비 Y년의 증감 수	Y년의 병원 수
A지역	10	3	−1	35
B지역	15	−2	2	46
C지역	12	5	−3	30

① 30개, 40개, 25개

② 32개, 42개, 25개

③ 30개, 45개, 20개

④ 35개, 40개, 26개

⑤ 32개, 42개, 20개

 Y − 3년의 병원 수를 x라 하고, Y년의 병원 수로부터 역산하여 각 해의 지역별 병원 수를 구하면 다음과 같다.

구분	Y − 3년	Y − 2년	Y − 1년	Y년의 병원 수
A지역	$\dfrac{33-x}{x} \times 100 = 10$ $\therefore x = 30$	$36 - 3 = 33$	$35 + 1 = 36$	35
B지역	$\dfrac{46-x}{x} \times 100 = 15$ $\therefore x = 40$	$44 + 2 = 46$	$46 - 2 = 44$	46
C지역	$\dfrac{28-x}{x} \times 100 = 12$ $\therefore x = 25$	$33 - 5 = 28$	$30 + 3 = 33$	30

따라서 30개, 40개, 25개가 정답이 된다.

┃4~5┃ 다음의 자료는 A 병원의 간호사 인력수급과 한국의료관광의 현황 및 전망을 나타낸 도표이다. 아래의 자료를 읽고 물음에 답하시오

〈표 1〉 A 병원의 간호사 인력 수급

연도	2015	2020	2025	2030
공급				
면허등록	321,503	388,775	460,641	537,101
가용간호사	269,717	290,209	306,491	317,996
임상취업간호사	115,601	124,384	131,362	136,293
비임상취업간호사	22,195	23,882	25,222	26,168
전체 취업간호사	137,796	148,226	156,584	162,461
수요	194,996	215,262	231,665	244,831
수급차(=수요-임상취업간호사)	79,395	90,878	100,303	108,538

〈표 2〉 한국의료관광의 현황 및 전망

연도	국내진료해외환자(명)	동반가족 수(명)	의료관광수입(원)	늘어나는 일자리(명)	
				의료부문	관광부문
2012	15만	4.5만	5,946억	8,979	1만, 1,833
2013	20만	6만	8,506억	1만 2,845	1만 6,928
2015	30만	9만	1조 4,382억	2만 1,717	2만 8,620
2020	100만	30만	6조 1,564억	9만 2,962	12만 2,513

4 위의 도표에 관한 설명으로 가장 적절한 것을 고르면?

① 〈표 2〉에서 의료관광으로 인해 2020년에 늘어나는 일자리는 10만 이상이 될 것으로 예상되어진다.

② 〈표 1〉에서 간호사의 수급차이가 10만이 넘어가는 시점은 2025년이다.

③ 〈표 1〉에서 간호사의 수요에 비해 공급이 더 빠른 속도로 증가할 것으로 예상된다.

④ 〈표 1〉에서 간호사의 수요가 가장 크게 증가한 때는 2020년에서 2025년이다.

⑤ 〈표 2〉에서 국내진료해외환자 수는 2012년 대비 2020년에 10배 이상 증가한다.

 ① 의료관광으로 인해 2020년에 늘어나는 일자리는 20만 이상이 될 것으로 예상된다.
③ 간호사의 공급에 비해 수요가 더 빠른 속도로 증가할 것으로 예상된다.
④ 간호사의 수요가 가장 크게 증가한 때는 2015년에서 2020년이다.
⑤ 약 6.7배 증가한다.

Answer﹒➡ 3.① 4.②

5 위의 도표에 관한 설명으로 가장 옳지 않은 사항을 고르면?

① 국내 의료 관광 수입이 빠르게 증가할 것으로 기대된다.

② 차후 의료 이용량의 증가에 의해 간호 및 간병 인력에 대한 수요의 확대가 예상된다.

③ 간호사에 대한 전반적 수요가 늘어날 것으로 예상된다.

④ 특히 의료관광분야의 경우에 글로벌 사업으로 병원의 해외진출 산업 또한 고부가 가치의 일자리 창출 능력이 큰 산업으로써 각광 받고 있다.

⑤ 한국의료관광의 발전으로 의료부분은 물론 관광부문의 일자리까지 크게 증가할 것으로 전망된다.

> (Tip) 위의 도표에서 주어진 자료는 간호사 인력수급 추계와 한국의료관광 현황 및 전망에 관한 내용이다. 병원의 해외진출에 관한 자료는 도표에 제시되어 있지 않으므로 파악이 불가능하다.

6 다음은 어느 회사 전체 사원의 SNS 이용 실태를 조사한 자료이다. 이에 대한 설명 중 옳은 것은?

사용기기	성명	SNS 종류	SNS 활용형태	SNS 가입날짜	기기 구입비	앱 구입비
스마트폰	김하나	페이스북	소통	2013.08.01	440,000원	6,500원
스마트폰	김준영	트위터	소통	2014.02.02	420,000원	12,000원
태블릿PC	정민지	페이스북	교육	2014.01.15	400,000원	10,500원
컴퓨터	윤동진	블로그	교육	2015.02.19	550,000원	14,500원
스마트폰	이정미	트위터	소통	2013.10.10	380,000원	6,500원
태블릿PC	박진숙	페이스북	취미	2014.02.28	440,000원	14,500원
컴퓨터	김영지	트위터	교육	2014.01.10	480,000원	18,000원
컴퓨터	한아름	블로그	취미	2013.09.11	580,000원	10,500원

※ 각 사원은 SNS를 한 종류만 사용하고 SNS 활용형태도 하나임

① 페이스북을 이용하거나 태블릿PC를 사용하는 사원은 4명이다.

② SNS를 2014년에 가입한 사원은 트위터를 이용하거나 페이스북을 이용한다.

③ 취미로 SNS를 활용하는 사원의 기기구입비 합계는 100만원을 넘지 않는다.

④ 2013년에 SNS를 가입하거나 블로그를 이용하는 사원은 5명이다.

⑤ 태블릿PC를 사용하는 사원의 평균 앱 구입비는 13,000원이다.

7 다음 〈표〉는 2008년부터 2013년까지의 연도별 평균 가계직접부담의료비에 대한 자료이다. 이에 대한 설명으로 옳지 않은 것은?

(단위 : 만 원)

구분		2008년	2009년	2010년	2011년	2012년	2013년
전체		135.9	132.6	147.9	168.4	177.4	176.4
가구원수	1인	66.6	70.8	78.3	103.7	105.2	99.4
	2인	138.7	146.5	169.2	188.8	194.1	197.3
	3인	154.8	145.3	156.4	187.7	203.2	201.4
	4인	153.4	145.8	165.1	178.4	191.7	198.9
	5인	194.9	180.4	197.6	210.8	233.7	226.6
	6인 이상	221.3	203.2	250.4	251.8	280.7	259.3
소득분위	1분위	93.7	93.6	104.0	122.3	130.8	134.2
	2분위	126.4	119.9	139.5	169.5	157.3	161.1
	3분위	131.9	122.6	141.0	166.8	183.2	178.4
	4분위	145.7	143.5	170.3	170.5	190.0	188.5
	5분위	180.5	179.7	185.4	214.7	226.1	219.3
지역	서울	139.5	143.6	152.2	180.5	189.0	192.4
	광역시	139.2	128.7	147.7	159.3	164.1	168.2
	도	132.9	130.2	146.3	168.2	179.4	174.4

① 매년 저소득층에서 고소득층으로 갈수록 가계직접부담의료비가 증가하고 있다.

② 지역만 놓고 볼 때, 서울은 도보다 매년 가계직접부담의료비가 많다.

③ 2013년 전체 가계직접부담의료비는 2008년보다 약 30% 증가했다.

④ 2008년 6인 이상 가구 가계직접부담의료비는 1인 가구의 3배를 넘는다.

⑤ 1인 가구와 2인 가구의 가계직접부담의료비 차이가 가장 큰 해는 2013년이었다.

 ① 2011년에는 2분위가 3분위보다 가계직접부담의료비가 많다.

Answer 5.④ 6.② 7.①

❚8~9❚ 다음 표는 2014년과 2015년 친환경인증 농산물의 생산 현황에 관한 자료이다. 이를 보고 물음에 답하시오.

<표> 종류별, 지역별 친환경인증 농산물 생산 현황

(단위 : 톤)

구분		2015년				2014년
		합	인증형태			
			유기농산물	무농약농산물	저농약농산물	
종류	곡류	343,380	54,025	269,280	20,075	371,055
	과실류	341,054	9,116	26,850	305,088	457,794
	채소류	585,004	74,750	351,340	158,914	753,524
	서류	41,782	9,023	30,157	2,602	59,407
	특용작물	163,762	6,782	155,434	1,546	190,069
	기타	23,253	14,560	8,452	241	20,392
	계	1,498,235	168,256	841,513	488,466	1,852,241
지역	서울	1,746	106	1,544	96	1,938
	부산	4,040	48	1,501	2,491	6,913
	대구	13,835	749	3,285	9,801	13,852
	인천	7,663	1,093	6,488	82	7,282
	광주	5,946	144	3,947	1,855	7,474
	대전	1,521	195	855	471	1,550
	울산	10,859	408	5,142	5,309	13,792
	세종	1,377	198	826	353	0
	경기도	109,294	13,891	71,521	23,882	126,209
	강원도	83,584	17,097	52,810	13,677	68,300
	충청도	159,495	29,506	64,327	65,662	207,753
	전라도	611,468	43,330	443,921	124,217	922,641
	경상도	467,259	52,567	176,491	238,201	457,598
	제주도	20,148	8,924	8,855	2,369	16,939
	계	1,498,235	168,256	841,513	488,466	1,852,241

8 위의 표에 대한 설명으로 옳지 않은 것은?

① 2015년 친환경인증 농산물 중 가장 많은 비중을 차지하는 종류는 채소류이다.

② 2015년 친환경인증 농산물 중 두 번째로 높은 비중을 차지하는 지역은 경상도이다.

③ 2015년 친환경인증 농산물은 기타를 제외하고 모든 종류에서 생산량이 전년에 비해 감소하였다.

④ 2015년 친환경인증 농산물 중 무농약 농산물은 55% 이상을 차지한다.

⑤ 2015년 친환경인증 농산물 생산량이 전년 대비 가장 많이 증가한 지역은 세종이다.

 ⑤ 2015년 친환경인증 농산물 생산량이 전년 대비 가장 많이 증가한 지역은 강원도이다.

9 서울, 부산, 울산, 충청도, 전라도 중 2015년 친환경인증 농산물의 생산량이 전년대비 감소율이 가장 큰 지역은?

① 서울 ② 부산

③ 울산 ④ 충청도

⑤ 전라도

① 서울 : $\frac{1,746-1,938}{1,938} \times 100 = -9.9\%$

② 부산 : $\frac{4,040-6,913}{6,913} \times 100 = -41.5\%$

③ 울산 : $\frac{10,859-13,792}{13,792} \times 100 = -21.3\%$

④ 충청도 : $\frac{159,495-207,753}{207,753} \times 100 = -23.2\%$

⑤ 전라도 : $\frac{611,468-922,641}{922,641} \times 100 = -33.7\%$

Answer ➡ 8.⑤ 9.②

10 다음은 신용대출의 중도상환에 관한 내용이다. 甲씨는 1년 후에 일시 상환하는 조건으로 500만 원을 신용대출 받았다. 그러나 잔여기간이 100일 남은 상태에서 중도 상환하려고 한다. 甲씨가 부담해야 하는 해약금은 약 얼마인가? (단, 원단위는 절사한다)

- 중도상환해약금 : 중도상환금액×중도상환적용요율×(잔여기간/대출기간)

구분	가계대출		기업대출	
	부동산 담보대출	신용/기타 담보대출	부동산 담보대출	신용/기타 담보대출
적용요율	1.4%	0.8%	1.4%	1.0%

- 대출기간은 대출개시일로부터 대출기간만료일까지의 일수로 계산하되, 대출기간이 3년을 초과하는 경우에는 3년이 되는 날을 대출기간만료일로 한다.
- 잔여기간은 대출기간에서 대출개시일로부터 중도상환일까지의 경과일수를 차감하여 계산한다.

① 10,950원 ② 11,950원
③ 12,950원 ④ 13,950원
⑤ 14,950원

Tip 신용대출이므로 적용요율이 0.8% 적용된다.
500만 원×0.8%×(100/365)＝10,958원
원단위 절사하면 10,950원이다.

11 다음은 어느 보험회사의 보험계약 현황에 관한 표이다. 이에 대한 설명으로 옳지 않은 것은?

(단위 : 건, 억 원)

구분		2015년		2014년	
		건수	금액	건수	금액
개인보험		5,852,844	1,288,847	5,868,027	1,225,968
	생존보험	1,485,908	392,222	1,428,422	368,731
	사망보험	3,204,140	604,558	3,241,308	561,046
	생사혼합	1,162,792	292,068	1,198,297	296,191
단체보험		0	0	0	0
	단체보장	0	0	0	0
	단체저축	0	0	0	0
소계		5,852,844	1,288,847	5,868,027	1,225,968

※ 건수는 보유계약의 건수임
※ 금액은 주계약 및 특약의 보험가입금액임

① 2014년과 2015년에 단체보험 보유계약의 건수는 0건이다.
② 2015년은 2014년에 비해 개인보험 보유계약 건수가 감소하였다.
③ 2015년은 2014년에 비해 개인보험 보험가입금액은 증가하였다.
④ 2015년 개인보험 보험가입금액에서 생존보험 금액이 차지하는 구성비는 30% 미만이다.
⑤ 2014년과 2015년 모두 개인보험에서 사망보험이 가장 큰 비중을 차지한다.

④ $\frac{392,222}{1,288,847} \times 100 = 30.43\%$

따라서 30%를 초과한다.

| 12~13 | 다음 표는 2006년부터 2010년까지 5년간 손해보험과 생명보험의 전체 수지실적에 관한 자료이다. 이를 보고 물음에 답하시오.

〈표1〉 5년간 손해보험의 수지실적

(단위 : 십억 원)

연도	경과보험료	발생손해액	순사업비
2006년	23,712	18,671	5,351
2007년	27,413	21,705	6,377
2008년	32,253	24,867	7,402
2009년	36,682	28,300	8,967
2010년	42,475	33,312	9,614

〈표2〉 5년간 생명보험의 수지실적

(단위 : 십억 원)

연도	경과보험료	발생손해액	순사업비
2006년	61,472	35,584	10,989
2007년	66,455	35,146	12,084
2008년	75,096	44,877	13,881
2009년	73,561	47,544	13,715
2010년	76,957	47,379	12,796

※ 손해율(%)＝(총지출액/경과보험료)×100

※ 손해율은 보험사의 수지실적을 나타내는 대표적인 지표이다.

※ 총지출액＝발생손해액+순사업비

12 위의 자료에 대한 설명으로 옳은 것은?

① 5년간 손해보험과 생명보험 모두 경과보험료는 매년 증가하고 있다.

② 2006년 손해보험의 손해율은 105%가 넘는다.

③ 2009년 생명보험의 경과보험료는 손해보험 경과보험료의 2배 이상이다.

④ 2007년 경과보험료 대비 순사업비의 비중은 손해보험이 생명보험보다 낮다.

⑤ 5년간 손해보험과 생명보험 모두 총지출액은 매년 증가하고 있다.

 ① 2009년 생명보험의 경과보험료는 전년대비 감소하였다.
② 2006년 손해보험의 손해율은 101.3%이다.
④ 손해보험이 생명보험보다 높다.
⑤ 2010년 생명보험의 총지출액은 전년대비 감소하였다.

13 다음 중 생명보험의 손해율이 가장 컸던 해는? (단, 소수점 둘째자리에서 반올림한다)

① 2006년   ② 2007년

③ 2008년   ④ 2009년

⑤ 2010년

 ① 2006년 : $\dfrac{35,584+10,989}{61,472} \times 100 = 75.8\%$

② 2007년 : $\dfrac{35,146+12,084}{66,455} \times 100 = 71.1\%$

③ 2008년 : $\dfrac{44,877+13,881}{75,096} \times 100 = 78.2\%$

④ 2009년 : $\dfrac{47,544+13,715}{73,561} \times 100 = 83.3\%$

⑤ 2010년 : $\dfrac{47,379+12,796}{76,957} \times 100 = 78.2\%$

Answer↦ 12.③   13.④

14 다음 표는 A지역 전체 가구를 대상으로 일본원자력발전소 사고 전후의 식수조달원 변경에 대해 설문조사한 결과이다. 사고 전에 비해 사고 후에 이용 가구 수가 감소한 식수조달원의 수는 몇 개인가?

사고 후 조달원 / 사고 전 조달원	수돗물	정수	약수	생수
수돗물	40	30	20	30
정수	10	50	10	30
약수	20	10	10	40
생수	10	10	10	40

① 0개   ② 1개

③ 2개   ④ 3개

⑤ 4개

사고 후 조달원 / 사고 전 조달원	수돗물	정수	약수	생수	합계
수돗물	40	30	20	30	120
정수	10	50	10	30	100
약수	20	10	10	40	80
생수	10	10	10	40	70
합계	80	100	50	140	

수돗물 : 120 → 80
정수 : 100 → 100
약수 : 80 → 50
생수 : 70 → 140
따라서 사고 전에 비해 사고 후에 이용 가구 수가 감소한 식수조달원은 수돗물과 약수 2개이다.

15 다음 표는 어느 회사의 공장별 제품 생산 및 판매 실적에 대한 자료이다. 이에 대한 설명으로 옳지 않은 것은?

(단위 : 대)

공장	2016년 12월	2016년 전체	
	생산 대수	생산 대수	판매 대수
A	25	586	475
B	21	780	738
C	32	1,046	996
D	19	1,105	1,081
E	38	1,022	956
F	39	1,350	1,238
G	15	969	947
H	18	1,014	962
I	26	794	702

※ 2017년 1월 1일 기준 재고 수=2016년 전체 생산 대수−2016년 전체 판매 대수

※ 판매율(%) $= \dfrac{\text{판매 대수}}{\text{생산 대수}} \times 100$

※ 2016년 1월 1일부터 제품을 생산·판매하였음

① 2017년 1월 1일 기준 재고 수가 가장 적은 공장은 G공장이다.

② 2017년 1월 1일 기준 재고 수가 가장 많은 공장의 2016년 전체 판매율은 90% 이상이다.

③ 2016년 12월 생산 대수가 가장 많은 공장과 2017년 1월 1일 기준 재고 수가 가장 많은 공장은 동일하다.

④ I공장의 2016년 전체 판매율은 90% 이상이다.

⑤ 2016년에 A~I 공장은 전체 8,666대를 생산하였다.

(Tip) ④ I공장의 2016년 전체 판매율 : $\dfrac{702}{794} \times 100 = 88.4\%$

Answer ⤷ 14.③ 15.④

16 다음 표는 A카페의 커피 판매정보에 대한 자료이다. 한 잔만을 더 판매하고 영업을 종료한다고 할 때, 총이익이 정확히 64,000원이 되기 위해서 판매해야 하는 메뉴는?

<표> A카페의 커피 판매정보

(단위 : 원, 잔)

메뉴 \ 구분	한 잔 판매가격	현재까지의 판매량	한 잔당 재료(재료비)				
			원두 (200)	우유 (300)	바닐라시럽 (100)	초코시럽 (150)	카라멜시럽 (250)
아메리카노	3,000	5	○	×	×	×	×
카페라떼	3,500	3	○	○	×	×	×
바닐라라떼	4,000	3	○	○	○	×	×
카페모카	4,000	2	○	○	×	○	×
카라멜마끼아또	4,300	6	○	○	○	×	○

※ 1) 메뉴별 이익＝(메뉴별 판매가격－메뉴별 재료비)×메뉴별 판매량
　　2) 총이익은 메뉴별 이익의 합이며, 다른 비용은 고려하지 않음
　　3) A카페는 5가지 메뉴만을 판매하며, 메뉴별 한 잔 판매가격과 재료비는 변동 없음
　　4) ○ : 해당 재료 한 번 사용
　　　 × : 해당 재료 사용하지 않음

① 아메리카노　　　　　　　② 카페라떼
③ 바닐라라떼　　　　　　　④ 카페모카
⑤ 카라멜마끼아또

 현재까지의 판매 이익은 다음과 같다.
- 아메리카노 : $(3,000-200) \times 5 = 14,000$
- 카페라떼 : $(3,500-500) \times 3 = 9,000$
- 바닐라라떼 : $(4,000-600) \times 3 = 10,200$
- 카페모카 : $(4,000-650) \times 2 = 6,700$
- 카라멜마끼아또 : $(4,300-850) \times 6 = 20,700$

현재까지 60,600원의 판매 이익을 얻었으므로, 3,400원이 더 필요하다. 따라서 바닐라라떼 한 잔을 더 팔면 이익을 채울 수 있다.

| 17~18 | 다음은 원양어업 주요 어종별 생산량에 관한 자료이다. 이를 보고 물음에 답하시오.

(단위 : 톤, 백만 원)

구분		2010년	2011년	2012년	2013년	2014년
가다랑어	생산량	216,720	173,334	211,891	200,866	229,588
	생산금액	321,838	334,770	563,027	427,513	329,163
황다랑어	생산량	67,138	45,736	60,436	44,013	63,971
	생산금액	201,596	168,034	170,733	133,170	163,068
명태	생산량	46,794	48,793	39,025	24,341	31,624
	생산금액	64,359	67,307	45,972	36,662	49,479
새꼬리 민태	생산량	10,852	12,447	10,100	8,261	8,681
	생산금액	19,030	25,922	21,540	14,960	18,209
민대구	생산량	4,139	4,763	4,007	3,819	3,162
	생산금액	10,072	13,136	11,090	10,912	8,689

※ 생산금액＝생산량×톤당 생산가격

17 위의 표에 대한 설명으로 옳지 않은 것은?

① 5개의 어종 가운데 매년 생산량이 가장 많은 어종은 가다랑어이다.

② 2012년 민대구의 생산량이 전년대비 감소한 이후로 2014년까지 계속 감소하고 있다.

③ 가다랑어와 황다랑어는 생산량의 전년대비 증감방향이 일치한다.

④ 2011년 새꼬리 민태 생산량의 전년대비 증가율은 10% 이하이다.

⑤ 2011년 가다랑어의 생산량은 전년대비 감소하였지만 생산금액은 증가하였다.

④ 2011년 새꼬리 민태 생산량의 전년대비 증가율 : $\dfrac{12,447-10,852}{10,852} \times 100 = 14.7\%$

따라서 10%를 초과한다.

18 2014년 톤당 생산가격이 가장 높은 어종은 무엇인가?

① 가다랑어 ② 황다랑어
③ 명태 ④ 새꼬리 민태
⑤ 민대구

(Tip) 톤당 생산가격 $= \dfrac{생산금액}{생산량}$ 으로 구한다(단위는 생략).

① 가다랑어 : $\dfrac{329,163}{229,588} = 1.43$

② 황다랑어 : $\dfrac{163,068}{63,971} = 2.55$

③ 명태 : $\dfrac{49,479}{31,624} = 1.56$

④ 새꼬리 민태 : $\dfrac{18,209}{8,681} = 2.10$

⑤ 민대구 : $\dfrac{8,689}{3,162} = 2.75$

▎19~20▎ 다음은 시도별 우유생산 현황에 대한 자료이다. 이를 보고 물음에 답하시오.

(단위 : 톤)

	2009년	2010년	2011년	2012년
서울특별시	573	592	621	644
부산광역시	1,092	933	1,225	1,783
인천광역시	14,376	18,230	13,287	10,932
광주광역시	2,989	2,344	3,201	3,553
대구광역시	12,094	13,928	10,838	9,846
대전광역시	393	109	98	12
경기도	932,391	848,002	843,118	883,565
강원도	84,024	91,121	100,920	103,827
충청북도	114,215	110,938	125,993	123,412
전라남도	139,310	124,097	126,075	132,222
경상남도	127,656	122,302	121,294	119,383
제주도	18,021	14,355	15,437	19,313

19 다음 중 위의 자료를 잘못 이해한 사람은?

① 소리 : 조사 지역 중 대전광역시는 매년 우유생산량이 가장 적어.

② 현수 : 광주광역시는 매년 2,000톤 이상의 우유를 생산하지만 부산광역시는 그렇지 않군.

③ 정진 : 위의 자료를 통해 경기도의 우유 수요가 가장 많고 그 다음으로 전라남도임을 알 수 있어.

④ 구현 : 2010년 시도별 우유생산량과 2012년 시도별 우유생산량을 비교했을 때 우유생산량이 감소한 지역은 네 군데 있어.

⑤ 수현 : 2012년 경기도의 우유생산량은 강원도의 8배 이상이야.

 ③ 주어진 자료는 우유생산 현황에 대한 자료이므로 우유 수요가 많은지는 알 수 없다.

20 다음 중 조사 기간 동안 우유생산량 변동 추이가 동일하지 않은 지역끼리 짝지은 것은?

① 경기도 – 경상남도

② 서울특별시 – 강원도

③ 광주광역시 – 전라남도

④ 인천광역시 – 대구광역시

⑤ 부산광역시 – 제주도

 ① 경기도 : 감소 – 감소 – 증가   경상남도 : 감소 – 감소 – 감소
② 서울특별시 : 증가 – 증가 – 증가 강원도 : 증가 – 증가 – 증가
③ 광주광역시 : 감소 – 증가 – 증가 전라남도 : 감소 – 증가 – 증가
④ 인천광역시 : 증가 – 감소 – 감소 대구광역시 : 증가 – 감소 – 감소
⑤ 부산광역시 : 감소 – 증가 – 증가 제주도 : 감소 – 증가 – 증가

21 A기업에서는 매년 3월에 정기 승진 시험이 있다. 시험을 응시한 사람이 남자사원, 여자사원을 합하여 총 100명이고 시험의 평균이 남자사원은 72점, 여자사원은 76점이며 남녀 전체평균은 73점일 때 시험을 응시한 여자사원의 수는?

① 25명   ② 30명

③ 35명   ④ 40명

⑤ 45명

 시험을 응시한 여자사원의 수를 x라 하고, 여자사원의 총점 + 남자사원의 총점 = 전체 사원의 총점이므로 $76x + 72(100-x) = 73 \times 100$
식을 간단히 하면 $4x = 100$, $x = 25$
∴ 여자사원은 25명이다.

22 수용이는 선생님의 심부름으로 15%의 식염수 300g을 과학실로 옮기던 도중 넘어져서 100g을 쏟았다. 들키지 않기 위해 물 100g을 더 첨가하여 과학실에 가져다 두었다. 식염수의 농도는 얼마인가?

① 10%   ② 11%

③ 12%   ④ 13%

⑤ 14%

 식염수의 질량이 줄었어도 농도가 줄어든 것은 아니므로 15% 식염수 200g에 물 100g을 첨가한 것으로 계산하면 된다.
$$\frac{30}{200+100} \times 100 = 10\%$$

23 부피가 210cm³, 높이가 7cm, 밑면의 가로의 길이가 세로의 길이보다 13cm 긴 직육면체가 있다. 이 직육면체의 밑면의 세로의 길이는?

① 2cm   ② 4cm

③ 6cm   ④ 8cm

⑤ 10cm

세로의 길이를 x라 하면
$(x+13) \times x \times 7 = 210$
$x^2 + 13x = 30$
$(x+15)(x-2) = 0$
∴ $x = 2\,(\text{cm})$

24 기은이와 희숙이를 포함한 친구 6명이 식사 값을 내는데 기은이가 17,000원, 희숙이가 19,000원을 내고 나머지 금액을 다른 친구들이 같은 값으로 나누어 냈을 때, 6명이 평균 10,000원을 낸 것이 된다면 나머지 친구 중 한 명이 낸 값은?

① 6,000원   ② 6,500원

③ 7,000원   ④ 7,500원

⑤ 8,000원

 6명이 평균 10,000원을 낸 것이 된다면 총 금액은 60,000원이다.

$60,000 = 17,000 + 19,000 + 4x$ 이므로

$\therefore x = 6,000$원

25 아버지가 9만 원을 나눠서 세 아들에게 용돈을 주려고 한다. 첫째 아들과 둘째 아들은 $2:1$, 둘째 아들과 막내아들은 $5:3$의 비율로 주려고 한다면 막내아들이 받는 용돈은 얼마인가?

① 11,000원   ② 12,000원

③ 13,000원   ④ 14,000원

⑤ 15,000원

 아들들이 받는 돈의 비율은 $10:5:3$이다. 막내아들은 90,000원의 $\dfrac{3}{18}$을 받으므로 15,000원을 받는다.

26 갑, 을, 병은 각각 640원, 760원, 1,100원의 저금을 가지고 있다. 매주 갑이 240원, 을이 300원, 병이 220원씩 더 저축한다고 하면, 갑과 을의 저축액의 합이 병의 저축액의 2배가 되는 것은 몇 주 후인가?

① 6주   ② 7주

③ 8주   ④ 9주

⑤ 10주

 2배가 되는 시점을 x주라고 하면

$(640 + 240x) + (760 + 300x) = 2(1,100 + 220x)$

$540x - 440x = 2,200 - 1,400$

$100x = 800$

$\therefore x = 8$

Answer → 21.① 22.① 23.① 24.① 25.⑤ 26.③

27 어떤 일을 하는데 수빈이는 16일, 혜림이는 12일이 걸린다. 처음에는 수빈이 혼자서 3일 동안 일하고, 그 다음은 수빈이와 혜림이가 같이 일을 하다가 마지막 하루는 혜림이만 일하여 일을 끝냈다. 수빈이와 혜림이가 같이 일 한 기간은 며칠인가?

① 3일

② 4일

③ 5일

④ 6일

⑤ 7일

 수빈이가 하루 일하는 양 : $\dfrac{1}{16}$

혜림이가 하루 일하는 양 : $\dfrac{1}{12}$

전체 일의 양을 1로 놓고 같이 일을 한 일을 x라 하면

$$\dfrac{3}{16} + \left(\dfrac{1}{16} + \dfrac{1}{12}\right)x + \dfrac{1}{12} = 1$$

$$\dfrac{13 + 7x}{48} = 1$$

$$\therefore \ x = 5일$$

28 어떤 강을 따라 36km 떨어진 지점을 배로 왕복하려고 한다. 올라 갈 때에는 6시간이 걸리고 내려올 때는 4시간이 걸린다고 할 때 강물이 흘러가는 속력은 몇인가? (단, 배의 속력은 일정하다)

① 1.3km/h

② 1.5km/h

③ 1.7km/h

④ 1.9km/h

⑤ 2.0km/h

 배의 속력을 x라 하고 강물의 속력을 y라 하면 거리는 36km로 일정하므로

$6(x-y) = 36 \cdots \ㄱ$

$4(x+y) = 36 \cdots \ㄴ$

ㄴ식을 변형하여 $x = 9 - y$를 ㄱ에 대입하면

$\therefore \ y = 1.5km/h$

29 의자에 5명씩 앉으면 의자에 모두 앉은 채로 1명이 남고, 의자에 6명씩 앉으면 의자 11개가 완전히 빈 채로 3명이 서 있었다. 의자의 개수는?

① 61개 ② 62개
③ 63개 ④ 64개
⑤ 65개

 의자의 개수를 x라 하면
$$5x + 1 = (x - 11) \times 6 + 3$$
$$5x + 1 = 6x - 66 + 3$$
$$x = 64$$

30 갑동이는 올해 10살이다. 엄마의 나이는 갑동이와 누나의 나이를 합한 값의 두 배이고, 3년 후의 엄마의 나이는 누나의 나이의 세 배일 때, 올해 누나의 나이는 얼마인가?

① 12세 ② 13세
③ 14세 ④ 15세
⑤ 16세

 누나의 나이를 x, 엄마의 나이를 y라 하면,
$$2(10 + x) = y$$
$$3(x + 3) = y + 3$$
두 식을 연립하여 풀면,
$$x = 14(\text{세})$$

03 문제해결능력

1 문제와 문제해결

(1) 문제의 정의와 분류

① 정의 … 문제란 업무를 수행함에 있어서 답을 요구하는 질문이나 의논하여 해결해야 되는 사항이다.

② 문제의 분류

구분	창의적 문제	분석적 문제
문제제시 방법	현재 문제가 없더라도 보다 나은 방법을 찾기 위한 문제 탐구→문제 자체가 명확하지 않음	현재의 문제점이나 미래의 문제로 예견될 것에 대한 문제 탐구→문제 자체가 명확함
해결방법	창의력에 의한 많은 아이디어의 작성을 통해 해결	분석, 논리, 귀납과 같은 논리적 방법을 통해 해결
해답 수	해답의 수가 많으며, 많은 답 가운데 보다 나은 것을 선택	답의 수가 적으며 한정되어 있음
주요특징	주관적, 직관적, 감각적, 정성적, 개별적, 특수성	객관적, 논리적, 정량적, 이성적, 일반적, 공통성

(2) 업무수행과정에서 발생하는 문제 유형

① **발생형 문제(보이는 문제)** … 현재 직면하여 해결하기 위해 고민하는 문제이다. 원인이 내재되어 있기 때문에 원인지향적인 문제라고도 한다.
  ㉠ **일탈문제** : 어떤 기준을 일탈함으로써 생기는 문제
  ㉡ **미달문제** : 어떤 기준에 미달하여 생기는 문제

② **탐색형 문제(찾는 문제)** … 현재의 상황을 개선하거나 효율을 높이기 위한 문제이다. 방치할 경우 큰 손실이 따르거나 해결할 수 없는 문제로 나타나게 된다.
  ㉠ **잠재문제** : 문제가 잠재되어 있어 인식하지 못하다가 확대되어 해결이 어려운 문제
  ㉡ **예측문제** : 현재로는 문제가 없으나 현 상태의 진행 상황을 예측하여 찾아야 앞으로 일어날 수 있는 문제가 보이는 문제

ⓒ 발견문제 : 현재로서는 담당 업무에 문제가 없으나 선진기업의 업무 방법 등 보다 좋은 제도나 기법을 발견하여 개선시킬 수 있는 문제

③ **설정형 문제(미래 문제)** … 장래의 경영전략을 생각하는 것으로 앞으로 어떻게 할 것인가 하는 문제이다. 문제해결에 창조적인 노력이 요구되어 창조적 문제라고도 한다.

---

(3) 문제해결

① **정의** … 목표와 현상을 분석하고 이 결과를 토대로 과제를 도출하여 최적의 해결책을 찾아 실행·평가해 가는 활동이다.

② **문제해결에 필요한 기본적 사고**
　　ⓐ **전략적 사고** : 문제와 해결방안이 상위 시스템과 어떻게 연결되어 있는지를 생각한다.
　　ⓑ **분석적 사고** : 전체를 각각의 요소로 나누어 그 의미를 도출하고 우선순위를 부여하여 구체적인 문제해결방법을 실행한다.
　　ⓒ **발상의 전환** : 인식의 틀을 전환하여 새로운 관점으로 바라보는 사고를 지향한다.
　　ⓓ **내·외부자원의 활용** : 기술, 재료, 사람 등 필요한 자원을 효과적으로 활용한다.

③ **문제해결의 장애요소**
　　ⓐ 문제를 철저하게 분석하지 않는 경우
　　ⓑ 고정관념에 얽매이는 경우
　　ⓒ 쉽게 떠오르는 단순한 정보에 의지하는 경우
　　ⓓ 너무 많은 자료를 수집하려고 노력하는 경우

④ 문제해결방법

　　㉠ 소프트 어프로치 : 문제해결을 위해서 직접적인 표현보다는 무언가를 시사하거나 암시를 통하여 의사를 전달하여 문제해결을 도모하고자 한다.

　　㉡ 하드 어프로치 : 상이한 문화적 토양을 가지고 있는 구성원을 가정하고, 서로의 생각을 직설적으로 주장하고 논쟁이나 협상을 통해 서로의 의견을 조정해 가는 방법이다.

　　㉢ 퍼실리테이션(facilitation) : 촉진을 의미하며 어떤 그룹이나 집단이 의사결정을 잘 하도록 도와주는 일을 의미한다.

2 문제해결능력을 구성하는 하위능력

(1) 사고력

① 창의적 사고 … 개인이 가지고 있는 경험과 지식을 통해 새로운 가치 있는 아이디어를 산출하는 사고능력이다.

　　㉠ 창의적 사고의 특징

　　• 정보와 정보의 조합

　　• 사회나 개인에게 새로운 가치 창출

　　• 창조적인 가능성

예제 2

M사 홍보팀에서 근무하고 있는 귀하는 입사 5년차로 창의적인 기획안을 제출하기로 유명하다. S부장은 이번 신입사원 교육 때 귀하에게 창의적인 사고란 무엇인지 교육을 맡아달라고 부탁하였다. 창의적인 사고에 대한 귀하의 설명으로 옳지 않은 것은?

① 창의적인 사고는 새롭고 유용한 아이디어를 생산해 내는 정신적인 과정이다.
② 창의적인 사고는 특별한 사람들만이 할 수 있는 대단한 능력이다.
③ 창의적인 사고는 기존의 정보들을 특정한 요구조건에 맞거나 유용하도록 새롭게 조합시킨 것이다.
④ 창의적인 사고는 통상적인 것이 아니라 기발하거나, 신기하며 독창적인 것이다.

[출제의도]
창의적 사고에 대한 개념을 정확히 파악하고 있는지를 묻는 문항이다.
[해설]
흔히 사람들은 창의적인 사고에 대해 특별한 사람들만이 할 수 있는 대단한 능력이라고 생각하지만 그리 대단한 능력이 아니며 이미 알고 있는 경험과 지식을 해체하여 다시 새로운 정보로 결합하여 가치 있는 아이디어를 산출하는 사고라고 할 수 있다.

답 ②

ⓛ 발산적 사고 : 창의적 사고를 위해 필요한 것으로 자유연상법, 강제연상법, 비교발상법 등을 통해 개발할 수 있다.

구분	내용
자유연상법	생각나는 대로 자유롭게 발상 **예** 브레인스토밍
강제연상법	각종 힌트에 강제적으로 연결 지어 발상 **예** 체크리스트
비교발상법	주제의 본질과 닮은 것을 힌트로 발상 **예** NM법, Synectics

Point ≫ 브레인스토밍

ㄱ 진행방법
- 주제를 구체적이고 명확하게 정한다.
- 구성원의 얼굴을 볼 수 있는 좌석 배치와 큰 용지를 준비한다.
- 구성원들의 다양한 의견을 도출할 수 있는 사람을 리더로 선출한다.
- 구성원은 다양한 분야의 사람들로 5~8명 정도로 구성한다.
- 발언은 누구나 자유롭게 할 수 있도록 하며, 모든 발언 내용을 기록한다.
- 아이디어에 대한 평가는 비판해서는 안 된다.

ㄴ 4대 원칙
- 비판엄금(Support) : 평가 단계 이전에 결코 비판이나 판단을 해서는 안 되며 평가는 나중까지 유보한다.
- 자유분방(Silly) : 무엇이든 자유롭게 말하고 이런 바보 같은 소리를 해서는 안 된다는 등의 생각은 하지 않아야 한다.
- 질보다 양(Speed) : 질에는 관계없이 가능한 많은 아이디어들을 생성해내도록 격려한다.
- 결합과 개선(Synergy) : 다른 사람의 아이디어에 자극되어 보다 좋은 생각이 떠오르고, 서로 조합하면 재미있는 아이디어가 될 것 같은 생각이 들면 즉시 조합시킨다.

② 논리적 사고 … 사고의 전개에 있어 전후의 관계가 일치하고 있는가를 살피고 아이디어를 평가하는 사고능력이다.

ㄱ 논리적 사고를 위한 5가지 요소 : 생각하는 습관, 상대 논리의 구조화, 구체적인 생각, 타인에 대한 이해, 설득

ㄴ 논리적 사고 개발 방법
- 피라미드 구조 : 하위의 사실이나 현상부터 사고하여 상위의 주장을 만들어가는 방법
- so what기법 : '그래서 무엇이지?'하고 자문자답하여 주어진 정보로부터 가치 있는 정보를 이끌어 내는 사고 기법

③ 비판적 사고 … 어떤 주제나 주장에 대해서 적극적으로 분석하고 종합하며 평가하는 능동적인 사고이다.

ㄱ 비판적 사고 개발 태도 : 비판적 사고를 개발하기 위해서는 지적 호기심, 객관성, 개방성, 융통성, 지적 회의성, 지적 정직성, 체계성, 지속성, 결단성, 다른 관점에 대한 존중과 같은 태도가 요구된다.

ⓒ 비판적 사고를 위한 태도

- 문제의식 : 비판적인 사고를 위해서 가장 먼저 필요한 것은 바로 문제의식이다. 자신이 지니고 있는 문제와 목적을 확실하고 정확하게 파악하는 것이 비판적인 사고의 시작이다.
- 고정관념 타파 : 지각의 폭을 넓히는 일은 정보에 대한 개방성을 가지고 편견을 갖지 않는 것으로 고정관념을 타파하는 일이 중요하다.

(2) 문제처리능력과 문제해결절차

① 문제처리능력 ··· 목표와 현상을 분석하고 이를 토대로 문제를 도출하여 최적의 해결책을 찾아 실행·평가하는 능력이다.

② 문제해결절차 ··· 문제 인식 → 문제 도출 → 원인 분석 → 해결안 개발 → 실행 및 평가

  ㉠ 문제 인식 : 문제해결과정 중 'waht'을 결정하는 단계로 환경 분석 → 주요 과제 도출 → 과제 선정의 절차를 통해 수행된다.

  - 3C 분석 : 환경 분석 방법의 하나로 사업환경을 구성하고 있는 요소인 자사(Company), 경쟁사(Competitor), 고객(Customer)을 분석하는 것이다.

예제 3

L사에서 주력 상품으로 밀고 있는 TV의 판매 이익이 감소하고 있는 상황에서 귀하는 B부장으로부터 3C분석을 통해 해결방안을 강구해 오라는 지시를 받았다. 다음 중 3C에 해당하지 않는 것은?

① Customer   ② Company
③ Competitor   ④ Content

[출제의도]
3C의 개념과 구성요소를 정확히 숙지하고 있는지를 측정하는 문항이다.
[해설]
3C 분석에서 사업 환경을 구성하고 있는 요소인 자사(Company), 경쟁사(Competitor), 고객을 3C(Customer)라고 한다. 3C 분석에서 고객 분석에서는 '고객은 자사의 상품·서비스에 만족하고 있는지'를, 자사 분석에서는 '자사가 세운 달성목표와 현상 간에 차이가 없는지'를 경쟁사 분석에서는 '경쟁기업의 우수한 점과 자사의 현상과 차이가 없는지'에 대한 질문을 통해서 환경을 분석하게 된다.

달 ④

- SWOT 분석 : 기업내부의 강점과 약점, 외부환경의 기회와 위협요인을 분석·평가하여 문제해결 방안을 개발하는 방법이다.

		내부환경요인	
		강점(Strengths)	약점(Weaknesses)
외부환경요인	기회 (Opportunities)	SO 내부강점과 외부기회 요인을 극대화	WO 외부기회를 이용하여 내부약점을 강점으로 전환
	위협 (Threat)	ST 외부위협을 최소화하기 위해 내부 강점을 극대화	WT 내부약점과 외부위협을 최소화

ⓒ 문제 도출 : 선정된 문제를 분석하여 해결해야 할 것이 무엇인지를 명확히 하는 단계로, 문제 구조 파악 → 핵심 문제 선정 단계를 거쳐 수행된다.

- Logic Tree : 문제의 원인을 파고들거나 해결책을 구체화할 때 제한된 시간 안에서 넓이와 깊이를 추구하는데 도움이 되는 기술로 주요 과제를 나무모양으로 분해·정리하는 기술이다.

ⓒ 원인 분석 : 문제 도출 후 파악된 핵심 문제에 대한 분석을 통해 근본 원인을 찾는 단계로 Issue 분석 → Data 분석 → 원인 파악의 절차로 진행된다.

ⓔ 해결안 개발 : 원인이 밝혀지면 이를 효과적으로 해결할 수 있는 다양한 해결안을 개발하고 최선의 해결안을 선택하는 것이 필요하다.

ⓜ 실행 및 평가 : 해결안 개발을 통해 만들어진 실행계획을 실제 상황에 적용하는 활동으로 실행계획 수립 → 실행 → Follow-up의 절차로 진행된다.

예제 4

C사는 최근 국내 매출이 지속적으로 하락하고 있어 사내 분위기가 심상치 않다. 이에 대해 Y부장은 이 문제를 극복하고자 문제처리 팀을 구성하여 해결방안을 모색하도록 지시하였다. 문제처리 팀의 문제해결 절차를 올바른 순서로 나열한 것은?

① 문제 인식 → 원인 분석 → 해결안 개발 → 문제 도출 → 실행 및 평가
② 문제 도출 → 문제 인식 → 해결안 개발 → 원인 분석 → 실행 및 평가
③ 문제 인식 → 원인 분석 → 문제 도출 → 해결안 개발 → 실행 및 평가
④ 문제 인식 → 문제 도출 → 원인 분석 → 해결안 개발 → 실행 및 평가

[출제의도]
실제 업무 상황에서 문제가 일어났을 때 해결 절차를 알고 있는지를 측정하는 문항이다.
[해설]
일반적인 문제해결절차는 '문제 인식 → 문제 도출 → 원인 분석 → 해결안 개발 → 실행 및 평가로 이루어진다.

답 ④

출제예상문제

1 건강보험심사평가원에 근무하는 정 대리는 이번 달에 중국 출장 일정이 잡혀 있다. 다음 조건을 바탕으로 할 때, 정 대리가 이번 달 중국 출장 출발일로 정하기에 가장 적절한 날은 언제인가? (단, 전체 일정은 모두 이번 달 안에 속해 있다)

> • 이번 달은 1일이 월요일인 달이다.
> • 3박 4일 일정이며 출발일과 도착일이 모두 휴일이 아니어야 한다.
> • 현지에서 복귀하는 비행편은 매주 화, 목요일에만 있다.
> • 이번 달 셋째 주 화요일에 있을 부서의 중요한 회의에 반드시 참석해야 하며, 회의 후에 출장을 가려 한다.

① 12일 ② 15일
③ 17일 ④ 22일
⑤ 23일

 날짜를 따져 보아야 하는 유형의 문제는 아래와 같이 달력을 그려서 살펴보면 어렵지 않게 정답을 구할 수 있다.

일	월	화	수	목	금	토
	1	2	3	4	5	6
7	8	9	10	11	12	13
14	15	16	17	18	19	20
21	22	23	24	25	26	27
28	29	30	31			

1일이 월요일이므로 정 대리는 위와 같은 달력에 해당하는 기간 중에 출장을 가려고 한다. 3박 4일 일정 중 출발과 도착일 모두 휴일이 아니어야 한다면 월~목요일, 화~금요일, 금 ~월요일 세 가지의 경우의 수가 생기는데, 현지에서 복귀하는 비행편이 화요일과 목요일 이므로 월~목요일의 일정을 선택해야 한다. 회의가 셋째 주 화요일이라면 16일이므로 그 이후 가능한 월~목요일은 두 번이 있으나, 마지막 주의 경우 도착일이 다음 달로 넘어가 게 되므로 조건에 부합되지 않는다. 따라서 출장 출발일로 적절한 날은 22일이며 일정은 22~25일이 된다.

2 건강보험심사평가원에 다니는 甲은 학술지에 실린 국가별 건강보험료율 관련 자료가 훼손된 것을 발견하였다. ㉠~㉟까지가 명확하지 않은 상황에서 〈보기〉의 내용만을 가지고 그 내용을 추론한다고 할 때, 바르게 나열된 것은?

㉠	㉡	㉢	㉣	㉤	㉥	㉦	평균
68%	47%	46%	37%	28%	27%	25%	39.7%

〈보기〉
㉮ 스웨덴, 미국, 한국은 평균보다 높은 건강보험료율을 보인다.
㉯ 건강보험료율이 가장 높은 국가의 절반에 못 미치는 건강보험료율을 보인 나라는 칠레, 멕시코, 독일이다.
㉰ 한국과 멕시코의 건강보험료율의 합은 스웨덴과 칠레의 건강보험료율의 합보다 20%p 많다.
㉱ 일본보다 건강보험료율이 높은 국가의 수와 낮은 국가의 수는 동일하다.

① 미국 – 한국 – 스웨덴 – 일본 – 멕시코 – 독일 – 칠레
② 스웨덴 – 미국 – 한국 – 일본 – 칠레 – 멕시코 – 독일
③ 한국 – 미국 – 스웨덴 – 일본 – 독일 – 칠레 – 멕시코
④ 한국 – 스웨덴 – 미국 – 일본 – 독일 – 멕시코 – 칠레
⑤ 한국 – 미국 – 스웨덴 – 일본 – 멕시코 – 독일 – 칠레

- ㉱를 통해 일본은 ㉠~㉦의 일곱 국가 중 4번째인 ㉣에 위치한다는 것을 알 수 있다.
- ㉮와 ㉯를 근거로 ㉠~㉢은 스웨덴, 미국, 한국이, ㉤~㉦은 칠레, 멕시코, 독일이 해당된다는 것을 알 수 있다.
- ㉰에서 20%p의 차이가 날 수 있으려면, 한국은 ㉠이 되어야 한다. ㉠이 한국이라고 할 때, 일본을 제외한 ㉡, ㉢, ㉤, ㉥, ㉦ 국가의 조합으로 20%p의 차이가 나는 조합을 찾으면, (68 + 25)와 (46 + 27)뿐이다. 따라서 ㉢은 스웨덴, ㉥은 칠레, ㉦은 멕시코임을 알 수 있다.
- ㉮와 ㉯에 의하여 남은 ㉡은 미국, ㉤은 독일이 된다.

Answer 1.④ 2.③

3 다음 혈액형 가계도 분석 방법을 참고할 때, 제시된 〈보기〉의 그림과 같은 혈액형 가계도에서 자녀(F_1)에서 A형이 나올 확률은 얼마인가?

부모의 유전자형이 AO인 A형(父)과 BO인 B형(母)이라면 부모의 생식세포는 그림과 같이 A, O, B, O로 나뉜다. 이때 각각의 생식세포를 결합시켜 보면, AB, AO, BO, OO의 유전자형을 가진 4가지 혈액형이 모두 나올 수 있게 된다.

또한, A형의 유전자형은 AA, AO, B형은 BB, BO, AB형은 AB, O형은 OO를 갖게 되며, 유전자 A와 B 사이에는 우열 관계가 없고, 유전자 A와 B는 유전자 O에 대해 우성이 된다(A = B > O).

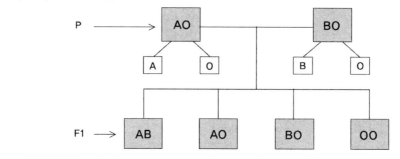

〈보기〉

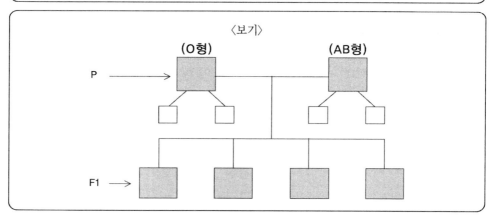

① 20%

② 25%

③ 30%

④ 50%

⑤ 75%

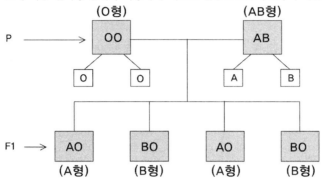

주어진 설명에 의하면 AB형의 유전자형은 AB이므로 생식세포는 A와 B 두 가지가 되며, O형의 유전자형은 OO이므로 O 한 가지가 된다. 따라서 자녀 세대에는 다음과 같은 생식세포에 의한 혈액형 분배가 가능하게 되므로 절반인 50%가 A형이 나올 확률이 된다.

┃ 4~5 ┃ 다음은 건강보험심사평가원에서 실시하고 있는 탄력근무제에 대한 사내 규정의 일부이다. 다음을 읽고 이어지는 물음에 답하시오.

제17조(탄력근무 유형 등)
① 탄력근무의 유형은 시차출퇴근제와 시간선택제로 구분한다.
② 시차출퇴근제는 근무시간을 기준으로 다음 각 호와 같이 구분한다. 이 경우 시차출퇴근 C형은 12세 이하이거나 초등학교에 재학 중인 자녀를 양육하는 직원만 사용할 수 있다.
 1. 시차출퇴근 A형 : 8:00~17:00
 2. 시차출퇴근 B형 : 10:00~19:00
 3. 시차출퇴근 C형 : 9:30~18:30
③ 시간선택제는 다음 각 호의 어느 하나에 해당하는 직원이 근무시간을 1시간부터 3시간까지 단축하는 근무형태로서 그 근무유형 및 근무시간은 별도로 정한 바와 같다.
 1. 「임금피크제 운영규정」 제4조에 따라 임금피크제의 적용을 받는 직원
 2. 「인사규정 시행규칙」 제34조의2 제1항 제1호 또는 제2호에 해당되는 근무 직원
 3. 일·가정 양립, 자기계발 등 업무 내·외적으로 조화로운 직장생활을 위하여 월 2회의 범위 안에서 조기퇴근을 하려는 직원

Answer↪ 3.④

제18조(시간선택제 근무시간 정산)

① 시간선택제 근무 직원은 그 단축 근무로 통상근무에 비해 부족해진 근무시간을 시간선택제 근무를 실시한 날이 속하는 달이 끝나기 전까지 정산하여야 한다.

② 제1항에 따른 정산은 다음 각 호에 따른 방법으로 실시한다. 이 경우 정산근무시간은 10분 단위로 인정한다.

    1. 조기퇴근을 제외한 시간선택제 근무시간 정산 : 해당 시간선택제 근무로 근무시간이 단축되는 날을 포함하여 08:00부터 09:00까지 또는 18:00부터 21:00까지 사이에 근무

    2. 조기퇴근 근무시간 정산 : 다음 각 목의 방법으로 실시. 이 경우 사전에 미리 근무시간 정산을 할 것을 신청하여야 한다.

        가. 근무시작시간 전에 정산하는 경우 : 각 근무유형별 근무시작시간 전까지 근무

        나. 근무시간 이후에 정산하는 경우 : 각 근무유형별 근무종료시간부터 22:00까지 근무

③ 시간선택제 근무 직원은 휴가 · 교육 등으로 제1항에 따른 정산을 실시하지 못함에 따른 임금손실을 방지하기 위하여 사전에 정산근무를 실시하는 등 적정한 조치를 하여야 한다.

제19조(신청 및 승인)

① 탄력근무를 하려는 직원은 그 근무시작 예정일의 5일 전까지 별지 제4호 서식의 탄력근무 신청서를 그 소속 부서의 장에게 제출하여야 한다.

② 제20조 제2항에 따라 탄력근무가 직권해지된 날부터 6개월이 지나지 아니한 경우에는 탄력근무를 신청할 수 없다.

③ 다음 각 호의 직원은 제17조 제3항 제3호의 조기퇴근을 신청할 수 없다.

    1. 임신부

    2. 제17조 제3항 제1호 및 제2호에 해당하여 시간선택제를 이용하고 있는 직원

    3. 제8조 및 제9조의 단시간근무자

    4. 육아 및 모성보호 시간 이용 직원

④ 부서의 장은 제1항에 따라 신청서를 제출받으면 다음 각 호의 어느 하나에 해당하는 경우 외에는 그 신청에 대하여 승인하여야 한다.

    1. 업무공백 최소화 등 원활한 업무진행을 위하여 승인인원의 조정이 필요한 경우

    2. 민원인에게 불편을 초래하는 등 정상적인 사업운영이 어렵다고 판단되는 경우

⑤ 탄력근무는 매월 1일을 근무 시작일로 하여 1개월 단위로 승인한다.

⑥ 제17조 제3항 제3호에 따른 조기퇴근의 신청, 취소 및 조기퇴근일의 변경은 별지 제4호의2 서식에 따라 개인이 신청한다. 이 경우 조기퇴근 신청에 관하여 승인권자는 월 2회의 범위에서 승인한다.

4   다음 중 위의 탄력근무제에 대한 올바른 설명이 아닌 것은 어느 것인가?

    ① 조기퇴근은 매월 2회까지만 실시할 수 있다.

    ② 시간선택제 근무제를 사용하려는 직원은 신청 전에 정산근무를 먼저 해 둘 수 있다.

    ③ 규정에 맞는 경우라 하더라도 탄력근무제를 신청하여 승인이 되지 않을 수도 있다.

    ④ 시간선택제에 의한 근무시간 단축 방법은 조기퇴근의 방법만 있는 것은 아니다.

    ⑤ 시차출퇴근제와 시간선택제의 다른 점 중 하나는 해당 월의 총 근무 시간의 차이이다.

시차출퇴근제와 시간선택제는 해당 월의 총 근무 시간이 같다. 시간선택제는 1~3시간 단축 근무를 하게 되지만 그로 인해 부족해진 근무 시간은 해당 월이 끝나기 전에 정산하여 근무를 하여야 한다.

① 조기퇴근은 매월 2회까지로 규정되어 있다.

② 정산근무가 여의치 않을 경우를 대비하여 신청을 계획하고 있을 경우 사전에 미리 정산 근무부터 해 둘 수 있다.

③ 업무상의 사유와 민원 업무 처리 등의 사유로 승인이 되지 않을 수 있다.

④ '조기퇴근을 제외한 시간선택제 근무시간'이 언급되어 있으므로 반드시 조기퇴근만을 의미하는 것은 아니다.

5 탄력근무제를 실시하였거나 실시하려고 계획하는 평가원 직원의 다음과 같은 판단 중, 규정에 어긋나는 것은 어느 것인가?

① 놀이방에 7살짜리 아이를 맡겨 둔 K씨는 시차출퇴근 C형을 신청하려고 한다.

② 7월 2일 조기퇴근을 실시한 H씨는 7월 말일 이전 근무일에 저녁 9시경까지 정산근무를 하려고 한다.

③ 6월 3일에 조기퇴근을 실시하고 한 달 후인 7월 3일에 재차 사용한 M씨는 7월 4일부터 8월 4일까지의 기간 동안 2회의 조기퇴근을 신청하려고 한다.

④ 7월 15일에 탄력근무제를 사용하고자 하는 R씨는 7월 7일에 팀장에게 신청서를 제출하였다.

⑤ 업무시간 중에 시간선택제에 의해 2시간 개인 용무로 외출을 한 T씨는 당일 저녁 19:00~21:00까지 정산근무를 하려고 한다.

 '탄력근무는 매월 1일을 근무 시작일로 하여 1개월 단위로 승인한다.'고 규정되어 있으므로 M씨의 판단은 적절하다고 할 수 없다.

① 12세 이하 자녀를 둔 경우이므로 시차출퇴근 C형 사용이 가능하다.

② 조기퇴근의 경우이므로 근무시간 이후 정산을 원할 경우 22:00까지 가능하며 조기퇴근을 실시한 해당 월 이내에 정산을 하려고 하므로 적절한 판단이다.

④ 5일 이전에 신청한 경우이므로 적절한 판단이다.

⑤ 조기퇴근을 제외한 시간선택제 근무시간 정산의 경우이므로 해당 시간선택제 근무로 근무시간이 단축되는 날 18:00부터 21:00까지 사이에 정산근무를 하려고 하는 적절한 판단이다.

Answer⟶ 4.⑤ 5.③

6 A교육연구소 아동청소년연구팀에 근무하는 甲은 다음과 같은 연구를 시행하여 결과를 얻었다. 연구결과를 상사에게 구두로 보고하자 결과를 뒷받침할 만한 직접적인 근거를 추가하여 보고서를 작성해 오라는 지시를 받았다. 다음 〈보기〉 중 근거로 추가할 수 있는 자료를 모두 고른 것은?

[연구개요] 한 아동이 다른 사람을 위하여 행동하는 매우 극적인 장면이 담긴 'Lassie'라는 프로그램을 매일 5시간 이상 시청한 초등학교 1~2학년 아동들은 이와는 전혀 다른 내용이 담긴 프로그램을 시청한 아동들보다 훨씬 더 협조적이고 타인을 배려하는 행동을 보여주었다.

반면에 텔레비전을 통해 매일 3시간 이상 폭력물을 시청한 아동과 청소년들은 텔레비전 속에서 보이는 성인들의 폭력행위를 빠른 속도로 모방하였다.

[연구결과] 텔레비전 속에서 보이는 폭력이 아동과 청소년의 범죄행위를 유발시킬 가능성이 크다.

〈보기〉
㉠ 전국의 소년교도소에 폭행죄로 수감되어 있는 재소자들은 6세 이후 폭력물을 매일 적어도 4시간 이상씩 시청했었다.
㉡ 전국의 성인교도소에 폭행죄로 수감되어 있는 재소자들은 6세 이후 폭력물을 매일 적어도 6시간 이상씩 시청했었다.
㉢ 전국의 소년교도소에 폭행죄로 수감되어 있는 청소년들은 매일 저녁 교도소 내에서 최소한 3시간씩 폭력물을 시청한다.
㉣ 6세에서 12세 사이에 선행을 많이 하는 아동들이 성인이 되어서도 선행을 많이 한다.
㉤ 텔레비전 발명 이후, 아동과 청소년을 대상으로 한 폭력범죄가 증가하였다.

① ㉠
② ㉠, ㉡
③ ㉠, ㉡, ㉤
④ ㉡, ㉢, ㉤
⑤ ㉢, ㉣, ㉤

 ㉠은 [연구개요] 중 '3시간 이상 폭력물을 시청한 아동과 청소년들은 텔레비전 속에서 보이는 성인들의 폭력행위를 빠른 속도로 모방하였다.'와 같은 맥락으로 볼 수 있는 자료로, [연구결과]를 뒷받침하는 직접적인 근거가 된다.
㉡ 성인의 범죄행위 유발과 관련 자료이다.
㉢ 이미 범죄행위를 저지르고 난 후 폭력물을 시청하는 조건이다.
㉣ 텔레비전 프로그램 시청이 선행에 영향을 미침을 증명하는 자료가 아니다.
㉤ 아동과 청소년을 대상으로 한 폭력범죄가 아닌, 아동과 청소년이 일으키는 범죄행위가 초점이 되어야 한다.

7 A기업 기획팀에서는 새로운 프로젝트를 추진하면서 업무추진력이 높은 직원은 프로젝트의 팀장으로 발탁하려고 한다. 성취행동 경향성이 높은 사람을 업무추진력이 높은 사람으로 규정할 때, 아래의 정의를 활용해서 〈보기〉의 직원들을 업무추진력이 높은 사람부터 순서대로 바르게 나열한 것은?

성취행동 경향성(TACH)의 강도는 성공추구 경향성(Ts)에서 실패회피 경향성(Tf)을 뺀 점수로 계산할 수 있다(TACH = Ts − Tf). 성공추구 경향성에는 성취동기(Ms)라는 잠재적 에너지의 수준이 영향을 준다. 왜냐하면 성취동기는 성과가 우수하다고 평가받고 싶어 하는 것으로 어떤 사람의 포부수준, 노력 및 끈기를 결정하기 때문이다. 어떤 업무에 대해서 사람들이 제각기 다양한 방식으로 행동하는 것은 성취동기가 다른 데도 원인이 있지만, 개인이 처한 환경요인이 서로 다르기 때문이기도 하다. 이 환경요인은 성공기대확률(Ps)과 성공결과의 가치(Ins)로 이루어진다. 즉 성공추구 경향성은 이 세 요소의 곱으로 결정된다(Ts = Ms × Ps × Ins).

한편 실패회피 경향성은 실패회피동기, 실패기대확률 그리고 실패결과의 가치의 곱으로 결정된다. 이때 성공기대확률과 실패기대확률의 합은 1이며, 성공결과의 가치와 실패결과의 가치의 합도 1이다.

〈보기〉
- A는 성취동기가 3이고, 실패회피동기가 1이다. 그는 국제환경협약에 대비한 공장건설 환경규제안을 만들었는데, 이 규제안의 실현가능성을 0.7로 보며, 규제안이 실행될 때의 가치를 0.2로 보았다.
- B는 성취동기가 2이고, 실패회피동기가 1이다. 그는 도시고속화도로 건설안을 기획하였는데, 이 기획안의 실패가능성을 0.7로 보며, 도로건설사업이 실패하면 0.3의 가치를 갖는다고 보았다.
- C는 성취동기가 3이고, 실패회피동기가 2이다. 그는 △△지역의 도심재개발계획을 주도하였는데, 이 계획의 실현가능성을 0.4로 보며, 재개발사업이 실패하는 경우의 가치를 0.3으로 보았다.

① A, B, C
② B, A, C
③ B, C, A
④ C, A, B
⑤ C, B, A

직원	성공추구 경향성과 실패회피 경향성	성취행동 경향성
A	성공추구 경향성 = 3 × 0.7 × 0.2 = 0.42	= 0.42 − 0.24 = 0.18
	실패회피 경향성 = 1 × 0.3 × 0.8 = 0.24	
B	성공추구 경향성 = 2 × 0.3 × 0.7 = 0.42	= 0.42 − 0.21 = 0.21
	실패회피 경향성 = 1 × 0.7 × 0.3 = 0.21	
C	성공추구 경향성 = 3 × 0.4 × 0.7 = 0.84	= 0.84 − 0.36 = 0.48
	실패회피 경향성 = 2 × 0.6 × 0.3 = 0.36	

Answer↬ 6.① 7.⑤

8 ○○기업 감사실 윤리위원회 소속인 **甲**은 내부고발을 통해 다섯 건의 부정행위를 알게 되었다. 회사내규가 다음과 같을 때 A~E의 행위가 '뇌물에 관한 죄'에 해당하지 않는 것은?

〈내규〉

제○○조

① 뇌물에 관한 죄는 임직원 또는 중재인이 그 직무에 관하여 뇌물을 수수(收受)·요구 또는 약속하는 수뢰죄와 임직원 또는 중재인에게 뇌물을 약속·공여(자진하여 제공하는 것) 하거나 공여의 의사표시를 하는 증뢰죄를 포함한다. 뇌물에 관한 죄가 성립하기 위해서는 직무에 관하여 뇌물을 수수·요구 또는 약속한다는 사실에 대한 고의(故意)가 있어야 한다. 즉 직무의 대가에 대한 인식이 있어야 한다. 또한 뇌물로 인정되기 위해서는 그것이 직무에 관한 것이어야 하며, 뇌물은 불법한 보수이어야 한다. 여기서 '직무'란 임직원 또는 중재인의 권한에 속하는 직무행위 그 자체뿐만 아니라 직무와 밀접한 관계가 있는 행위도 포함하는 개념이다. 그리고 '불법한 보수'란 정당하지 않은 보수이므로, 법령이나 사회윤리적 관점에서 인정될 수 있는 정당한 대가는 뇌물이 될 수 없다. 그 밖에 '수수'란 뇌물을 취득하는 것을 의미하며, 수수라고 하기 위해서는 자기나 제3자의 소유로 할 목적으로 남의 재물을 취득할 의사가 있어야 한다. 한편 보수는 직무행위와 대가관계에 있는 것임을 요하고, 그 종류, 성질, 액수나 유형, 무형을 불문한다.

② 중재인이란 법령에 의하여 중재의 직무를 담당하는 자를 말한다. 예컨대 노동조합 및 노동관계조정법에 의한 중재위원, 중재법에 의한 중재인 등이 이에 해당한다.

① A는 사장님 비서실에 재직하면서 ○○은행장인 Z로부터 ○○은행으로 주거래 은행을 바꾸도록 사장님께 건의해 달라는 취지의 부탁을 받고 금전을 받았다.

② B는 각종 인·허가로 잘 알게 된 담당공무원 Y에게 건축허가를 해달라고 부탁하면서 술을 접대하였을 뿐만 아니라 Y가 윤락여성과 성관계를 맺을 수 있도록 하였다.

③ 홍보부 가짜뉴스 대응팀 직원인 C는 ○○회사가 외국인 산업연수생에 대한 관리업체로 선정되도록 중소기업협동조합중앙회 회장 J에게 잘 이야기해 달라는 부탁을 받고 K로부터 향응을 제공받았다.

④ D는 자신이 담당하는 공사도급 관련 입찰 정보를 넘겨주는 조건으로 공사도급을 받으려는 건설업자 X로부터 금품을 받아 이를 개인적인 용도로 사용하였다.

⑤ 해외파견팀장으로서 해외파견자 선발 업무를 취급하던 E가 V로부터 자신을 선발해 달라는 부탁과 함께 사례조로 받은 자기앞수표를 자신의 은행계좌에 예치시켰다가 그 뒤 후환을 염려하여 V에게 반환하였다.

> **Tip** 내규에 따르면 뇌물로 인정되기 위해서는 그것이 직무에 관한 것이어야 하는데, '직무'란 임직원 또는 중재인의 권한에 속하는 직무행위 그 자체뿐만 아니라 직무와 밀접한 관계가 있는 행위를 말한다. C의 경우 홍보부 가짜뉴스 대응팀 직원이므로 외국인 산업연수생에 대한 관리업체 선정은 C의 권한에 속하는 직무행위이거나 직무와 밀접한 관계에 있는 행위라고 볼 수 없으므로 뇌물에 관한 죄에 해당하지 않는다.

9 ○○기업 직원인 A는 2018년 1월 1일 거래처 직원인 B와 전화통화를 하면서 ○○기업 소유 X물건을 1억 원에 매도하겠다는 청약을 하고, 그 승낙 여부를 2018년 1월 15일까지 통지해 달라고 하였다. 다음 날 A는 "2018년 1월 1일에 했던 청약을 철회합니다."라고 B와 전화통화를 하였는데, 같은 해 1월 12일 B는 "X물건에 대한 A의 청약을 승낙합니다."라는 내용의 서신을 발송하여 같은 해 1월 14일 A에게 도달하였다. 다음 법 규정을 근거로 판단할 때, 옳은 것은?

> 제○○조
> ① 청약은 상대방에게 도달한 때에 효력이 발생한다.
> ② 청약은 철회될 수 없는 것이더라도, 철회의 의사표시가 청약의 도달 전 또는 그와 동시에 상대방에게 도달하는 경우에는 철회될 수 있다.
> 제○○조 청약은 계약이 체결되기까지는 철회될 수 있지만, 상대방이 승낙의 통지를 발송하기 전에 철회의 의사표시가 상대방에게 도달되어야 한다. 다만 승낙기간의 지정 또는 그 밖의 방법으로 청약이 철회될 수 없음이 청약에 표시되어 있는 경우에는 청약은 철회될 수 없다.
> 제○○조
> ① 청약에 대한 동의를 표시하는 상대방의 진술 또는 그 밖의 행위는 승낙이 된다. 침묵이나 부작위는 그 자체만으로 승낙이 되지 않는다.
> ② 청약에 대한 승낙은 동의의 의사표시가 청약자에게 도달하는 시점에 효력이 발생한다. 청약자가 지정한 기간 내에 동의의 의사표시가 도달하지 않으면 승낙의 효력이 발생하지 않는다.
> 제○○조 계약은 청약에 대한 승낙의 효력이 발생한 시점에 성립된다.
> 제○○조 청약, 승낙, 그 밖의 의사표시는 상대방에게 구두로 통고된 때 또는 그 밖의 방법으로 상대방 본인, 상대방의 영업소나 우편주소에 전달된 때, 상대방이 영업소나 우편주소를 가지지 아니한 경우에는 그의 상거소(장소에 주소를 정하려는 의사 없이 상당 기간 머무는 장소)에 전달된 때에 상대방에게 도달된다.

① 계약은 2018년 1월 15일에 성립되었다.
② 계약은 2018년 1월 14일에 성립되었다.
③ A의 청약은 2018년 1월 2일에 철회되었다.
④ B의 승낙은 2018년 1월 1일에 효력이 발생하였다.
⑤ B의 승낙은 2018년 1월 12일에 효력이 발생하였다.

 ①② 계약은 청약에 대한 승낙의 효력이 발생한 시점에 성립되므로 B의 승낙이 A에게 도달한 2018년 1월 14일에 성립된다.
③ 2018년 1월 15일까지 승낙 여부를 통지해 달라고 승낙기간을 지정하였으므로 청약은 철회될 수 없다.
④⑤ 청약에 대한 승낙은 동의의 의사표시가 청약자에게 도달하는 시점에 효력이 발생하므로 B의 승낙이 A에게 도달한 2018년 1월 14일에 성립된다.

┃10~11┃ 다음은 지방자치단체(지자체) 경전철 사업분석의 결과로서 분야별 문제점을 정리한 것이다. 다음 물음에 답하시오.

분야	문제점
추진주체 및 방식	• 기초지자체 중심(선심성 공약 남발)의 무리한 사업추진으로 인한 비효율 발생 • 지자체의 사업추진 역량부족으로 지방재정 낭비심화 초래 • 종합적 표준지침 부재로 인한 각 지자체마다 개별적으로 추진
타당성 조사 및 계획수립	• 사업주관 지자체의 행정구역만을 고려한 폐쇄적 계획 수립 • 교통수요 예측 및 사업타당성 검토의 신뢰성·적정성 부족 • 이해관계자 참여를 통한 사업계획의 정당성 확보 노력 미흡
사업자 선정 및 재원지원	• 토목 및 건설자 위주 지분참여로 인한 고비용·저효율 시공 초래 • 민간투자사업 활성화를 위한 한시적 규제유예 효과 미비
노선건설 및 차량시스템 선정	• 건설시공 이익 검토미흡으로 인한 재원낭비 심화 • 국내개발 시스템 도입 활성화를 위한 방안 마련 부족

10 다음 〈보기〉에서 '추진주체 및 방식'의 문제점에 대한 개선방안을 모두 고르면?

〈보기〉
㉠ 이해관계자 의견수렴 활성화를 통한 사업추진 동력 확보
㉡ 지자체 역량 강화를 통한 사업관리의 전문성·효율성 증진
㉢ 교통수요 예측 정확도 제고 등 타당성 조사 강화를 위한 여건 조성
㉣ 경전철 사업관련 업무처리 지침 마련 및 법령 보완
㉤ 무분별한 해외시스템 도입 방지 및 국산기술·부품의 활성화 전략 수립
㉥ 상위교통계획 및 생활권과의 연계강화를 통한 사업계획의 체계성 확보
㉦ 시공이익에 대한 적극적 검토를 통해 총사업비 절감 효과 도모

① ㉠㉡
② ㉡㉣
③ ㉡㉣㉦
④ ㉣㉤㉥
⑤ ㉥㉦

 ㉡ : '지자체의 사업추진 역량부족으로 지방재정 낭비심화 초래'에 대한 개선방안이다.
㉣ : '종합적 표준지침 부재로 인한 각 지자체마다 개별적으로 추진'에 대한 개선방안이다.

11 다음 〈보기〉에서 '타당성 조사 및 계획수립'의 문제점에 대한 개선방안을 모두 고르면?

> ㉠ 이해관계자 의견수렴 활성화를 통한 사업추진 동력 확보
> ㉡ 지자체 역량 강화를 통한 사업관리의 전문성·효율성 증진
> ㉢ 교통수요 예측 정확도 제고 등 타당성 조사 강화를 위한 여건 조성
> ㉣ 경전철 사업관련 업무처리 지침 마련 및 법령 보완
> ㉤ 무분별한 해외시스템 도입 방지 및 국산기술·부품의 활성화 전략 수립
> ㉥ 상위교통계획 및 생활권과의 연계강화를 통한 사업계획의 체계성 확보
> ㉦ 시공이익에 대한 적극적 검토를 통해 총사업비 절감 효과 도모

① ㉠㉢㉥
② ㉠㉢㉦
③ ㉡㉢㉤
④ ㉡㉢㉥
⑤ ㉤㉥㉦

> **Tip** ㉠ : '이해관계자 참여를 통한 사업계획의 정당성 확보 노력 미흡'에 대한 개선방안이다.
> ㉢ : '교통수요 예측 및 사업타당성 검토의 신뢰성·적정성 부족'에 대한 개선방안이다.
> ㉥ : '사업주관 지자체의 행정구역만을 고려한 폐쇄적 계획 수립'에 대한 개선방안이다.

Answer ➙ 10.② 11.①

12 다음은 건물주 甲이 판단한 입주 희망 상점에 대한 정보이다. 다음에 근거하여 건물주 甲이 입주시킬 두 상점을 고르면?

〈표〉 입주 희망 상점 정보

상점	월세(만 원)	폐업위험도	월세 납부일 미준수비율
중국집	90	중	0.3
한식집	100	상	0.2
분식집	80	중	0.15
편의점	70	하	0.2
영어학원	80	하	0.3
태권도학원	90	상	0.1

※ 음식점 : 중국집, 한식집, 분식집
※ 학원 : 영어학원, 태권도학원

〈정보〉
• 건물주 甲은 자신의 효용을 극대화하는 상점을 입주시킨다.
• 甲의 효용 : 월세(만 원)×입주 기간(개월)−월세 납부일 미준수비율×입주 기간(개월)×100 (만 원)
• 입주 기간 : 폐업위험도가 '상'인 경우 입주 기간은 12개월, '중'인 경우 15개월, '하'인 경우 18개월
• 음식점 2개를 입주시킬 경우 20만 원의 효용이 추가로 발생한다.
• 학원 2개를 입주시킬 경우 30만 원의 효용이 추가로 발생한다.

① 중국집, 한식집
② 한식집, 분식집
③ 분식집, 태권도학원
④ 영어학원, 태권도학원
⑤ 분식집, 영어학원

 중국집 : $90×15−0.3×15×100=900$
한식집 : $100×12−0.2×12×100=960$
분식집 : $80×15−0.15×15×100=975$
편의점 : $70×18−0.2×18×100=900$
영어학원 : $80×18−0.3×18×100=900$
태권도학원 : $90×12−0.1×12×100=960$
분식집의 효용이 가장 높고, 한식집과 태권도학원이 960으로 같다. 음식점 2개를 입주시킬 경우 20만원의 효용이 추가로 발생하므로 분식집과 한식집을 입주시킨다.

13 다음은 5가지의 영향력을 행사하는 방법과 순정, 석일이의 발언이다. 순정이와 석일이의 발언은 각각 어떤 방법에 해당하는가?

〈영향력을 행사하는 방법〉

• 합리적 설득 : 논리와 사실을 이용하여 제안이나 요구가 실행 가능하고, 그 제안이나 요구가 과업 목표 달성을 위해 필요하다는 것을 보여주는 방법
• 연합 전술 : 영향을 받는 사람들이 제안을 지지하거나 어떤 행동을 하도록 만들기 위해 다른 사람의 지지를 이용하는 방법
• 영감에 호소 : 이상에 호소하거나 감정을 자극하여 어떤 제안이나 요구사항에 몰입하도록 만드는 방법
• 교환 전술 : 제안에 대한 지지에 상응하는 대가를 제공하는 방법
• 합법화 전술 : 규칙, 공식적 방침, 공식 문서 등을 제시하여 제안의 적법성을 인식시키는 방법

〈발언〉

• 순정 : 이 기획안에 대해서는 이미 개발부와 재정부가 동의했습니다. 여러분들만 지지해준다면 계획을 성공적으로 완수할 수 있을 것입니다.
• 석일 : 이 기획안은 우리 기업의 비전과 핵심가치들을 담고 있습니다. 이 계획이야말로 우리가 그동안 염원했던 가치를 실현함으로써 회사의 발전을 이룩할 수 있는 기회라고 생각합니다. 여러분이 그동안 고생한 만큼 이 계획은 성공적으로 끝마쳐야 합니다.

---

① 순정 : 합리적 설득, 석일 : 영감에 호소
② 순정 : 연합 전술, 석일 : 영감에 호소
③ 순정 : 연합 전술, 석일 : 합법화 전술
④ 순정 : 영감에 호소, 석일 : 합법화 전술
⑤ 순정 : 영감에 호소, 석일 : 교환 전술

 ㉠ 순정 : 다른 사람들의 지지를 이용하기 때문에 '연합 전술'에 해당한다.
㉡ 석일 : 기업의 비전과 가치를 언급함으로써 이상에 호소하여 제안에 몰입하도록 하기 때문에 '영감에 호소'에 해당한다.

Answer↳ 12.② 13.②

14 G 음료회사는 신제품 출시를 위해 시제품 3개를 만들어 전직원을 대상으로 블라인드 테스트를 진행한 후 기획팀에서 회의를 하기로 했다. 독창성, 대중성, 개인선호도 세 가지 영역에 총 15점 만점으로 진행된 테스트 결과가 다음과 같을 때, 기획팀 직원들의 발언으로 옳지 않은 것은?

	독창성	대중성	개인선호도	총점
시제품 A	5	2	3	10
시제품 B	4	4	4	12
시제품 C	2	5	5	12

① 우리 회사의 핵심가치 중 하나가 창의성 아닙니까? 저는 독창성 점수가 높은 A를 출시해야 한다고 생각합니다.

② 독창성이 높아질수록 총점이 낮아지는 것을 보지 못하십니까? 저는 그 의견에 반대합니다.

③ 무엇보다 현 시점에서 회사의 재정상황을 타개하기 위해서는 대중성을 고려하여 높은 이윤이 날 것으로 보이는 C를 출시해야 하지 않겠습니까?

④ 저도 대중성과 개인선호도가 높은 C를 출시해야 한다고 생각합니다.

⑤ 그럼 독창성과 대중성, 개인선호도 점수가 비슷한 B를 출시하는 것이 어떻겠습니까?

(Tip) ② 시제품 B는 C에 비해 독창성 점수가 2점 높지만 총점은 같다. 따라서 옳지 않은 발언이다.

15 다음은 이경제씨가 금융 상품에 대해 상담을 받는 내용이다. 이에 대한 옳은 설명을 모두 고른 것은?

이경제씨 : 저기 1,000만 원을 예금하려고 합니다.
정기 예금 상품을 좀 추천해 주시겠습니까?
은행직원 : 원금에만 연 5%의 금리가 적용되는 A 상품과 원금뿐만 아니라 이자에 대해서도 연 4.5%의 금리가 적용되는 B 상품이 있습니다. 예금 계약 기간은 고객님께서 연 단위로 정하실 수 있습니다.

㉠ 이경제씨는 요구불 예금에 가입하고자 한다.
㉡ 이경제씨는 간접 금융 시장에 참여하고자 한다.
㉢ A 상품은 복리, B 상품은 단리가 적용된다.
㉣ 예금 계약 기간에 따라 이경제씨의 정기 예금 상품에 대한 합리적 선택은 달라질 수 있다.

① ㉠㉡ ② ㉠㉢

③ ㉡㉢ ④ ㉡㉣

⑤ ㉢㉣

 ㉠ 정기 예금은 저축성 예금에 해당한다.

㉢ A는 단리, B는 복리가 적용된 정기 예금 상품이다.

16 다음은 어느 레스토랑의 3C분석 결과이다. 이 결과를 토대로 하여 향후 해결해야 할 전략과제를 선택하고자 할 때 적절하지 않은 것은?

3C	상황 분석
고객 / 시장(Customer)	• 식생활의 서구화 • 유명브랜드와 기술제휴 지향 • 신세대 및 뉴패밀리 층의 출현 • 포장기술의 발달
경쟁 회사(Competitor)	• 자유로운 분위기와 저렴한 가격 • 전문 패밀리 레스토랑으로 차별화 • 많은 점포수 • 외국인 고용으로 인한 외국인 손님 배려
자사(company)	• 높은 가격대 • 안정적 자금 공급 • 업계 최고의 시장점유율 • 고객증가에 따른 즉각적 응대의 한계

① 원가 절감을 통한 가격 조정

② 유명브랜드와의 장기적인 기술제휴

③ 즉각적인 응대를 위한 인력 증대

④ 안정적인 자금 확보를 위한 자본구조 개선

⑤ 포장기술 발달을 통한 레스토랑 TO GO 점포 확대

 '안정적 자금 공급'이 자사의 강점이기 때문에 '안정적인 자금 확보를 위한 자본구조 개선'은 향후 해결해야 할 과제에 속하지 않는다.

Answer 14.② 15.④ 16.④

17 다음은 특보의 종류 및 기준에 관한 자료이다. ㉠과 ㉡의 상황에 어울리는 특보를 올바르게 짝지은 것은?

〈특보의 종류 및 기준〉

종류	주의보	경보
강풍	육상에서 풍속 14m/s 이상 또는 순간풍속 20m/s 이상이 예상될 때. 다만, 산지는 풍속 17m/s 이상 또는 순간풍속 25m/s 이상이 예상될 때	육상에서 풍속 21m/s 이상 또는 순간풍속 26m/s 이상이 예상될 때. 다만, 산지는 풍속 24m/s 이상 또는 순간풍속 30m/s 이상이 예상될 때
호우	6시간 강우량이 70mm 이상 예상되거나 12시간 강우량이 110mm 이상 예상될 때	6시간 강우량이 110mm 이상 예상되거나 12시간 강우량이 180mm 이상 예상될 때
태풍	태풍으로 인하여 강풍, 풍랑, 호우 현상 등이 주의보 기준에 도달할 것으로 예상될 때	태풍으로 인하여 풍속이 17m/s 이상 또는 강우량이 100mm 이상 예상될 때. 다만, 예상되는 바람과 비의 정도에 따라 아래와 같이 세분한다.

태풍 경보 세분:

	3급	2급	1급
바람(m/s)	17~24	25~32	33이상
비(mm)	100~249	250~399	400이상

종류	주의보	경보
폭염	6월~9월에 일최고기온이 33℃ 이상이고, 일최고열지수가 32℃ 이상인 상태가 2일 이상 지속될 것으로 예상될 때	6월~9월에 일최고기온이 35℃ 이상이고, 일최고열지수가 41℃ 이상인 상태가 2일 이상 지속될 것으로 예상될 때

㉠ 태풍이 남해안에 상륙하여 울산지역에 270mm의 비와 함께 풍속 26m/s의 바람이 예상된다.

㉡ 지리산에 오후 3시에서 오후 9시 사이에 약 130mm의 강우와 함께 순간풍속 28m/s가 예상된다.

	㉠	㉡
①	태풍경보 1급	호우주의보
②	태풍경보 2급	호우경보+강풍주의보
③	태풍주의보	강풍주의보
④	태풍경보 2급	호우경보+강풍경보
⑤	태풍경보 1급	강풍주의보

 ㉠ : 태풍경보 표를 보면 알 수 있다. 비가 270mm이고 풍속 26m/s에 해당하는 경우는 태풍경보 2급이다.

㉡ : 6시간 강우량이 130mm 이상 예상되므로 호우경보에 해당하며 산지의 경우 순간풍속 28m/s 이상이 예상되므로 강풍주의보에 해당한다.

18 다음 진술이 참이 되기 위해 꼭 필요한 전제를 〈보기〉에서 고르면?

> 반장은 반에서 인기가 많다.

〈보기〉
ㄱ 머리가 좋은 친구 중 몇 명은 반에서 인기가 많다.
ㄴ 얼굴이 예쁜 친구 중 몇 명은 반에서 인기가 많다.
ㄷ 반장은 머리가 좋다.
ㄹ 반장은 얼굴이 예쁘다.
ㅁ 머리가 좋거나 얼굴이 예쁘면 반에서 인기가 많다.
ㅂ 머리가 좋고 얼굴이 예쁘면 반에서 인기가 많다.

① ㄱㄷ   ② ㄴㄹ

③ ㄷㅂ   ④ ㄹㅁ

⑤ ㄹㅂ

 반장은 머리가 좋다. 또는 반장은 얼굴이 예쁘다(ㄷ 또는 ㄹ).
머리가 좋거나 얼굴이 예쁘면 반에서 인기가 많다(ㅁ).
∴ 반장은 반에서 인기가 많다.
※ ㅂ의 경우 머리도 좋고 얼굴도 예뻐야 반에서 인기가 많다는 의미이므로 주어진 진술이 반드시 참이 되지 않는다.

Answer ➔ 17.②   18.④

│19~20│ 다음 글은 어린이집 입소기준에 대한 규정이다. 다음 글을 읽고 물음에 답하시오.

어린이집 입소기준
• 어린이집의 장은 당해시설에 결원이 생겼을 때마다 '명부 작성방법' 및 '입소 우선순위'를 기준으로 작성된 명부의 선 순위자를 우선 입소조치 한다.

명부작성방법
• 동일 입소신청자가 1·2순위 항목에 중복 해당되는 경우, 해당 항목별 점수를 합하여 점수가 높은 순으로 명부를 작성함
• 1순위 항목당 100점, 2순위 항목당 50점 산정
– 다만, 2순위 항목만 있는 경우 점수합계가 1순위 항목이 있는 자보다 같거나 높더라도 1순위 항목이 있는 자보다 우선순위가 될 수 없으며, 1순위 항목점수가 동일한 경우에 한하여 2순위 항목에 해당될 경우 추가합산 가능함
• 영유가 2자녀 이상 가구가 동일 순위일 경우 다자녀가구 자녀가 우선입소
• 대기자 명부 조정은 매분기 시작 월 1일을 기준으로 함

입소 우선순위
• 1순위
– 국민기초생활보장법에 따른 수급자
– 국민기초생활보장법 제24조의 규정에 의한 차상위계층의 자녀
– 장애인 중 보건복지부령이 정하는 장애 등급 이상에 해당하는 자의 자녀
– 아동복지시설에서 생활 중인 영유아
– 다문화가족의 영유아
– 자녀가 3명 이상인 가구 또는 영유아가 2자녀 가구의 영유아
– 산업단지 입주기업체 및 지원기관 근로자의 자녀로서 산업 단지에 설치된 어린이집을 이용하는 영유아
• 2순위
– 한부모 가족의 영유아
– 조손 가족의 영유아
– 입양된 영유아

19 어린이집에 근무하는 A씨가 접수합계를 내보니, 두 영유아가 1순위 항목에서 동일한 점수를 얻었다. 이 경우에는 어떻게 해야 하는가?

① 두 영유아 모두 입소조치 한다.

② 다자녀가구 자녀를 우선 입소조치 한다.

③ 한부모 가족의 영유아를 우선 입소조치 한다.

④ 2순위 항목에 해당될 경우 1순위 항목에 추가합산 한다.

⑤ 두 영유아 모두 입소조치 하지 않는다.

 명부작성방법에서 1순위 항목점수가 동일한 경우에 한하여 2순위 항목에 해당될 경우 추가 합산 가능하다고 나와 있다.

20 다음에 주어진 영유아들의 입소순위로 높은 것부터 나열한 것은?

> ㉠ 혈족으로는 할머니가 유일하나, 현재는 아동복지시설에서 생활 중인 영유아
> ㉡ 아버지를 여의고 어머니가 근무하는 산업단지에 설치된 어린이집을 동생과 함께 이용하는 영유아
> ㉢ 동남아에서 건너온 어머니와 가장 높은 장애 등급을 가진 한국인 아버지가 국민기초생활보장법에 의한 차상위 계층에 해당되는 영유아

① ㉠ - ㉡ - ㉢   ② ㉡ - ㉠ - ㉢

③ ㉡ - ㉢ - ㉠   ④ ㉢ - ㉠ - ㉡

⑤ ㉢ - ㉡ - ㉠

 ㉢ 300점
㉡ 250점
㉠ 150점

Answer→ 19.④ 20.⑤

| 21~23 | 다음 조건을 읽고 옳은 설명을 고르시오.

21

> • 수학을 못하는 사람은 영어도 못한다.
> • 국어를 못하는 사람은 미술도 못한다.
> • 영어를 잘하는 사람은 미술도 잘한다.

> A : 수학을 잘하는 사람은 영어를 잘한다.
> B : 영어를 잘하는 사람은 국어를 잘한다.

① A만 옳다.

② B만 옳다.

③ A와 B 모두 옳다.

④ A와 B 모두 그르다.

⑤ A와 B 모두 옳은지 그른지 알 수 없다.

 각 조건의 대우는 다음과 같다.
   • 영어를 잘하는 사람은 수학도 잘한다.
   • 미술을 잘하는 사람은 국어도 잘한다.
   • 미술을 못하는 사람은 영어도 못한다.
   주어진 세 번째 조건과, 두 번째 조건의 대우를 연결하면 '영어를 잘하는 사람은 미술을 잘하고, 미술을 잘하는 사람은 국어도 잘한다'가 되므로 B는 옳다. A는 알 수 없다.

22

> • 날씨가 시원하면 기분이 좋다.
> • 배고프면 라면이 먹고 싶다.
> • 기분이 좋으면 마음이 차분하다.
> • '마음이 차분하면 배고프다'는 명제는 참이다.

> A : 날씨가 시원하면 라면이 먹고 싶다.
> B : 배고프면 마음이 차분하다.

① A만 옳다.

② B만 옳다.

③ A와 B 모두 옳다.

④ A와 B 모두 그르다.

⑤ A와 B 모두 옳은지 그른지 알 수 없다.

 날씨가 시원함→기분이 좋음→마음이 차분함→배고픔→라면이 먹고 싶음
따라서 A만 옳다.

23

- 과일 A에는 씨가 2개, 과일 B에는 씨가 1개 있다.
- 철수와 영수는 각각 과일 4개씩을 먹었다.
- 철수는 영수보다 과일 A를 1개 더 먹었다.
- 철수는 같은 수로 과일 A와 B를 먹었다.

A : 영수는 B과일을 3개 먹었다.
B : 두 사람이 과일을 다 먹고 나온 씨의 개수 차이는 1개이다.

① A만 옳다.

② B만 옳다.

③ A와 B 모두 옳다.

④ A와 B 모두 그르다.

⑤ A와 B 모두 옳은지 그른지 알 수 없다.

 철수는 같은 수로 과일 A와 B를 먹었으므로 각각 2개씩 먹었다는 것을 알 수 있다. 철수는
영수보다 과일 A를 1개 더 먹었으므로, 영수는 과일 A를 1개 먹었다.

	A과일	B과일	씨의 개수
철수	2개	2개	6개
영수	1개	3개	5개

24 갑과 을, 병 세 사람은 면세점에서 A, B, C 브랜드 중 하나의 가방을 각각 구입하려고 한다. 소비자들이 가방을 구매하는데 고려하는 것은 브랜드명성, 디자인, 소재, 경제성의 네 가지 속성이다. 각 속성에 대한 평가는 0부터 10까지의 점수로 주어지며, 점수가 높을수록 소비자를 더 만족시킨다고 한다. 각 브랜드의 제품에 대한 평가와 갑, 을, 병 각자의 제품을 고르는 기준이 다음과 같을 때, 소비자들이 구매할 제품으로 바르게 짝지어진 것은?

<브랜드별 소비자 제품평가>

	A 브랜드	B 브랜드	C 브랜드
브랜드명성	10	7	7
경제성	4	8	5
디자인	8	6	7
소재	9	6	3

※ 각 평가에 부여하는 가중치 : 브랜드명성(0.4), 경제성(0.3), 디자인(0.2), 소재(0.1)

<소비자별 구매기준>

갑 : 가중치가 높은 순으로 가장 좋게 평가된 제품을 선택한다.

을 : 모든 속성을 가중치에 따라 평가(점수×가중치)하여 종합적으로 가장 좋은 대안을 선택한다.

병 : 모든 속성이 4점 이상인 제품을 선택한다. 2가지 이상이라면 디자인 점수가 높은 제품을 선택한다.

	갑	을	병			갑	을	병
①	A	A	A		②	A	A	B
③	A	B	C		④	B	C	B
⑤	B	A	B					

 ㉠ 갑 : 가중치가 가장 높은 브랜드명성이 가장 좋게 평가된 A 브랜드 제품을 선택한다.

㉡ 을 : 각 제품의 속성을 가중치에 따라 평가하면 다음과 같다.

A : $10(0.4) + 4(0.3) + 8(0.2) + 9(0.1) = 4 + 1.2 + 1.6 + 0.9 = 7.7$

B : $7(0.4) + 8(0.3) + 6(0.2) + 6(0.1) = 2.8 + 2.4 + 1.2 + 0.6 = 7$

C : $7(0.4) + 5(0.3) + 7(0.2) + 3(0.1) = 2.8 + 1.5 + 1.4 + 0.3 = 6$

∴ A 브랜드 제품을 선택한다.

㉢ 병 : 모든 속성이 4점 이상인 A, B 브랜드 중 디자인 점수가 더 높은 A 브랜드 제품을 선택한다.

25 다음은 화재손해 발생 시 지급 보험금 산정방법과 피보험물건의 보험금액 및 보험가액에 대한 자료이다. 다음 조건에 따를 때, 지급 보험금이 가장 많은 피보험물건은?

〈표1〉 지급 보험금 산정방법

피보험물건의 유형	조건	지급 보험금
일반물건, 창고물건, 주택	보험금액≥보험가액의 80%	손해액 전액
	보험금액<보험가액의 80%	손해액 × $\dfrac{\text{보험금액}}{\text{보험가액의 }80\%}$
공장물건, 동산	보험금액≥보험가액	손해액 전액
	보험금액<보험가액	손해액 × $\dfrac{\text{보험금액}}{\text{보험가액}}$

※ 보험금액은 보험사고가 발생한 때에 보험회사가 피보험자에게 지급해야 하는 금액의 최고한도를 말한다.
※ 보험가액은 보험사고가 발생한 때에 피보험자에게 발생 가능한 손해액의 최고한도를 말한다.

〈표2〉 피보험물건의 보험금액 및 보험가액

피보험물건	피보험물건 유형	보험금액	보험가액	손해액
甲	동산	7천만 원	1억 원	6천만 원
乙	일반물건	8천만 원	1억 원	8천만 원
丙	창고물건	6천만 원	7천만 원	9천만 원
丁	공장물건	9천만 원	1억 원	6천만 원
戊	주택	6천만 원	8천만 원	8천만 원

① 甲   ② 乙
③ 丙   ④ 丁
⑤ 戊

① 甲 : 6천만 원 × $\dfrac{7\text{천만 원}}{1\text{억 원}}$ = 4,200만 원

② 乙 : 손해액 전액이므로 8,000만 원

③ 丙 : 손해액 전액이므로 9,000만 원

④ 丁 : 6천만 원 × $\dfrac{9\text{천만 원}}{1\text{억 원}}$ = 5,400만 원

⑤ 戊 : 8천만 원 × $\dfrac{6\text{천만 원}}{6,400\text{만 원}}$ = 7,500만 원

26 G회사에 근무하는 박과장과 김과장은 점심시간을 이용해 과녁 맞추기를 하였다. 다음 〈조건〉에 근거하여 〈점수표〉의 빈칸을 채울 때 박과장과 김과장의 최종점수가 될 수 있는 것은?

〈조건〉
- 과녁에는 0점, 3점, 5점이 그려져 있다.
- 박과장과 김과장은 각각 10개의 화살을 쏘았고, 0점을 맞힌 화살의 개수만 〈점수표〉에 기록이 되어 있다.
- 최종 점수는 각 화살이 맞힌 점수의 합으로 한다.
- 박과장과 김과장이 쏜 화살 중에는 과녁 밖으로 날아간 화살은 없다.
- 박과장과 김과장이 5점을 맞힌 화살의 개수는 동일하다.

〈점수표〉

점수	박과장의 화살 수	김과장의 화살 수
0점	3	2
3점		
5점		

	박과장의 최종점수	김과장의 최종점수
①	25	29
②	26	29
③	27	30
④	28	30
⑤	29	30

 5점을 맞힌 화살의 개수가 동일하다고 했으므로 5점의 개수에 따라 점수를 정리하면 다음과 같다.

	1개	2개	3개	4개	5개	6개	7개
박과장	5+18=23	10+15=25	15+12=27	20+9=29	25+6=31	30+3=33	35+0=35
김과장	5+21=26	10+18=28	15+15=30	20+12=32	25+9=34	30+6=36	35+3=38

27 다음 〈조건〉에 따를 때 바나나우유를 구매한 사람을 바르게 짝지은 것은?

〈조건〉

- 남은 우유는 10개이며, 흰우유, 초코우유, 바나나우유, 딸기우유, 커피우유 각각 두 개씩 남아 있다.
- 독미, 민희, 영진, 호섭 네 사람이 남은 열 개의 우유를 모두 구매하였으며, 이들이 구매한 우유의 수는 모두 다르다.
- 우유를 전혀 구매하지 않은 사람은 없으며, 같은 종류의 우유를 두 개 구매한 사람도 없다.
- 독미와 영진이가 구매한 우유 중에 같은 종류가 하나 있다.
- 영진이와 민희가 구매한 우유 중에 같은 종류가 하나 있다.
- 독미와 민희가 동시에 구매한 우유의 종류는 두 가지이다.
- 독미는 딸기우유와 바나나우유는 구매하지 않았다.
- 영진이는 흰우유와 커피우유는 구매하지 않았다.
- 호섭이는 딸기우유를 구매했다.
- 민희는 총 네 종류의 우유를 구매했다.

① 민희, 호섭　　　　　　　　　② 독미, 영진

③ 민희, 영진　　　　　　　　　④ 영진, 호섭

⑤ 독미, 민희

 독미는 민희와 같은 종류의 우유를 2개 구매하였고, 영진이와도 같은 종류의 우유를 하나 구매하였다. 따라서 독미는 우유를 3개 이상 구매하게 되는데 딸기우유와 바나나우유를 구매하지 않았다고 했으므로 흰우유, 초코우유, 커피우유를 구매했다. 독미와 영진이가 구매한 우유 중에 같은 종류가 하나 있다고 하였고 영진이가 흰우유와 커피우유를 구매하지 않았다고 하였으므로 영진이는 초코우유를 구매했다. 이로서 초코우유는 독미와 영진이가 구매하였고, 민희는 4종류의 우유를 구매했다고 했으므로 초코우유를 제외한 흰우유, 바나나우유, 딸기우유, 커피우유를 구매하였다. 민희와 영진이가 구매한 우유 중에 같은 종류가 하나 있다고 하였는데 그 우유가 바나나우유이다. 따라서 바나나우유를 구매한 사람은 민희와 영진이다.

Answer ↪ 26.③ 27.③

28 다음은 공공기관을 구분하는 기준이다. 다음 규정에 따라 각 기관을 구분한 결과가 옳지 않은 것은?

〈공공기관의 구분〉

제00조 제1항
공공기관을 공기업·준정부기관과 기타공공기관으로 구분하여 지정한다. 직원 정원이 50인 이상인 공공기관은 공기업 또는 준정부기관으로, 그 외에는 기타공공기관으로 지정한다.

제00조 제2항
제1항의 규정에 따라 공기업과 준정부기관을 지정하는 경우 자체수입액이 총수입액의 2분의 1 이상인 기관은 공기업으로, 그 외에는 준정부기관으로 지정한다.

제00조 제3항
제1항 및 제2항의 규정에 따른 공기업을 다음의 구분에 따라 세분하여 지정한다.
• 시장형 공기업 : 자산규모가 2조 원 이상이고, 총 수입액 중 자체수입액이 100분의 85 이상인 공기업
• 준시장형 공기업 : 시장형 공기업이 아닌 공기업

〈공공기관의 현황〉

공공기관	직원 정원	자산규모	자체수입비율
A	70명	4조 원	90%
B	45명	2조 원	50%
C	65명	1조 원	55%
D	60명	1.5조 원	45%
E	40명	2조 원	60%

※ 자체수입비율 : 총 수입액 대비 자체수입액 비율

---

① A - 시장형 공기업
② B - 기타공공기관
③ C - 준정부기관
④ D - 준정부기관
⑤ E - 기타공공기관

 ③ C는 정원이 50명이 넘으므로 기타공공기관이 아니며, 자체수입비율이 55%이므로 자체수입액이 총수입액의 2분의 1 이상이기 때문에 공기업이다. 시장형 공기업 조건에 해당하지 않으므로 C는 준시장형 공기업이다.

29 다음 〈쓰레기 분리배출 규정〉을 준수한 것은?

〈쓰레기 분리배출 규정〉

• 배출 시간 : 수거 전날 저녁 7시~수거 당일 새벽 3시까지(월요일~토요일에만 수거함)
• 배출 장소 : 내 집 앞, 내 점포 앞
• 쓰레기별 분리배출 방법
　－일반 쓰레기 : 쓰레기 종량제 봉투에 담아 배출
　－음식물 쓰레기 : 단독주택의 경우 수분 제거 후 음식물 쓰레기 종량제 봉투에 담아서,
　　공동주택의 경우 음식물 전용용기에 담아서 배출
　－재활용 쓰레기 : 종류별로 분리하여 투명 비닐봉투에 담아 묶어서 배출
　　① 1종(병류)
　　② 2종(캔, 플라스틱, 페트병 등)
　　③ 3종(폐비닐류, 과자 봉지, 1회용 봉투 등)
　　　　※ 1종과 2종의 경우 뚜껑을 제거하고 내용물을 비운 후 배출
　　　　※ 종이류 / 박스 / 스티로폼은 각각 별도로 묶어서 배출
　－폐가전 · 폐가구 : 폐기물 스티커를 부착하여 배출
• 종량제 봉투 및 폐기물 스티커 구입 : 봉투판매소

---

① 甲은 토요일 저녁 8시에 일반 쓰레기를 쓰레기 종량제 봉투에 담아 자신의 집 앞에
　배출하였다.
② 공동주택에 사는 乙은 먹다 남은 찌개를 그대로 음식물 쓰레기 종량제 봉투에 담아
　주택 앞에 배출하였다.
③ 丙은 투명 비닐봉투에 캔과 스티로폼을 함께 담아 자신의 집 앞에 배출하였다.
④ 戊는 집에서 쓰던 냉장고를 버리기 위해 폐기물 스티커를 구입 후 부착하여 월요일
　저녁 9시에 자신의 집 앞에 배출하였다.
⑤ 丁은 금요일 낮 3시에 병과 플라스틱을 분리하여 투명 비닐봉투에 담아 묶어서 배출
　하였다.

 ① 배출 시간은 수거 전날 저녁 7시부터 수거 당일 새벽 3시까지인데 일요일은 수거하지
　　않으므로 토요일 저녁 8시에 쓰레기를 내놓은 甲은 규정을 준수했다고 볼 수 없다.
② 공동주택에서 음식물 쓰레기를 배출할 경우 음식물 전용용기에 담아서 배출해야 한다.
③ 스티로폼은 별도로 묶어서 배출해야 하는 품목이다.
⑤ 저녁 7시부터 새벽 3시까지 배출해야 한다.

30 다음 내용을 바탕으로 예측한 내용으로 옳은 것은?

> 사회통합프로그램이란 국내 이민자가 법무부장관이 정하는 소정의 교육과정을 이수하도록 하여 건전한 사회구성원으로 적응·자립할 수 있도록 지원하고 국적취득, 체류허가 등에 있어서 편의를 주는 제도이다. 프로그램의 참여대상은 대한민국에 체류하고 있는 결혼이민자 및 일반이민자(동포, 외국인근로자, 유학생, 난민 등)이다. 사회통합프로그램의 교육과정은 '한국어과정'과 '한국사회이해과정'으로 구성된다. 신청자는 우선 한국어능력에 대한 사전평가를 받고, 그 평가점수에 따라 한국어과정 또는 한국사회이해과정에 배정된다.
>
> 일반이민자로서 참여를 신청한 자는 사전평가 점수에 의해 배정된 단계로부터 6단계까지 순차적으로 교육과정을 이수하여야 한다. 한편 결혼이민자로서 참여를 신청한 자는 4~5단계를 면제받는다. 예를 들어 한국어과정 2단계를 배정받은 결혼이민자는 3단계까지 완료한 후 바로 6단계로 진입한다. 다만 결혼이민자의 한국어능력 강화를 위하여 2013년 1월 1일부터 신청한 결혼이민자에 대해서는 한국어과정 면제제도를 폐지하여 일반이민자와 동일하게 프로그램을 운영한다.

〈과정 및 이수시간(2012년 12월 기준)〉

구분		1단계	2단계	3단계	4단계	5단계	6단계
과정		한국어					한국사회이해
		기초	초급 1	초급 2	중급 1	중급 2	
이수시간		15시간	100시간	100시간	100시간	100시간	50시간
사전평가 점수	일반 이민자	0~10점	11~29점	30~49점	50~69점	70~89점	90~100점
	결혼 이민자	0~10점	11~29점	30~49점	면제		50~100점

① 2012년 12월에 사회통합프로그램을 신청한 결혼이민자 A는 한국어과정을 최소 100시간 이수하여야 한다.

② 2013년 1월에 사회통합프로그램을 신청하여 사전평가에서 95점을 받은 외국인근로자 B는 한국어과정을 이수하여야 한다.

③ 난민 인정을 받은 후 2012년 11월에 사회통합프로그램을 신청한 C는 한국어과정과 한국사회이해과정을 동시에 이수할 수 있다.

④ 2013년 2월에 사회통합프로그램 참여를 신청한 결혼이민자 D는 한국어과정 3단계를 완료한 직후 한국사회이해과정을 이수하면 된다.

⑤ 2012년 12월에 사회통합프로그램을 신청하여 사전평가에서 77점을 받은 유학생 E는 사회통합프로그램 교육과정을 총 150시간 이수하여야 한다.

① 2012년 12월에 사회통합프로그램을 신청한 결혼이민자 A는 사전평가 점수에 따라 한국어과정이 면제될 수 있다.

② 2013년 1월에 사회통합프로그램을 신청하여 사전평가에서 95점을 받은 외국인근로자 B는 한국사회이해과정을 이수하여야 한다.

③ 일반이민자로서 참여를 신청한 자는 사전평가 점수에 의해 배정된 단계로부터 6단계까지 순차적으로 교육과정을 이수하여야 한다고 언급하고 있다.

④ 2013년 1월 1일부터 신청한 결혼이민자에 대해서는 한국어과정 면제제도를 폐지하여 일반이민자와 동일하게 프로그램을 운영한다고 하였으므로 D는 한국어과정 3단계 완료 후 4, 5단계를 완료해야 6단계를 이수할 수 있다.

Answer⟶ 30.⑤

04 정보능력

1 정보화사회와 정보능력

(1) 정보와 정보화사회

① 자료 · 정보 · 지식

구분	특징
자료 (Data)	객관적 실제의 반영이며, 그것을 전달할 수 있도록 기호화한 것
정보 (Information)	자료를 특정한 목적과 문제해결에 도움이 되도록 가공한 것
지식 (Knowledge)	정보를 집적하고 체계화하여 장래의 일반적인 사항에 대비해 보편성을 갖도록 한 것

② **정보화사회** … 필요로 하는 정보가 사회의 중심이 되는 사회

(2) 업무수행과 정보능력

① 컴퓨터의 활용 분야

    ㉠ 기업 경영 분야에서의 활용 : 판매, 회계, 재무, 인사 및 조직관리, 금융 업무 등

    ㉡ 행정 분야에서의 활용 : 민원처리, 각종 행정 통계 등

    ㉢ 산업 분야에서의 활용 : 공장 자동화, 산업용 로봇, 판매시점관리시스템(POS) 등

    ㉣ 기타 분야에서의 활용 : 교육, 연구소, 출판, 가정, 도서관, 예술 분야 등

② 정보처리과정

    ㉠ 정보 활용 절차 : 기획→수집→관리→활용

    ㉡ 5W2H : 정보 활용의 전략적 기획

      • WHAT(무엇을?) : 정보의 입수대상을 명확히 한다.

      • WHERE(어디에서?) : 정보의 소스(정보원)를 파악한다.

      • WHEN(언제까지) : 정보의 요구(수집)시점을 고려한다.

      • WHY(왜?) : 정보의 필요목적을 염두에 둔다.

      • WHO(누가?) : 정보활동의 주체를 확정한다.

      • HOW(어떻게) : 정보의 수집방법을 검토한다.

      • HOW MUCH(얼마나?) : 정보수집의 비용성(효용성)을 중시한다.

예제 1

5W2H는 정보를 전략적으로 수집·활용할 때 주로 사용하는 방법이다. 5W2H에 대한 설명으로 옳지 않은 것은?

① WHAT : 정보의 수집방법을 검토한다.
② WHERE : 정보의 소스(정보원)를 파악한다.
③ WHEN : 정보의 요구(수집)시점을 고려한다.
④ HOW : 정보의 수집방법을 검토한다.

[출제의도]
방대한 정보들 중 꼭 필요한 정보와 수집 방법 등을 전략적으로 기획하고 정보수집이 이루어질 때 효과적인 정보 수집이 가능해진다. 5W2H는 이러한 전략적 정보 활용 기획의 방법으로 그 개념을 이해하고 있는지를 묻는 질문이다.
[해설]
5W2H의 'WHAT'은 정보의 입수대상을 명확히 하는 것이다. 정보의 수집방법을 검토하는 것은 HOW(어떻게)에 해당되는 내용이다.

답 ①

(3) 사이버공간에서 지켜야 할 예절

① 인터넷의 역기능
  ㉠ 불건전 정보의 유통
  ㉡ 개인 정보 유출
  ㉢ 사이버 성폭력
  ㉣ 사이버 언어폭력
  ㉤ 언어 훼손
  ㉥ 인터넷 중독
  ㉦ 불건전한 교제
  ㉧ 저작권 침해

② 네티켓(netiquette) ⋯ 네트워크(network) + 에티켓(etiquette)

(4) 정보의 유출에 따른 피해사례

① 개인정보의 종류

    ㉠ 일반 정보 : 이름, 주민등록번호, 운전면허정보, 주소, 전화번호, 생년월일, 출생지, 본적지, 성별, 국적 등

    ㉡ 가족 정보 : 가족의 이름, 직업, 생년월일, 주민등록번호, 출생지 등

    ㉢ 교육 및 훈련 정보 : 최종학력, 성적, 기술자격증/전문면허증, 이수훈련 프로그램, 서클활동, 상벌사항, 성격/행태보고 등

    ㉣ 병역 정보 : 군번 및 계급, 제대유형, 주특기, 근무부대 등

    ㉤ 부동산 및 동산 정보 : 소유주택 및 토지, 자동차, 저축현황, 현금카드, 주식 및 채권, 수집품, 고가의 예술품 등

    ㉥ 소득 정보 : 연봉, 소득의 원천, 소득세 지불 현황 등

    ㉦ 기타 수익 정보 : 보험가입 현황, 수익자, 회사의 판공비 등

    ㉧ 신용 정보 : 대부상황, 저당, 신용카드, 담보설정 여부 등

    ㉨ 고용 정보 : 고용주, 회사주소, 상관의 이름, 직무수행 평가 기록, 훈련기록, 상벌기록 등

    ㉩ 법적 정보 : 전과기록, 구속기록, 이혼기록 등

    ㉪ 의료 정보 : 가족병력 기록, 과거 의료기록, 신체장애, 혈액형 등

    ㉫ 조직 정보 : 노조가입, 정당가입, 클럽회원, 종교단체 활동 등

    ㉬ 습관 및 취미 정보 : 흡연/음주량, 여가활동, 도박성향, 비디오 대여기록 등

② 개인정보 유출방지 방법

    ㉠ 회원 가입 시 이용 약관을 읽는다.

    ㉡ 이용 목적에 부합하는 정보를 요구하는지 확인한다.

    ㉢ 비밀번호는 정기적으로 교체한다.

    ㉣ 정체불명의 사이트는 멀리한다.

    ㉤ 가입 해지 시 정보 파기 여부를 확인한다.

    ㉥ 남들이 쉽게 유추할 수 있는 비밀번호는 자제한다.

2 정보능력을 구성하는 하위능력

(1) 컴퓨터활용능력

① 인터넷 서비스 활용
  ㉠ **전자우편(E-mail) 서비스** : 정보 통신망을 이용하여 다른 사용자들과 편지나 여러 정보를 주고받는 통신 방법
  ㉡ **인터넷 디스크/웹 하드** : 웹 서버에 대용량의 저장 기능을 갖추고 사용자가 개인용 컴퓨터의 하드디스크와 같은 기능을 인터넷을 통하여 이용할 수 있게 하는 서비스
  ㉢ **메신저** : 인터넷에서 실시간으로 메시지와 데이터를 주고받을 수 있는 소프트웨어
  ㉣ **전자상거래** : 인터넷을 통해 상품을 사고팔거나 재화나 용역을 거래하는 사이버 비즈니스

② **정보검색** … 여러 곳에 분산되어 있는 수많은 정보 중에서 특정 목적에 적합한 정보만을 신속하고 정확하게 찾아내어 수집, 분류, 축적하는 과정
  ㉠ 검색엔진의 유형
   • 키워드 검색 방식 : 찾고자 하는 정보와 관련된 핵심적인 언어인 키워드를 직접 입력하여 이를 검색 엔진에 보내어 검색 엔진이 키워드와 관련된 정보를 찾는 방식
   • 주제별 검색 방식 : 인터넷상에 존재하는 웹 문서들을 주제별, 계층별로 정리하여 데이터베이스를 구축한 후 이용하는 방식
   • 통합형 검색방식 : 사용자가 입력하는 검색어들이 연계된 다른 검색 엔진에게 보내고 이를 통하여 얻어진 검색 결과를 사용자에게 보여주는 방식
  ㉡ 정보 검색 연산자

기호	연산자	검색조건
*, &	AND	두 단어가 모두 포함된 문서를 검색
|	OR	두 단어가 모두 포함되거나 두 단어 중 하나만 포함된 문서를 검색
-, !	NOT	'-' 기호나 '!' 기호 다음에 오는 단어는 포함하지 않는 문서를 검색
~, near	인접검색	앞/뒤의 단어가 가깝게 있는 문서를 검색

③ 소프트웨어의 활용
  ㉠ 워드프로세서
   • 특징 : 문서의 내용을 화면으로 확인하면서 쉽게 수정 가능, 문서 작성 후 인쇄 및 저장 가능, 글이나 그림의 입력 및 편집 가능
   • 기능 : 입력기능, 표시기능, 저장기능, 편집기능, 인쇄기능 등

ⓛ 스프레드시트
• 특징 : 쉽게 계산 수행, 계산 결과를 차트로 표시, 문서를 작성하고 편집 가능
• 기능 : 계산, 수식, 차트, 저장, 편집, 인쇄기능 등

예제 2

귀하는 커피 전문점을 운영하고 있다. 아래와 같이 엑셀 워크시트로 4개 지점의 원두 구매 수량과 단가를 이용하여 금액을 산출하고 있다. 귀하가 다음 중 D3셀에서 사용하고 있는 함수식으로 옳은 것은? (단, 금액 = 수량 × 단가)

	A	B	C	D	E
1	지점	원두	수량(100g)	금액	
2	A	케냐	15	150000	
3	B	콜롬비아	25	175000	
4	C	케냐	30	300000	
5	D	브라질	35	210000	
6					
7		원두	100g당 단가		
8		케냐	10,000		
9		콜롬비아	7,000		
10		브라질	6,000		
11					

① =C3*VLOOKUP(B3, $B$8:$C$10, 1, 1)
② =B3*HLOOKUP(C3, $B$8:$C$10, 2, 0)
③ =C3*VLOOKUP(B3, $B$8:$C$10, 2, 0)
④ =C3*HLOOKUP($B$8:$C$10, 2, B3)

[출제의도]
본 문항은 엑셀 워크시트 함수의 활용도를 확인하는 문제이다.
[해설]
"VLOOKUP(B3,$B$8:$C$10, 2, 0)"의 함수를 해설해보면 B3의 값(콜롬비아)을 B8:C10에서 찾은 후 그 영역의 2번째 열(C열, 100g당 단가)에 있는 값을 나타내는 함수이다. 금액은 "수량 × 단가"으로 나타내므로 D3셀에 사용되는 함수식은 "=C3*VLOOKUP(B3, $B$8:$C$10, 2, 0)"이다.
※ HLOOKUP과 VLOOKUP
㉠ HLOOKUP : 배열의 첫 행에서 값을 검색하여, 지정한 행의 같은 열에서 데이터를 추출
ⓛ VLOOKUP : 배열의 첫 열에서 값을 검색하여, 지정한 열의 같은 행에서 데이터를 추출

답 ③

ⓒ 프레젠테이션
• 특징 : 각종 정보를 사용자 또는 대상자에게 쉽게 전달
• 기능 : 저장, 편집, 인쇄, 슬라이드 쇼 기능 등
ⓔ 유틸리티 프로그램 : 파일 압축 유틸리티, 바이러스 백신 프로그램

④ 데이터베이스의 필요성
㉠ 데이터의 중복을 줄인다.
ⓛ 데이터의 무결성을 높인다.
ⓒ 검색을 쉽게 해준다.
ⓔ 데이터의 안정성을 높인다.
ⓜ 개발기간을 단축한다.

(2) 정보처리능력

① **정보원** … 1차 자료는 원래의 연구성과가 기록된 자료이며, 2차 자료는 1차 자료를 효과적으로 찾아보기 위한 자료 또는 1차 자료에 포함되어 있는 정보를 압축·정리한 형태로 제공하는 자료이다.

  ㉠ **1차 자료** : 단행본, 학술지와 논문, 학술회의자료, 연구보고서, 학위논문, 특허정보, 표준 및 규격자료, 레터, 출판 전 배포자료, 신문, 잡지, 웹 정보자원 등

  ㉡ **2차 자료** : 사전, 백과사전, 편람, 연감, 서지데이터베이스 등

② **정보분석 및 가공**

  ㉠ **정보분석의 절차** : 분석과제의 발생 → 과제(요구)의 분석 → 조사항목의 선정 → 관련정보의 수집(기존자료 조사/신규자료 조사) → 수집정보의 분류 → 항목별 분석 → 종합·결론 → 활용·정리

  ㉡ **가공** : 서열화 및 구조화

③ **정보관리**

  ㉠ 목록을 이용한 정보관리

  ㉡ 색인을 이용한 정보관리

  ㉢ 분류를 이용한 정보관리

┃예제 3

인사팀에서 근무하는 J씨는 회사가 성장함에 따라 직원 수가 급증하기 시작하면서 직원들의 정보관리 방법을 모색하던 중 다음과 같은 A사의 직원 정보관리 방법을 보게 되었다. J씨는 A사가 하고 있는 이 방법을 회사에도 도입하고자 한다. 이 방법은 무엇인가?

> A사의 인사부서에 근무하는 H씨는 직원들의 개인정보를 관리하는 업무를 담당하고 있다. A사에서 근무하는 직원은 수천 명에 달하기 때문에 H씨는 주요 키워드나 주제어를 가지고 직원들의 정보를 구분하여 관리하여, 찾을 때도 쉽고 내용을 수정할 때도 이전보다 훨씬 간편할 수 있도록 했다.

① 목록을 활용한 정보관리
② 색인을 활용한 정보관리
③ 분류를 활용한 정보관리
④ 1:1 매칭을 활용한 정보관리

[출제의도]
본 문항은 정보관리 방법의 개념을 이해하고 있는가를 묻는 문제이다.
[해설]
주어진 자료의 A사에서 사용하는 정보관리는 주요 키워드나 주제어를 가지고 정보를 관리하는 방식인 색인을 활용한 정보관리이다. 디지털 파일에 색인을 저장할 경우 추가, 삭제, 변경 등이 쉽다는 점에서 정보관리에 효율적이다.

답 ②

▌1~5▐ 다음은 시스템 모니터링 중에 나타난 화면이다. 다음 화면에 나타나는 정보를 이해하고 시스템 상태를 파악하여 적절한 input code를 고르시오.

<시스템 화면>

System is checking.......
Run.....

Error Found!
Index GTEMSHFCBA of file WODRTSUEAI

input code : _____

항목	세부사항
index '__' of file '__'	• 오류 문자 : Index 뒤에 나타나는 10개의 문자 • 오류 발생 위치 : file 뒤에 나타나는 10개의 문자
Error Value	오류 문자와 오류 발생 위치를 의미하는 문자에 사용된 알파벳을 비교하여 일치하는 알파벳의 개수를 확인(단, 알파벳의 위치와 순서는 고려하지 않으며 동일한 알파벳이 속해 있는지만 확인한다.)
input code	Error Value를 통하여 시스템 상태를 판단

판단 기준	시스템 상태	input code
일치하는 알파벳의 개수가 0개인 경우	안전	safe
일치하는 알파벳의 개수가 1~3개인 경우	경계	alert
일치하는 알파벳의 개수가 4~6개인 경우		vigilant
일치하는 알파벳의 개수가 7~9개인 경우	위험	danger
일치하는 알파벳의 개수가 10개인 경우	복구 불능	unrecoverable

1

> 〈시스템 화면〉
>
> System is checking........
> Run.....
>
> Error Found!
> Index DRHIZGJUMY of file OPAULMBCEX
>
> input code : _____

① safe   ② alert

③ vigilant   ④ danger

⑤ unrecoverable

 알파벳 중 U, M 2개가 일치하기 때문에 시스템 상태는 경계 수준이며, input code는 alert이다.

2

> 〈시스템 화면〉
>
> System is checking........
> Run.....
>
> Error Found!
> Index QWERTYUIOP of file POQWIUERTY
>
> input code : _____

① safe   ② alert

③ vigilant   ④ danger

⑤ unrecoverable

 10개의 알파벳이 모두 일치하기 때문에 시스템 상태는 복구 불능 수준이며, input code는 unrecoverable이다.

Answer⌐→ 1.②   2.⑤

3

〈시스템 화면〉

System is checking........

Run.....

Error Found!

Index QAZWSXEDCR of file EDCWSXPLMO

input code : _____

① safe   ② alert

③ vigilant   ④ danger

⑤ unrecoverable

 알파벳 중 W, S, X, E, D, C 6개가 일치하기 때문에 시스템 상태는 경계 수준이며, input code는 vigilant이다.

4

〈시스템 화면〉

System is checking........

Run.....

Error Found!

Index ZXCVBNMASD of file LKAJHGFDSP

input code : _____

① safe   ② alert

③ vigilant   ④ danger

5 unrecoverable

 알파벳 중 A, S, D 3개가 일치하기 때문에 시스템 상태는 경계 수준이며, input code는 alert 이다.

5

〈시스템 화면〉

System is checking.......
Run.....

Error Found!
Index OKMIJNUHBY of file GVTFCRDXES

input code : _____

① safe   ② alert

③ vigilant   ④ danger

⑤ unrecoverable

 일치하는 알파벳이 없기 때문에 시스템 상태는 안전 수준이며, input code는 safe이다.

6 다음은 어느 회사의 사원 입사월일을 정리한 자료이다. 아래 워크시트에서 [C4] 셀에 수식 '
=EOMONTH(C3,1)'를 입력하였을 때 결과 값은? (단, [C4] 셀에 설정되어 있는 표시형식은 '날
짜'이다)

	A	B	C
1	성명	성별	입사월일
2	구현정	여	2013-09-07
3	황성욱	남	2014-03-22
4	최보람	여	
5			

① 2014-04-30   ② 2014-03-31

③ 2014-02-28   ④ 2013-09-31

⑤ 2013-08-31

 'EOMONTH(start_date, months)' 함수는 시작일에서 개월수만큼 경과한 이전/이후 월의
마지막 날짜를 반환한다. 따라서 [C3] 셀에 있는 날짜 2014년 3월 22일의 1개월이 지난 4
월의 마지막 날은 30일이다.

Answer→ 3.③ 4.② 5.① 6.①

7 다음 워크시트에서 [A1:B2] 영역을 선택한 후 채우기 핸들을 사용하여 드래그 했을 때 [A5:B5]영역 값으로 바르게 짝지은 것은?

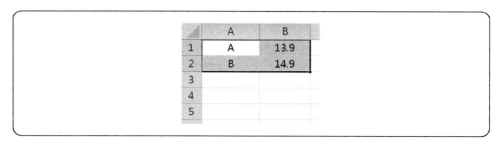

① A, 15.9   ② B, 17.9

③ A, 17.9   ④ C, 14.9

⑤ E, 16.9

 'A'와 'B'가 번갈아 가면서 나타나므로 [A5] 셀에는 'A'가 입력되고 13.9에서 1씩 증가하면서 나타나므로 [B5] 셀에는 '17.9'가 입력된다.

8 다음 워크시트에서 수식 '=POWER(A3, A2)'의 결과 값은 얼마인가?

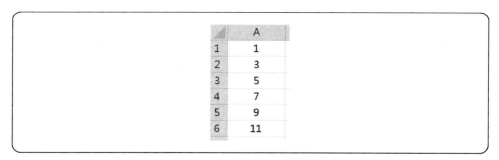

① 5   ② 81

③ 49   ④ 125

⑤ 256

 POWER(number, power) 함수는 number 인수를 power 인수로 제곱한 결과를 반환한다. 따라서 5의 3제곱은 125이다.

9 엑셀에서 새 시트를 열고자 할 때 사용하는 단축키는?

① 〈Shift〉+〈F11〉   ② 〈Ctrl〉+〈W〉

③ 〈Ctrl〉+〈F4〉   ④ 〈Ctrl〉+〈N〉

⑤ 〈Ctrl〉+〈P〉

 ②③ 현재 통합문서를 닫는 기능이다.
④ 새 통합문서를 만드는 기능이다.
⑤ 작성한 문서를 인쇄하는 기능이다.

10 다음 워크시트에서처럼 주민등록번호가 입력되어 있을 때, 이 셀의 값을 이용하여 [C1] 셀에 성별을 '남' 또는 '여'로 표시하고자 한다. [C1] 셀에 입력해야 하는 수식은? (단, 주민등록번호의 8번째 글자가 1이면 남자, 2이면 여자이다)

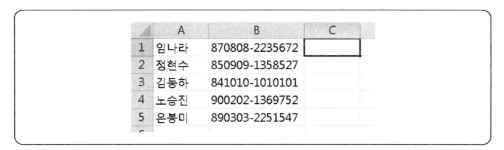

	A	B	C
1	임나라	870808-2235672	
2	정현수	850909-1358527	
3	김동하	841010-1010101	
4	노승진	900202-1369752	
5	은봉미	890303-2251547	

① =CHOOSE(MID(B1,8,1), "여", "남")

② =CHOOSE(MID(B1,8,2), "남", "여")

③ =CHOOSE(MID(B1,8,1), "남", "여")

④ =IF(RIGHT(B1,8)="1", "남", "여")

⑤ =IF(RIGHT(B1,8)="2", "남", "여")

 MID(text, start_num, num_chars)는 텍스트에서 원하는 문자를 추출하는 함수이다. 주민등록번호가 입력된 [B1] 셀에서 8번째부터 1개의 문자를 추출하여 1이면 남자, 2면 여자라고 하였으므로 답이 ③이 된다.

Answer ➔ 7.③ 8.④ 9.① 10.③

책임자	제품코드번호	책임자	제품코드번호
권두완	17015N0301200013	노완희	17028S0100500023
공덕영	17051C0100200015	박근동	16123G0401800008
심근동	17012F0200900011	양균호	17026P0301100004
정용준	16113G0100100001	박동신	17051A0200700017
김영재	17033H0301300010	권현종	17071A0401500021

ex) 제품코드번호

2017년 3월에 성남 3공장에서 29번째로 생산된 주방용품 앞치마 코드

1703	1C	01005	00029
(생산연월)	(생산공장)	(제품종류)	(생산순서)

생산연월	생산공장				제품종류				생산순서
		지역코드		고유번호		분류코드		고유번호	
• 1611 − 2016년 11월 • 1706 − 2017년 6월		1	성남	A 1공장	01	주방용품	001	주걱	• 00001부터 시작하여 생산 순서대로 5자리의 번호가 매겨짐
				B 2공장			002	밥상	
				C 3공장			003	쟁반	
		2	구리	D 1공장			004	접시	
				E 2공장			005	앞치마	
				F 3공장			006	냄비	
		3	창원	G 1공장	02	청소도구	007	빗자루	
				H 2공장			008	쓰레받기	
				I 3공장			009	봉투	
		4	서산	J 1공장			010	대걸레	
				K 2공장	03	가전제품	011	TV	
				L 3공장			012	전자레인지	
		5	원주	M 1공장			013	가스레인지	
				N 2공장			014	컴퓨터	
		6	강릉	O 1공장	04	세면도구	015	치약	
				P 2공장			016	칫솔	
		7	진주	Q 1공장			017	샴푸	
				R 2공장			018	비누	
		8	합천	S 1공장			019	타월	
				T 2공장			020	린스	

11 완소그룹의 제품 중 2017년 5월에 합천 1공장에서 36번째로 생산된 세면도구 비누의 코드로 알맞은 것은?

① 17058S0401800036
② 17058S0401600036
③ 17058T0402000036
④ 17058T0401800036
⑤ 17058S0401500036

> **Tip**
> • 2017년 5월 : 1705
> • 합천 1공장 : 8S
> • 세면도구 비누 : 04018
> • 36번째로 생산 : 00036

12 2공장에서 생산된 제품들 중 현재 물류창고에 보관하고 있는 가전제품은 모두 몇 개인가?

① 1개
② 2개
③ 3개
④ 4개
⑤ 5개

> **Tip**
> '17015N0301200013', '17033H0301300010', '17026P0301100004' 총 3개이다.

13 다음 중 창원 1공장에서 생산된 제품을 보관하고 있는 물류창고의 책임자들끼리 바르게 연결된 것은?

① 김영재 – 박동신
② 정용준 – 박근동
③ 권두완 – 양균호
④ 공덕영 – 권현종
⑤ 양균호 – 노완희

> **Tip**
> ② 정용준(16113G0100100001) – 박근동(16123G0401800008)

Answer → 11.① 12.③ 13.②

▌14~15 ▐ 다음은 H사의 물품 재고 창고에 적재되어 있는 제품 보관 코드 체계이다. 다음 표를 보고 이어지는 질문에 답하시오.

〈예시〉

2010년 12월에 중국 '2 Stars' 사에서 생산된 아웃도어 신발의 15번째 입고 제품

→ 1012 − 1B − 04011 − 00015

생산 연월	공급처				입고 분류				입고품 수량
	원산지 코드		제조사 코드		용품 코드		제품별 코드		
2012년 9월 − 1209 2010년 11월 − 1011	1	중국	A	All−8	01	캐주얼	001	청바지	00001부터 다섯 자리 시리얼 넘버가 부여됨.
			B	2 Stars			002	셔츠	
			C	Facai	02	여성	003	원피스	
	2	베트남	D	Nuyen			004	바지	
			E	N−sky			005	니트	
	3	멕시코	F	Bratos			006	블라우스	
			G	Fama	03	남성	007	점퍼	
	4	한국	H	혁진사			008	카디건	
			I	K상사			009	모자	
			J	영스타	04	아웃 도어	010	용품	
	5	일본	K	왈러스			011	신발	
			L	토까이			012	래쉬가드	
			M	히스모	05	베이비	013	내복	
	6	호주	N	오즈본			014	바지	
			O	Island					
	7	독일	P	Kunhe					
			Q	Boyer					

14 2011년 10월에 생산된 '왈러스' 사의 여성용 블라우스로 10,215번째 입고된 제품의 코드로 알맞은 것은 무엇인가?

① 1010 − 5K − 02006 − 00215   ② 1110 − 5K − 02060 − 10215

③ 1110 − 5K − 02006 − 10215   ④ 1110 − 5L − 02005 − 10215

⑤ 2011 − 5K − 02006 − 01021

 2011년 10월 생산품이므로 1110의 코드가 부여되며, 일본 '왈러스' 사는 5K, 여성용 02와 블라우스 해당 코드 006, 10,215번째 입고품의 시리얼 넘버 10215가 제품 코드로 사용되므로 1110 − 5K − 02006 − 10215가 된다.

15 제품 코드 0810 – 3G – 04011 – 00910에 대한 설명으로 옳지 않은 것은 무엇인가?

① 해당 제품의 입고 수량은 적어도 910개 이상이다.

② 중남미에서 생산된 제품이다.

③ 여름에 생산된 제품이다.

④ 캐주얼 제품이 아니다.

⑤ 아웃도어용 비의류 제품이다.

 2008년 10월에 생산되었으며, 멕시코 Fama사의 생산품이다. 또한, 아웃도어용 신발을 의미하며 910번째로 입고된 제품임을 알 수 있다.

16 다음은 H회사의 승진후보들의 1차 고과 점수 및 승진시험 점수이다. "생산부 사원"의 승진시험 점수의 평균을 알기 위해 사용해야 하는 함수는 무엇인가?

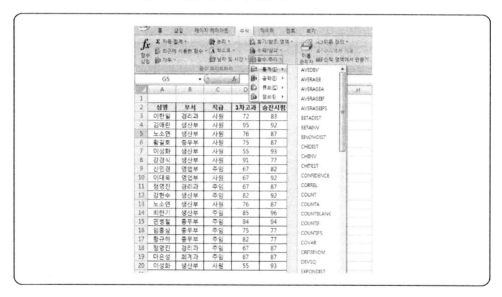

① AVERAGE   ② AVERAGEA

③ AVERAGEIF   ④ AVERAGEIFS

⑤ COUNTIF

 구하고자 하는 값은 "생산부 사원"의 승진시험 점수의 평균이다. 주어진 조건에 따른 평균값을 구하는 함수는 AVERAGEIF와 AVERAGEIFS인데 조건이 1개인 경우에는 AVERAGEIF, 조건이 2개 이상인 경우에는 AVERAGEIFS를 사용한다.
[=AVERAGEIFS(E3:E20,B3:B20,"생산부",C3:C20,"사원")]

Answer ➡ 14.③ 15.③ 16.④

|17~19| 다음 자료는 J회사 창고에 있는 가전제품 코드 목록이다. 다음을 보고 물음에 답하시오.

SE－11－KOR－3A－1512	CH－08－CHA－2C－1308	SE－07－KOR－2C－1503
CO－14－IND－2A－1511	JE－28－KOR－1C－1508	TE－11－IND－2A－1411
CH－19－IND－1C－1301	SE－01－KOR－3B－1411	CH－26－KOR－1C－1307
NA－17－PHI－2B－1405	AI－12－PHI－1A－1502	NA－16－IND－1B－1311
JE－24－PHI－2C－1401	TE－02－PHI－2C－1503	SE－08－KOR－2B－1507
CO－14－PHI－3C－1508	CO－31－PHI－1A－1501	AI－22－IND－2A－1503
TE－17－CHA－1B－1501	JE－17－KOR－1C－1506	JE－18－IND－1C－1504
NA－05－CHA－3A－1411	SE－18－KOR－1A－1503	CO－20－KOR－1C－1502
AI－07－KOR－2A－1501	TE－12－IND－1A－1511	AI－19－IND－1A－1503
SE－17－KOR－1B－1502	CO－09－CHA－3C－1504	CH－28－KOR－1C－1308
TE－18－IND－1C－1510	JE－19－PHI－2B－1407	SE－16－KOR－2C－1505
CO－19－CHA－3A－1509	NA－06－KOR－2A－1401	AI－10－KOR－1A－1509

〈코드 부여 방식〉
[제품 종류]－[모델 번호]－[생산 국가]－[공장과 라인]－[제조연월]

〈예시〉
TE－13－CHA－2C－1501
2015년 1월에 중국 2공장 C라인에서 생산된 텔레비전 13번 모델

제품 종류 코드	제품 종류	생산 국가 코드	생산 국가
SE	세탁기	CHA	중국
TE	텔레비전	KOR	한국
CO	컴퓨터	IND	인도네시아
NA	냉장고	PHI	필리핀
AI	에어컨		
JE	전자레인지		
GA	가습기		
CH	청소기		

17 위의 코드 부여 방식을 참고할 때 옳지 않은 내용은?

① 창고에 있는 기기 중 세탁기는 모두 한국에서 제조된 것들이다.

② 창고에 있는 기기 중 컴퓨터는 모두 2015년에 제조된 것들이다.

③ 창고에 있는 기기 중 청소기는 있지만 가습기는 없다.

④ 창고에 있는 기기 중 2013년에 제조된 것은 청소기 뿐이다.

⑤ 창고에 텔레비전은 5대가 있다.

(Tip) NA−16−IND−1B−1311가 있으므로 2013년에 제조된 냉장고도 창고에 있다.

18 J회사에 다니는 Y씨는 가전제품 코드 목록을 파일로 불러와 검색을 하고자 한다. 검색의 결과로 옳지 않은 것은?

① 창고에 있는 세탁기가 몇 개인지 알기 위해 'SE'를 검색한 결과 7개임을 알았다.

② 창고에 있는 기기 중 인도네시아에서 제조된 제품이 몇 개인지 알기 위해 'IND'를 검색한 결과 10개임을 알았다.

③ 모델 번호가 19번인 제품을 알기 위해 '19'를 검색한 결과 4개임을 알았다.

④ 1공장 A라인에서 제조된 제품을 알기 위해 '1A'를 검색한 결과 6개임을 알았다.

⑤ 2015년 1월에 제조된 제품을 알기 위해 '1501'를 검색한 결과 3개임을 알았다.

(Tip) ② 인도네시아에서 제조된 제품은 9개이다.

19 2017년 4월에 한국 1공장 A라인에서 생산된 에어컨 12번 모델의 코드로 옳은 것은?

① AI − 12 − KOR − 2A − 1704

② AI − 12 − KOR − 1A −1704

③ AI − 11 − PHI − 1A − 1704

④ CH − 12 − KOR − 1A − 1704

⑤ CH − 11 − KOR − 3A − 1705

(Tip) [제품 종류] − [모델 번호] − [생산 국가] − [공장과 라인] − [제조연월]
AI(에어컨) − 12 − KOR − 1A −1704

Answer↱ 17.④ 18.② 19.②

20 다음의 알고리즘에서 인쇄되는 S는?

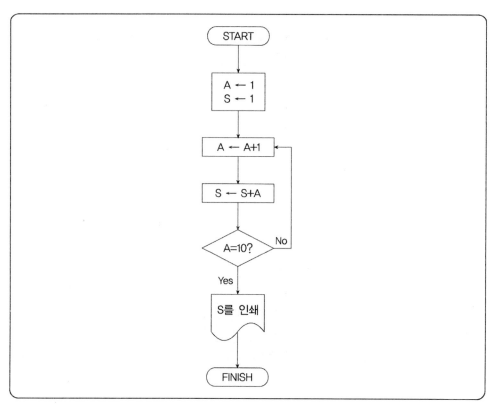

① 36

② 45

③ 55

④ 66

⑤ 77

 A=1, S=1
A=2, S=1+2
A=3, S=1+2+3
...
A=10, S=1+2+3+…+10
∴ 출력되는 S의 값은 55이다.

21 다음의 알고리즘에서 인쇄되는 A는?

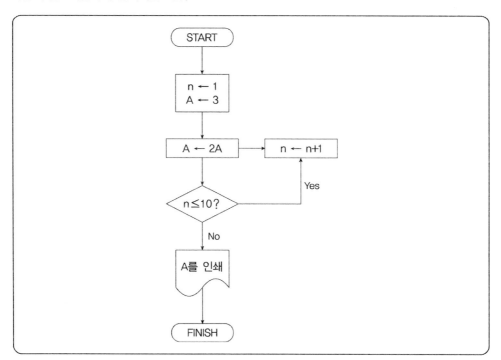

① $2^8 \cdot 3$　　　　　　　　　② $2^9 \cdot 3$

③ $2^{10} \cdot 3$　　　　　　　　③ $2^{11} \cdot 3$

⑤ $2^{12} \cdot 3$

Tip　n=1, A=3

n=1, A=2·3

n=2, A=2^2·3

n=3, A=2^3·3

…

n=11, A=2^{11}·3

∴ 출력되는 A의 값은 2^{11}·3이다.

22 T회사에서 근무하고 있는 N씨는 엑셀을 이용하여 작업을 하고자 한다. 엑셀에서 바로 가기 키에 대한 설명이 다음과 같을 때 괄호 안에 들어갈 내용으로 알맞은 것은?

> 통합 문서 내에서 (㉠) 키는 다음 워크시트로 이동하고 (㉡) 키는 이전 워크시트로 이동한다.

	㉠	㉡
①	〈Ctrl〉+〈Page Down〉	〈Ctrl〉+〈Page Up〉
②	〈Shift〉+〈Page Down〉	〈Shift〉+〈Page Up〉
③	〈Tab〉+←	〈Tab〉+→
④	〈Alt〉+〈Shift〉+↑	〈Alt〉+〈Shift〉+↓
⑤	〈Ctrl〉+〈Shift〉+〈Page Down〉	〈Ctrl〉+〈Shift〉+〈Page Up〉

(Tip) 엑셀 통합 문서 내에서 다음 워크시트로 이동하려면 〈Ctrl〉+〈Page Down〉을 눌러야 하며, 이전 워크시트로 이동하려면 〈Ctrl〉+〈Page Up〉을 눌러야 한다.

23 다음 워크시트에서 영업2부의 보험실적 합계를 구하고자 할 때, [G2] 셀에 입력할 수식으로 옳은 것은?

	A	B	C	D	E	F	G
1	성명	부서	성별	보험실적		부서	보험실적 합계
2	윤진주	영업1부	여	13		영업2부	
3	임성민	영업2부	남	12			
4	김옥순	영업1부	여	15			
5	김은지	영업3부	여	20			
6	최준오	영업2부	남	8			
7	윤한성	영업3부	남	9			
8	하은영	영업2부	여	11			
9	남영호	영업1부	남	17			

① =DSUM(A1:D9,3,F1:F2)

② =DSUM(A1:D9,"보험실적",F1:F2)

③ =DSUM(A1:D9,"보험실적",F1:F3)

④ =SUM(A1:D9,"보험실적",F1:F2)

⑤ =SUM(A1:D9,4,F1:F2)

 DSUM(데이터베이스, 필드, 조건 범위) 함수는 조건에 부합하는 데이터를 합하는 수식이다. 데이터베이스는 전체 범위를 설정하며, 필드는 보험실적 합계를 구하는 것이므로 "보험실적"으로 입력하거나 열 번호 4를 써야 한다. 조건 범위는 영업2부에 한정하므로 F1:F2를 써준다.

24 다음 중 아래 시트에서 야근일수를 구하기 위해 [B9] 셀에 입력할 수식으로 옳은 것은?

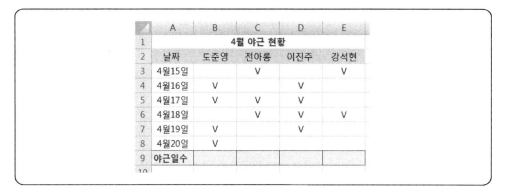

	A	B	C	D	E
1	**4월 야근 현황**				
2	날짜	도준영	전아롱	이진주	강석현
3	4월15일		V		V
4	4월16일	V		V	
5	4월17일	V	V	V	
6	4월18일		V	V	V
7	4월19일	V		V	
8	4월20일	V			
9	야근일수				
10					

① =COUNTBLANK(B3:B8)

② =COUNT(B3:B8)

③ =COUNTA(B3:B8)

④ =SUM(B3:B8)

⑤ =AVERAGEA(B3:B8)

 COUNTBLANK 함수는 비어있는 셀의 개수를 세어준다. COUNT 함수는 숫자가 입력된 셀의 개수를 세어주는 반면 COUNTA 함수는 숫자는 물론 문자가 입력된 셀의 개수를 세어준다. 즉, 비어있지 않은 셀의 개수를 세어주기 때문에 이 문제에서는 COUNTA 함수를 사용해야 한다.

25 다음 워크시트에서 [A2] 셀 값을 소수점 첫째자리에서 반올림하여 [B2] 셀에 나타내도록 하고자 한다. [B2] 셀에 알맞은 함수식은?

	A	B
1	숫자	반올림한 값
2	987.9	
3	247.6	
4	864.4	
5	69.3	
6	149.5	
7	75.9	

① ROUND(A2, −1)

② ROUND(A2, 0)

③ ROUNDDOWN(A2, 0)

④ ROUNDUP(A2, −1)

⑤ ROUND(A3, 0)

 ROUND(number, num_digits)는 반올림하는 함수이며, ROUNDUP은 올림, ROUNDDOWN 은 내림하는 함수이다. ROUND(number, num_digits)에서 number는 반올림하려는 숫자를 나타내며, num_digits는 반올림할 때 자릿수를 지정한다. 이 값이 0이면 소수점 첫째자리 에서 반올림하고 −1이면 일의자리 수에서 반올림한다. 따라서 주어진 문제는 소수점 첫째 자리에서 반올림하는 것이므로 ②가 답이 된다.

선택정렬(Selection sort)는 주어진 데이터 중 최솟값을 찾고 최솟값을 정렬되지 않은 데이터 중 맨 앞에 위치한 값과 교환한다. 교환은 두 개의 숫자가 서로 자리를 맞바꾸는 것을 말한다. 정렬된 데이터를 제외한 나머지 데이터를 같은 방법으로 교환하여 반복하면 정렬이 완료된다.

〈예시〉

68, 11, 3, 82, 7을 정렬하려고 한다.

• 1회전 (최솟값 3을 찾아 맨 앞에 위치한 68과 교환)

68	11	3	82	7

3	11	68	82	7

• 2회전 (정렬이 된 3을 제외한 데이터 중 최솟값 7을 찾아 11과 교환)

3	11	68	82	7

3	7	68	82	11

• 3회전 (정렬이 된 3, 7을 제외한 데이터 중 최솟값 11을 찾아 68과 교환)

3	7	68	82	11

3	7	11	82	68

• 4회전 (정렬이 된 3, 7, 11을 제외한 데이터 중 최솟값 68을 찾아 82와 교환)

3	7	11	82	68

3	7	11	68	82

26 다음 수를 선택정렬을 이용하여 오름차순으로 정렬하려고 한다. 2회전의 결과는?

5, 3, 8, 1, 2

① 1, 2, 8, 5, 3　　　　② 1, 2, 5, 3, 8

③ 1, 2, 3, 5, 8　　　　④ 1, 2, 3, 8, 5

⑤ 1, 2, 8, 3, 5

| 5 | 3 | 8 | 1 | 2 |

| 1 | 3 | 8 | 5 | 2 |

㉡ 2회전

| 1 | 3 | 8 | 5 | 2 |

| 1 | 2 | 8 | 5 | 3 |

27 다음 수를 선택정렬을 이용하여 오름차순으로 정렬하려고 한다. 3회전의 결과는?

> 55, 11, 66, 77, 22

① 11, 22, 66, 55, 77   ② 11, 55, 66, 77, 22

③ 11, 22, 66, 77, 55   ④ 11, 22, 55, 77, 66

⑤ 11, 22, 55, 66, 77

 ㉠ 1회전

| 55 | 11 | 66 | 77 | 22 |

| 11 | 55 | 66 | 77 | 22 |

㉡ 2회전

| 11 | 55 | 66 | 77 | 22 |

| 11 | 22 | 66 | 77 | 55 |

㉢ 3회전

| 11 | 22 | 66 | 77 | 55 |

| 11 | 22 | 55 | 77 | 66 |

Answer ➡ 26.① 27.④

28 다음 시트처럼 한 셀에 두 줄 이상 입력하려는 경우 줄을 바꿀 때 사용하는 키는?

① 〈Shift〉+〈Ctrl〉+〈Enter〉　　　② 〈Alt〉+〈Enter〉

③ 〈Alt〉+〈Shift〉+〈Enter〉　　　④ 〈Shift〉+〈Enter〉

⑤ 〈Ctrl〉+〈Enter〉

 한 셀에 두 줄 이상 입력하려고 하는 경우 줄을 바꿀 때는 〈Alt〉+〈Enter〉를 눌러야 한다.

29 다음 워크시트에서 과일의 금액 합계를 나타내는 '=SUM(B2:B7)' 수식에서 '=SUM(B2B7)'와 같이 범위 참조의 콜론(:)이 빠졌을 경우 나타나는 오류 메시지는?

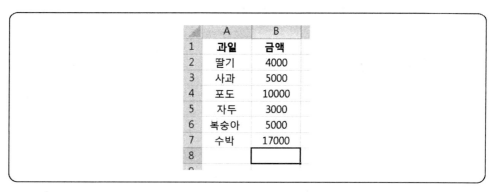

① #NAME?　　　　　　　　　② #REF!

③ #VALUE!　　　　　　　　　④ #DIV/0

⑤ #NUM!

 ① #NAME? : 지정하지 않은 이름을 사용한 때나 함수 이름을 잘못 사용한 때, 인식할 수 없는 텍스트를 수식에 사용했을 때
② #REF! : 수식이 있는 셀에 셀 참조가 유효하지 않을 때
③ #VALUE! : 잘못된 인수나 피연산자를 사용하거나 수식 자동고침 기능으로 수식을 고칠 수 없을 때
④ #DIV/0 : 나누는 수가 빈 셀이나 0이 있는 셀을 참조하였을 때
⑤ #NUM! : 표현할 수 있는 숫자의 범위를 벗어났을 때

30 다음 워크시트는 학생들의 수리영역 성적을 토대로 순위를 매긴 것이다. 다음 중 [C2] 셀의 수식으로 옳은 것은?

	A	B	C
1		수리영역	순위
2	이순자	80	3
3	이준영	95	2
4	정소이	50	7
5	금나라	65	6
6	윤민준	70	5
7	도성민	75	4
8	최지애	100	1

① =RANK(B2,$B$2:$B$8)

② =RANK(B2,$B$2:$B$8,1)

③ =RANK(C2,$B$2:$B$8)

④ =RANK(C2,$B$2:$B$8,0)

⑤ =RANK(C2,$B$2:$B$8,1)

 RANK(number,ref,[order]) : number는 순위를 지정하는 수이므로 B2, ref는 범위를 지정하는 것이므로 $B$2:$B$8이다. oder는 0이나 생략하면 내림차순으로 순위가 매겨지고 0이 아닌 값을 지정하면 오름차순으로 순위가 매겨진다.

PART

III

직무수행능력검사

01 보건의료지식

1 질병관리본부에서 제시한 의료관련감염 표준예방지침(2018)상 질병별 격리유형 연결이 옳은 것은?

① 백일해 – 공기주의
② 풍진 – 비말주의
③ 유행성이하선염 – 접촉주의
④ A형 간염 – 공기주의

 ①③ 백일해, 유행성이하선염 – 비말주의
④ A형 간염 – 접촉주의

2 감염예방을 위한 주사기와 주사바늘의 관리에 대한 설명으로 옳지 않은 것은?

① 주사바늘과 주사기는 일회용 제품을 사용하며 재사용하지 않는다.
② 사용한 바늘을 구부리거나, 손으로 만지거나, 뚜껑을 다시 씌우지 않는다.
③ 주사제가 들어 있는 주사기에서 다른 주사기로 약물을 옮기지 않는다.
④ 사용하지 않은 주사기와 주사바늘의 포장이 손상된 경우에는 재포장한다.

 감염예방을 위한 주사기와 주사바늘의 관리
㉠ 주사바늘과 주사기는 일회용 제품을 사용하며 재사용하지 않는다.
㉡ 주사기와 주사바늘은 포장된 상태로 보관한다. 멸균주사제품들이 오염되지 않도록 사용 직전에 포장을 제거하고 포장이 개봉되어 있거나 손상된 경우에는 오염된 것으로 간주하고 폐기한다.
㉢ 주사제가 들어 있는 주사기에서 다른 주사기로 약물을 옮기지 않는다.
㉣ 필요한 경우, 자상예방을 위해 안전주사기구 사용을 고려할 수 있다.
㉤ 사용한 주사바늘은 즉시 견고한 합성수지류로 제작된 의료폐기물 전용용기에 폐기한다.
㉥ 사용한 바늘을 구부리거나, 손으로 만지거나, 뚜껑을 다시 씌우지 않는다. 뚜껑을 씌워야 한다면, 한 손 기법(one hand technique)을 이용한다.
㉦ 준비와 동시에 투약하지 못한다면 약물이 담긴 모든 주사기에 라벨을 붙인다(약물성분, 용량, 준비한 날짜 및 시간 등).

3 다음에서 설명하고 있는 것은?

> 환자가 여러 의사에게 진료 받을 경우 의사와 약사는 환자가 복용하고 있는 약을 알지 못하고 처방·조제하여 환자가 약물 부작용에 노출될 가능성 있다. 따라서 의약품 처방·조제 시 병용금기 등 의약품 안전성 관련 정보를 실시간으로 제공하여 부적절한 약물사용을 사전에 점검할 수 있도록 의사 및 약사에게 의약품 안전 정보를 제공하는 것을 말한다.

① 내가 먹는 약! 한눈에   ② 의약품안전사용서비스

③ 약제비 계산기   ④ 병원평가정보

 제시된 내용은 의약품안전사용서비스(DUR : Drug Utilization Review)에 대한 설명이다.
    ① 내가 먹는 약! 한눈에 : 같이 복용하게 되는 모든 의약품을 입력하면, 의약품간의 금기나 사용(급여)중지, 중복여부를 확인할 수 있다.
    ③ 약제비 계산기 : 건강보험, 의료급여 대상자의 외래처방조제에 대하여 약제비를 계산할 수 있다.
    ④ 병원평가정보 : 수술, 질병, 약제사용 등 병원의 의료서비스를 의·약학적 측면과 비용효과적인 측면에서 평가한 결과를 제공한다.

4 우리나라 대사성증후군의 진단 기준 항목으로 가장 옳은 것은?

① 허리둘레 : 남자 ≥ 90cm, 여자 ≥ 85cm

② 중성지방 : ≥ 100mg/dl

③ 혈압 : 수축기/이완기 ≥ 120/80mmHg

④ 혈당 : 공복혈당 ≥ 90mg/dl

 대사성증후군 진단 기준
    ㉠ 허리둘레 : 남성 ≥ 90cm, 여성 ≥ 85cm
    ㉡ 혈압 : 수축기/이완기 ≥ 130/85mmHg 또는 고혈압에 대한 약물 치료 시
    ㉢ 혈당 : 공복혈당 ≥ 100mg/dl 또는 당뇨에 대한 약물 치료 시
    ㉣ 중성지방(TG) ≥ 150mg/dl 또는 고중성지방에 대한 약물 치료 시
    ㉤ HDL 콜레스테롤 : 남성 < 40mg/dl, 여성 < 50mg/dl 또는 고지혈증 약물 치료 시

Answer ⏎ 1.② 2.④ 3.② 4.①

5 보건의료서비스의 특성 중 〈보기〉에 해당하는 것은?

> 〈보기〉
> 올해 전원 독감예방접종을 맞은 우리 반은 작년에 비해 독감에 걸린 학생이 현저히 줄었다.

① 치료의 불확실성 ② 외부효과성

③ 수요의 불확실성 ④ 정보와 지식의 비대칭성

 외부효과(external effect)란 한 개인이나 기업이 취한 행동이 다른 사람 또는 다른 기업에게 좋던 나쁘던 부차적인 효과를 갖게 될 경우를 의미한다. 외부효과가 존재하는 경우 방역체계 운영, 국가 예방접종사업 등 정부의 개입이 타당성을 인정받게 된다.
　※ 보건의료의 사회경제적 특성
　　㉠ 수요의 불확실성
　　㉡ 정보의 불균형
　　㉢ 외부효과(긍정적, 부정적)
　　㉣ 공급의 독점성
　　㉤ 가치재
　　㉥ 정부개입의 비효율성 문제

6 국민의료비 상승 억제를 위한 수요측 관리방안으로 가장 옳은 것은?

① 고가 의료장비의 과도한 도입을 억제한다.

② 의료보험 하에서 나타나는 도덕적 해이를 줄인다.

③ 의료서비스 생산비용 증가를 예방할 수 있는 진료비 보상 방식을 도입한다.

④ 진료비 보상방식을 사전보상방식으로 개편한다.

 ①③④는 공급측 관리방안에 해당한다.

7 다음 중 질병통계에 대한 설명으로 옳은 것은?

① 발병률은 위험 폭로기간이 수개월 또는 1년 정도로 길어지면 유병률과 같게 된다.

② 유병률의 분자에는 조사 시점 또는 조사 기간 이전에 발생한 환자수는 포함되지 않는다.

③ 발생률의 분모에는 조사 기간 이전에 발생한 환자수는 포함되지 않는다.

④ 2차 발병률은 환자와 접촉한 감수성자 수 중 발병한 환자수로 나타내며, 질병의 위중도를 의미한다.

① 유병률(P) = 발생률(I) × 기간(D)으로 기간이 대단히 짧아져야 P = I가 된다.
② 유병률은 어느 특정 시점에 어떤 질환을 앓고 있는 환자의 비율로 과거에 그 병을 앓다가 회복된 사람이나 죽은 사람은 포함되지 않는다.
④ 2차 발병률은 어떤 감염병의 원발감염환자와 밀접하게 접촉한 사람 중에서 몇 사람이 그 병에 걸리는가를 보여주는 비율로, 질병의 전염성을 의미한다.

8 다음 중 건강보험제도의 특성에 대한 설명으로 옳지 않은 것은?

① 일정한 법적 요건이 충족되면 본인 의사에 관계없이 강제 적용된다.
② 소득수준 등 보험료 부담능력에 따라 차등적으로 부담한다.
③ 부과수준에 따라 관계법령에 의해 차등적으로 보험급여를 받는다.
④ 피보험자에게는 보험료 납부의무가 주어지며, 보험자에게는 보험료 징수의 강제성이 부여된다.

(Tip) ③ 건강보험제도는 납부하는 보험료 다소와 관계없이 동일하게 급여를 받는다.

9 다음 중 생명표(life table)에 대한 설명으로 가장 옳지 않은 것은?

① 생명표란 미래 사회변화를 예측하여 태어날 출생 집단의 규모를 예측하고, 몇 세까지 생존하는지를 정리한 표이다.
② 생명표는 보험료율, 인명피해 보상비 산정과 장래 인구 추계에도 활용된다.
③ 생명표는 보건 · 의료정책 수립 및 국가 간 경제, 사회, 보건 수준에 대한 비교자료로도 활용될 수 있다.
④ 생명표는 추계인구, 주민등록연앙인구, 사망신고자료 등을 토대로 산정하게 된다.

(Tip) ① 생명표(life table)는 현재와 같은 사망 수준이 계속된다는 가정 하에서 특정 연령대의 사람이 몇 년을 더 살 수 있는지 보여주는 것이다.

Answer → 5.② 6.② 7.③ 8.③ 9.①

10 사회보험과 민간보험을 비교한 것이다. ㉠~㉢을 올바른 내용으로 나열한 것은?

구분	민간보험	사회보험
목적	개인적 필요에 따른 보장	기본적 수준 보장
가입방식	㉠	㉡
수급권	㉢	㉣
보험료 부담방식	주로 정액제	주로 정률제

	㉠	㉡	㉢	㉣
①	임의가입	강제가입	법적 수급권	계약적 수급권
②	임의가입	강제가입	계약적 수급권	법적 수급권
③	강제가입	임의가입	계약적 수급권	법적 수급권
④	강제가입	임의가입	법적 수급권	계약적 수급권

 민간보험과 사회보험

구분	민간보험	사회보험
목적	개인적 필요에 따른 보장	기본적 수준 보장
가입방식	임의가입	강제가입
수급권	계약적 수급권	법적 수급권
보험료 부담방식	주로 정액제	주로 정률제

11 다음 중 2019년도 선별집중심사 항목으로 신설된 내용이 아닌 것은?

① 비타민D검사　　　　　　　　② 골다공증치료제

③ 응급의료관리료　　　　　　　④ 척추수술

선별집중심사란 진료비의 급격한 증가, 사회적 이슈가 되는 항목 등 진료행태 개선이 필요한 항목을 선정하고, 사전예고 후 집중심사를 통해 요양기관 스스로 진료행태를 개선할 수 있도록 유도하기 위한 사전 예방적 심사제도이다. 건강보험심사평가원은 국민에게 꼭 필요한 진료는 보장하고 요양기관의 적정진료를 유도하여 의료 질 향상을 도모하기 위해 2007년(8개 항목)부터 선별집중심사를 실시해 왔으며, 2019년 비타민D검사, 골다공증치료제, 응급의료관리료 항목을 신설하였다.

12 다음 중 만성질환의 특징으로 올바르게 기술한 것을 모두 고르면?

> ⊙ 만성질환은 일반적으로 다양한 위험요인이 복잡하게 작용하여 발생한다.
> ⓒ 제2형 당뇨병은 성인형 당뇨병으로 불리며, 주로 인슐린 저항성이 생겨 발생한다.
> ⓒ 본태성 고혈압 환자보다 속발성 고혈압 환자가 더 많다.
> ⓒ 2010년 기준 우리나라 10대 사망원인 1위는 암이다.

① ⊙ⓒ   ② ⊙ⓒⓒ
③ ⊙ⓒⓒ   ④ ⊙ⓒⓒⓒ

 ⓒ 속발성 고혈압 환자보다 본태성(원인 불명) 고혈압 환자가 더 많다.

13 다음 설명에 해당하는 것은?

> 암, 후천성면역결핍증, 만성 폐쇄성 호흡기질환, 만성 간경화 등의 말기환자와 가족을 위해 통증 등 힘든 증상을 적극적으로 치료하고, 신체적, 심리사회적, 영적 지지를 통해 평안한 임종을 위한 돌봄을 제공하는 서비스

① 호스피스   ② 보호진료
③ 실버케어   ④ 연명의료

 호스피스·완화의료란 말기환자 또는 임종과정에 있는 환자와 그 가족에게 통증과 증상의 완화 등을 포함한 신체적, 심리사회적, 영적 영역에 대한 종합적인 평가와 치료를 목적으로 하는 의료를 말한다. 〈호스피스·완화의료 및 임종과정에 있는 환자의 연명의료결정에 관한 법률 제2조 제6호〉.

Answer ┌→ 10.② 11.④ 12.③ 13.①

14 7개 질병군 포괄수가제와 신포괄수가제에 대한 설명으로 옳지 않은 것은?

① 7개 질병군 포괄수가제는 2013년 7월부터 7개 질병군 진료가 있는 전체 의료기관을 대상으로 적용하고 있다.

② 신포괄수가제는 국민건강보험공단 일산병원, 국립중앙의료원, 지역거점공공병원 등 총 69개 기관을 대상으로 한다.

③ 7개 질병군 포괄수가제 적용환자는 백내장수술, 편도수술, 맹장수술, 항문수술, 탈장수술, 제왕절개분만, 자궁수술로 입원한 환자이다.

④ 신포괄수가제는 포괄수가 + 주제별수가로, 의료자원의 효율적 사용과 적극적 의료서비스 제공의 장점이 있다.

 ④ 신포괄수가제는 포괄수가 + 행위별수가로, 의료자원의 효율적 사용과 적극적 의료서비스 제공의 장점이 있다.

15 우리나라 국민건강증진종합계획(Health Plan 2030)의 총괄 목표에 해당하는 것은?

① 감염 및 환경성질환 예방관리

② 인구집단별 건강관리

③ 건강친화적 환경 구축

④ 건강수명 연장, 건강형평성 제고

 국민건강증진종합계획 (Health Plan 2030) … 국민건강증진법(제4조) '국민건강증진종합계획의 수립'에 따라, 질병 사전예방 및 건강증진을 위한 중장기 정책방향을 제시하고 성과지표 모니터링 및 평가를 통해 국민건강증진종합계획의 효율적인 운영 및 목표 달성을 추구한다.
ㄱ 비전: 모든 사람이 평생건강을 누리는 사회
• [모든 사람]: 성, 계층, 지역 간 건강형평성을 확보, 적용 대상을 모든 사람으로 확대
• [평생 건강을 누리는 사회]: 출생부터 노년까지 전 생애주기에 걸친 건강권 보장, 정부를 포함한 사회 전체를 포괄
ㄴ 총괄 목표: 건강수명 연장, 건강형평성 제고
• [건강수명]: '30년까지 건강수명 73.3세 달성('18. 70.4세 → '30. 73.3세)
• [건강형평성]: 건강수명의 소득 간, 지역 간 형평성 확보
–소득: 소득수준 상위 20%의 건강수명과 소득수준 하위 20%의 건강수명 격차를 7.6세 이하로 낮춘다.
–지역: 건강수명 상위 20% 해당 지자체의 건강수명과 하위 20% 해당 지자체의 건강수명의 격차를 2.9세 이하로 낮춘다.

ⓒ 기본원칙
- 국가와 지역사회의 모든 정책 수립에 건강을 우선적으로 반영한다.
- 보편적인 건강수준의 향상과 건강형평성 제고를 함께 추진한다.
- 모든 생애과정과 생활터에 적용한다.
- 건강친화적인 환경을 구축한다.
- 누구나 참여하여 함께 만들고 누릴 수 있도록 한다.
- 관련된 모든 부문이 연계하고 협력한다.

ⓔ 중점과제
- 건강생활 실천 : 금연, 절주, 영양, 신체활동, 구강건강
- 정신건강 관리 : 자살예방, 치매, 중독, 지역사회 정신건강
- 비감염성질환 예방관리 : 암, 심뇌혈관질환(심뇌혈관질환, 선행질환), 비만, 손상
- 감염 및 환경성질환 예방관리 : 감염병예방 및 관리(결핵, 에이즈, 의료감염·항생제 내성, 예방형태개선 등 포함), 감염병위기대비대응(검역/감시, 예방접종 포함)
- 인구집단별 건강관리 : 영유아, 아동·청소년, 여성, 노인, 장애인, 근로자, 군인
- 건강친화적 환경 구축 : 건강친화적법제도 개선, 건강정보이해력 제고, 혁신적 정보 기술의 적용, 재원마련 및 운용, 지역사회지원(인력, 시설) 확충 및 거버넌스 구축

16 다음 글에서 설명하는 의료서비스 지불방법은?

> 의료서비스 공급자의 생산성을 크게 높일 수 있고 의료의 기술발전을 가져올 수 있는 반면, 의료비 억제효과는 낮고 과잉진료의 염려와 자원분포의 불균형을 초래할 가능성이 높다.

① 행위별수가제   ② 인두제
③ 총액계약제   ④ 포괄수가제

① 행위별수가제(Fee-for-Service) : 의사가 환자를 진료할 때마다 그 횟수에 따라 진료비를 지급하는 제도
② 인두제(Capitation) : 자기의 환자가 될 가능성이 있는 일정지역의 주민 수에 일정금액을 곱하여 이에 상응하는 보수를 지급 받는 제도
③ 총액계약제(Global Budget) : 보험자 측과 의사단체(보험의협회)간에 국민에게 제공되는 의료서비스에 대한 진료비 총액을 추계하고 협의한 후, 사전에 결정된 진료비총액을 지급하는 방식
④ 포괄수가제(Case-Payment) : 환자에게 제공하는 진찰·검사·수술·투약 등 진료의 횟수와 상관없이 미리 정해진 진료비를 한꺼번에 지급하는 제도

17 국민건강보험법에서 규정한 요양급여 대상이 아닌 것은?

① 질병

② 부상

③ 교통사고

④ 출산

 국민건강보험법 제41조〈요양급여〉… 가입자와 피부양자의 질병, 부상, 출산 등에 대하여 요양급여를 실시한다.

18 우리나라 의료기관 인증제도에 대한 설명으로 가장 옳지 않은 것은?

① 의료기관 인증제는 모든 의료기관을 대상으로 하고 있으며, 모든 의료기관은 3년마다 의무적으로 인증신청을 하여야 한다.

② 요양병원은 의무적으로 인증신청을 하도록 의료법에 명시되어 있다.

③ 상급종합병원으로 지정받고자 하는 병원급 의료기관은 인증을 받아야 한다.

④ 전문병원으로 지정받고자 하는 병원급 의료기관은 인증을 받아야 한다.

 ① 의료기관 인증제도는 모든 의료기관을 대상으로 하고 있다. 따라서 병원급 이상 의료기관은 자율적으로 인증을 신청할 수 있다. 다만, 요양병원과 정신병원은 의료 서비스의 특성 및 환자의 권익 보호 등을 고려하여 2013년부터 의무적으로 인증신청을 하도록 의료법에 명시되어 있다.

19 다음 중 응급의료비용 미수금 대지급제도에 대한 설명으로 옳지 않은 것은?

① 의료기관이 응급의료를 거부하는 폐해를 없애고 인간생명의 존엄성을 유지하기 위해 도입되었다.

② 응급증상이 아닌 경우라도 응급실을 이용했다면 응급의료비용 미수금 대지급제도를 이용할 수 있다.

③ 진료비 지불능력이 있는 경우에는 응급의료비용 미수금 대지급제도를 이용할 수 없다.

④ 이 제도를 이용하기 위해서는 응급환자 및 보호자는 병원에 비치되어 있는 「응급진료비 미납 확인서」를 작성하여 병원에 제출하여야 한다.

 응급의료비용 미수금 대지급제도를 이용하기 위해서는 반드시 응급증상으로 진료 받은 경우에만 가능하다. 응급증상에 해당되지 않으면서 응급실을 이용했다는 이유만으로 이 제도를 이용하실 수 있는 것은 아니다.

20 요양급여와 관련하여 비용을 심사하고 급여의 적정성을 평가하는 기관으로 가장 옳은 것은?

① 보건복지부

② 국민건강보험공단

③ 건강보험심사평가원

④ 보건소

 건강보험심사평가원의 업무〈국민건강보험법 제63조〉
  ㉠ 요양급여비용의 심사
  ㉡ 요양급여의 적정성 평가
  ㉢ 심사기준 및 평가기준의 개발
  ㉣ ㉠부터 ㉢까지의 규정에 따른 업무와 관련된 조사연구 및 국제협력
  ㉤ 다른 법률에 따라 지급되는 급여비용의 심사 또는 의료의 적정성 평가에 관하여 위탁받은 업무
  ㉥ 건강보험과 관련하여 보건복지부장관이 필요하다고 인정한 업무
  ㉦ 그 밖에 보험급여 비용의 심사와 보험급여의 적정성 평가와 관련하여 대통령령으로 정하는 업무
   • 요양급여비용의 심사청구와 관련된 소프트웨어의 개발 · 공급 · 검사 등 전산 관리
   • 지급되는 요양비 중 보건복지부령으로 정하는 기관에서 받은 요양비에 대한 심사
   • 요양급여의 적정성 평가 결과의 공개
   • 업무를 수행하기 위한 환자 분류체계의 개발 · 관리
   • 업무와 관련된 교육 · 홍보

Answer → 17.③ 18.① 19.② 20.③

1 프로토콜에 대한 설명으로 옳지 않은 것은?

① ARP는 데이터 링크 계층의 프로토콜로 MAC 주소에 대해 해당 IP 주소를 반환해 준다.

② UDP를 사용하면 일부 데이터의 손실이 발생할 수 있지만 TCP에 비해 전송 오버헤드가 적다.

③ MIME는 텍스트, 이미지, 오디오, 비디오 등의 멀티미디어 전자우편을 위한 규약이다.

④ DHCP는 한정된 개수의 IP 주소를 여러 사용자가 공유할 수 있도록 동적으로 가용한 주소를 호스트에 할당해준다.

> (Tip) 프로토콜이란 컴퓨터 간에 정보를 주고받을 때의 통신방법에 대한 규칙과 약속이다.
> ARP는 IP 네트워크 상에서 IP 주소를 물리적 네트워크 주소로 대응시키기 위해 사용되는 프로토콜이다.

2 클라우드 컴퓨팅 서비스 모델과 이에 대한 설명이 바르게 짝지어진 것은?

> ㉠ 응용소프트웨어 개발에 필요한 개발 요소들과 실행 환경을 제공하는 서비스 모델로서, 사용자는 원하는 응용소프트웨어를 개발할 수 있으나 운영체제나 하드웨어에 대한 제어는 서비스 제공자에 의해 제한된다.
> ㉡ 응용소프트웨어 및 관련 데이터는 클라우드에 호스팅 되고 사용자는 웹 브라우저 등의 클라이언트를 통해 접속하여 응용소프트웨어를 사용할 수 있다.
> ㉢ 사용자 필요에 따라 가상화된 서버, 스토리지, 네트워크 등의 인프라 자원을 제공한다.

	IaaS	PaaS	SaaS
①	㉢	㉡	㉠
②	㉡	㉠	㉢
③	㉢	㉠	㉡
④	㉠	㉢	㉡

클라우드는 서비스 모델에 따라 크게 3가지로 분류된다. 가상 컴퓨팅 시스템이나 네트워크를 만들 수 있게 해주는 IaaS(Infrastructure as a Service), 브라우저를 통해 인터넷상에서 보편적으로 이용할 수 있는 애플리케이션을 나타내주는 SaaS(Software as a Service), 애플리케이션을 구축할 개발 환경을 만들어주는 PaaS(Platform as a Service)가 있다.

3 다음 C 언어로 작성된 프로그램의 실행 결과에서 세 번째 줄에 출력되는 것은?

```c
#include <stdio.h>
int func(int num) {
    if(num == 1)
        return 1;
    else
        return  num * func(num - 1);
}
int main() {
    int i;
    for(i = 5; i >= 0; i--) {
        if(i % 2 == 1)
            printf("func(%d) : %d\n", i, func(i));
    }
    return 0;
}
```

① func(3) : 6   ② func(2) : 2

③ func(1) : 1   ④ func(0) : 0

 for문은 5부터 하나씩 감소하며 반복하고, if문을 보면 i값이 홀수인 경우에만 printf문이 수행된다. 즉, i값이 5, 3, 1일 때 출력이 되며, 위의 문제에서 세 번째 줄에 출력되는 것이므로 1일때만 생각하면 된다. i값이 1일 때 func함수의 num변수가 1이 되므로 결과적으로 1이 반환되면 출력되는 것은 func(1):1이 된다.

Answer⤷ 1.① 2.③ 3.③

4 데이터 통신의 표준참조모델인 OSI모델의 각 계층에 대한 설명으로 옳지 않은 것은?

① 물리 계층은 송수신 시스템의 연결에서 전송 매체의 종류, 송수신되는 신호의 전압 레벨 등을 정의한다.

② 네트워크 계층은 송수신 컴퓨터의 응용프로그램 간 송수신되는 데이터의 구문과 의미에 관련된 기능으로 변환, 암호화, 압축을 수행한다.

③ 전송 계층은 연결된 네트워크의 기능이나 특성에 영향을 받지 않고 오류제어와 흐름 제어 기능을 수행하여 신뢰성 있는 데이터 전송을 보장하는 것으로, 프로토콜은 TCP, UDP 등이 있다.

④ 응용 계층은 최상위 계층으로 프로토콜은 FTP, HTTP 등이 있다.

 ② 네트워크 계층은 데이터를 목적지까지 안전하고 빠르게 전달하기 위해 라우팅, 흐름제어, 단편화, 오류제어 등을 수행한다. IP주소를 사용하며 네트워크 계층의 대표적인 장비로 라우터와 Layer3 스위치가 있다.

5 IoT(Internet of Things)기기의 확산 등으로 예상되는 인터넷 주소의 고갈 문제를 해결하기 위한 것은?

① HTTPS

② IPv4

③ IPv6

④ Common Gateway Interface

 IPv6 … 32비트의 주소 공간을 지원하는 현재의 IP프로토콜은 이론상으로 호스트를 최대 232개까지 수용할 수 있다. 호스트의 주소 공간을 대폭 확장한 IPv6(IP 버전 6)은 기존 인터넷 환경에서 사용하는 IPv4(IP 버전 4)를 대체하기 위한 차세대 프로토콜이다.

6 안드로이드에 대한 설명으로 옳지 않은 것은?

① 안드로이드는 구글이 중심이 되어 개발하는 휴대 단말기용 플랫폼이다.

② 일반적으로 안드로이드 애플리케이션의 네 가지 구성요소는 액티비티, 방송 수신자, 서비스, 콘텐츠 제공자이다.

③ 보안, 메모리 관리, 프로세스 관리, 네트워크 관리 등 핵심 서비스는 리눅스에 기초하여 구현되었다.

④ 콘텐츠 제공자는 UI 컴포넌트를 화면에 표시하고, 시스템이나 사용자의 반응을 처리할 수 있다.

안드로이드 … 휴대폰용 운영체제 미들웨어 응용프로그램을 한데 묶은 소프트웨어 플랫폼으로서 2007년 11월에 공개되었다. 실질적으로는 세계적 검색엔진 업체인 구글(Google)사가 작은 회사인 안드로이드사를 인수하여 개발하였으며, 따라서 '구글 안드로이드'라고도 한다. 안드로이드는 리눅스(Linux) 2.6 커널을 기반으로 강력한 운영체제(OS ; operating system)와 포괄적 라이브러리 세트, 풍부한 멀티미디어 사용자 인터페이스, 폰 애플리케이션 등을 제공한다. 컴퓨터에서 소프트웨어와 하드웨어를 제어하는 운영체제인 '윈도'에 비유할 수 있는데, 휴대폰에 안드로이드를 탑재하여 인터넷과 메신저 등을 이용할 수 있으며, 휴대폰뿐 아니라 다양한 정보 가전 기기에 적용할 수 있는 연동성도 갖추고 있다. 안드로이드가 기존의 휴대폰 운영체제인 마이크로소프트의 '윈도 모바일'이나 노키아의 '심비안과 차별화되는 것은 완전 개방형 플랫폼이라는 점이다. 종전에는 휴대폰 제조업체와 서비스업체마다 운영체제가 달라 개별적으로 응용프로그램을 만들어야 했다. 이에 비하여 안드로이드는 기반 기술인 '소스 코드'를 모두 공개함으로써 누구라도 이를 이용하여 소프트웨어와 기기를 만들어 판매할 수 있도록 하였다. 개발자들은 이를 확장, 대체 또는 재사용하여 사용자들에게 풍부하고 통합된 모바일 서비스를 제공할 수 있게 된 것이다.

7 다른 컴퓨터 시스템들과의 통신이 개방된 시스템 간의 연결을 다루는 OSI 모델에서 〈보기〉가 설명하는 계층은?

〈보기〉

물리적 전송 오류를 감지하는 기능을 제공하여 송·수신호스트가 오류를 인지할 수 있게 해주며, 컴퓨터 네트워크에서의 오류 제어(error control)는 송신자가 송신한 데이터를 재전송(retransmission)하는 방법으로 처리한다.

① 데이터 링크 계층   ② 물리 계층
③ 전송 계층   ④ 표현 계층

 데이터 링크 계층 … 두 논리적 장치 사이의 데이터 수신과 송신을 담당하고 통신회선의 전송에 대응하는 데이터링크 프로토콜을 실행하는 OSI의 7개 계층 가운데 하위에서 두 번째 계층에 해당되는 것으로 물리층의 상위층이다. 물리적 계층에서 발생하는 오류를 발견하고 수정하는 기능을 맡고 링크의 확립, 유지, 단절의 수단을 제공한다.

8 TCP/IP 프로토콜에서 TCP 및 UDP에 대한 설명으로 옳지 않은 것은?

① TCP와 UDP는 전송 계층(transport layer)의 프로토콜이다.

② UDP는 중복 전달 및 전송 오류를 허용한다.

③ TELNET, SNMP, TFTP는 TCP 서비스를 이용하는 응용 계층(application layer) 프로토콜이다.

④ TCP는 신뢰성 있는 통신을 제공하기 위한 연결형 프로토콜이다.

 TCP 및 UDP

　㉠ UDP(User Datagram Protocol)
　　• Datagram : 발신 단말에서 수신 단말로의 경로를 결정하는 정보를 가지고 있는 패킷의 일종
　　• 비연결형 서비스를 지원한다.
　　• 연결설정 및 해제설정 없이 데이터를 전송하는 방식
　　• 정해진 경로가 없기 때문에 전송된 패킷이 서로 다른 경로로 목적지에 도착한다. → 데이터가 순서대로 도착하지 않음
　　• 신뢰성이 없다. → 데이터가 잘 전송되었는지 확인하지 않는다.
　　• TCP보다 구조가 단순해 전송 효율이 좋으며, 고속 전송이 필요한 환경에 유용하다. **예** 동영상 스트리밍
　㉡ TCP(Transmission Control Protocol)
　　• 연결형 서비스를 지원한다.
　　• 데이터 전송 전에 연결을 미리 설정하여 송신하는 방식
　　• 데이터가 모두 동일한 경로를 이용하기 때문에 보내는 순서대로 목적지에 도착한다.
　　• 신뢰성 있는 데이터 전송을 보장한다. → 패킷의 중복, 분실, 순서 바뀜을 자동으로 해결해 줌
　　• ACK(Acknowledgement : 패킷을 받았다고 응답하는 것)을 통해 패킷의 손실을 막는다.
　　• 데이터 전송 시 순서 번호를 같이 전송하여, 데이터의 순서를 보장한다.
　　• 데이터 전송 속도가 UDP에 비해 느리다.

9 통신 연결 장치와 그 장치가 동작하는 OSI(Open Systems Interconnection) 계층이 바르게 짝지어진 것은?

> ㉠ 네트워크 계층(network layer)
> ㉡ 데이터 링크 계층(data link layer)
> ㉢ 물리 계층(physical layer)

	라우터(router)	브리지(bridge)	리피터(repeater)
①	㉠	㉡	㉢
②	㉡	㉠	㉢
③	㉡	㉢	㉠
④	㉢	㉡	㉠

　㉠ 네트워크 계층 – 라우터　㉡ 데이터 링크 계층 – 브리지　㉢ 물리 계층 – 리피터
※ OSI 계층
　㉠ Physical(＝물리 계층)
　•상위 계층에서 내려온 비트들을 전송 매체를 통하여 어떤 전기적 신호로 전송할 것인가를 담당
　•1계층의 대표적인 장비로 허브와 리피터가 있음
　㉡ Data Link(＝데이터 링크 계층)
　•신호수준의 데이터 비트들이 물리 계층을 통과하면 데이터 블록을 형성, 이 데이터 블록에 대한 전송을 담당
　•인접한 개방형 시스템 간에 발생하는 다음과 같은 문제를 담당
　– 데이터 블록의 시작과 끝을 인식하는 동기화 문제
　– 발생된 오류를 검출하고 복원하는 오류문제 및 혼선 제어문제
　•2계층의 대표적인 장비로 스위치와 브리지가 있음
　㉢ Network(＝네트워크 계층)
　•송신측과 수신측 사이에 보이지 않는 논리적인 링크를 구성
　•데이터를 패킷(packet) 단위로 분할하여 전송한 후 조립함
　•패킷 전송의 최적의 경로를 찾아주는 라우팅 기능 제공
　•3계층의 대표적인 장비로 라우터와 Layer 3 스위치가 있음
　㉣ Transport(＝전송 계층)
　•사용자와 사용자, 컴퓨터와 컴퓨터 간에 연결을 확립하고 유지
　•송수신 시스템 간의 논리적인 안정과 균일한 서비스 제공
　•세션 계층에서 넘어온 데이터를 세그먼트(segment) 단위로 분할하고 번호를 붙임
　•오류 검출 코드를 추가하고 통신 흐름 제어를 제공
　㉤ Session(＝세션 계층)
　•세션을 확립하여 순차적인 대화의 흐름이 원활하게 이루어지도록 동기화 기능 제공
　•데이터 전송 방향 결정
　㉥ Presentation(＝표현 계층)
　•데이터를 표현하는 방식을 다루는 계층으로 데이터의 안정성을 높이기 위해 데이터 압축이나, 데이터 암호화 기능 제공
　•상이한 데이터 표현을 서로 가능케 하는 표준인터페이스 제공
　㉦ Application(＝응용 계층) : 사용자의 응용 P・G(Program)이 네트워크 환경에 접근하는 창구역할을 하는 최상위 계층

Answer　→ 8.③　9.①

10 IT 기술에 관한 설명으로 옳지 않은 것은?

① IoT(Internet of Things)는 각종 사물에 센서와 통신 기능을 내장하여 인터넷에 연결하는 기술이다.

② 공용 클라우드(public cloud)는 한 기업의 정보 보안을 위해 내부 데이터 센터의 기능을 강화한 형태이다.

③ 빅데이터는 수집·저장된 대량의 정형 또는 비정형 데이터 집합으로부터 가치를 추출하고 결과를 분석하는 기술이다.

④ 가상현실은 가상의 공간과 사물을 컴퓨터에서 만들어, 인간 오감을 활용한 작용으로 현실 세계에서는 경험하지 못하는 상황을 간접적으로 체험할 수 있도록 해준다.

 ② 공용 클라우드(public cloud)는 불특정 다수의 개인이나 기업을 대상으로 제공되는 개방형 클라우드로 외부 서비스 제공자가 관리하며, 인터넷을 통해 접근하기도 하며, 공적업무를 위해 이용된다.

① 사물 인터넷(IoT)은 각종 사물에 센서와 통신 기능을 내장하여 사물이 유무선 네트워크(인터넷 등)를 통해서 서로 정보를 수집하거나 공유하면서 상호작용함으로써 사물이 통신의 주체로 참여하여 기계가 능동적으로 인간을 지원하는 서비스를 창출하는 기술이다.

※ **사설 클라우드** ··· 한 기업의 정보 보안을 위해 내부 데이터 센터의 기능을 강화하여 내부 사용자들에게만 서비스를 제공하는 폐쇄형 클라우드이다.

11 다음 자바 코드를 컴파일할 때, 문법 오류가 발생하는 부분은?

```java
class Person {
  private String name;
  public int age;
  public void setAge(int age) {
      this.age = age;
  }
  public String toString() {
      return("name: " + this.name + ", age : " + this.age);
  }
}
public class PersonTest {
  public static void main(String[] args) {
      Person a = new Person();          //    ㉠
      a.setAge(27);                     //    ㉡
      a.name = "Gildong";               //    ㉢
      System.out.println(a);            //    ㉣
  }
}
```

① ㉠   ② ㉡

③ ㉢   ④ ㉣

 ㉢ 클래스 Person의 인스턴스 변수 name은 private 변수이므로 Person 외부에서 직접적으로 참조할 수 없다. 참조가 가능하기 위해서는 public 변수로 선언하거나 메소드 호출로 접근해야 한다.

Answer⌐→ 10.② 11.③

12 〈보기〉 중 우리가 흔히 인터넷을 통해 비용을 지불하거나 혹은 무료로 사용하는, 클라우드 저장 서버에 대한 분류로 옳은 것을 모두 고르면?

〈보기〉
㉠ Public cloud
㉡ Private cloud
㉢ Software as a service(Saas)
㉣ Platform as a service(Paas)
㉤ Infrastructure as a service(Iaas)

① ㉠, ㉢   ② ㉠, ㉤

③ ㉡, ㉢   ④ ㉡, ㉣

 ㉠ **공공형 클라우드(Public cloud)** : 클라우드 서비스 이용 대상을 제한하지 않는 방식으로 누구나 네트워크에 접속해 신용카드 등의 결제만으로 서비스에 접근할 수 있고 사용한 만큼 지불하는(Pay-as-you-go) 구조를 갖는 공중 인프라를 말한다. 포털 사이트처럼 외부 데이터 센터를 이용하는 형태이다. 불특정 다수의 개인이나 기업 고객을 대상으로 제공된다.

㉤ **서비스형 인프라[Infrastructure as a service(Iaas)]** : 서버, 스토리지, 소프트웨어 등 정보통신기술(ICT) 자원을 구매하여 소유하지 않고, 필요 시 인터넷을 통해 서비스 형태(as a Service)로 이용하는 방식. 클라우드 컴퓨팅에서 가상화 기술을 활용하여 CPU, 메모리 등을 활용한 컴퓨팅 서비스와 데이터를 보관하고 관리할 수 있는 스토리지 서비스 및 분산 응용 소프트웨어간 통신 네트워크 서비스 등의 자원을 사용한 만큼 비용을 청구하는 서비스가 확산되고 있다.

13 다음의 설명과 무선 PAN 기술이 옳게 짝지어진 것은?

> (개) 다양한 기기 간에 무선으로 데이터 통신을 할 수 있도록 만든 기술로 에릭슨이 IBM, 노키아, 도시바와 함께 개발하였으며, IEEE 802.15.1 규격으로 발표되었다.
> (내) 약 10 cm 정도로 가까운 거리에서 장치 간에 양방향 무선 통신을 가능하게 해주는 기술로 모바일 결제 서비스에 많이 활용된다.
> (대) IEEE 802.15.4 기반 PAN기술로 낮은 전력을 소모하면서 저가의 센서 네트워크 구현에 최적의 방안을 제공하는 기술이다.

	(개)	(내)	(대)
①	Bluetooth	NFC	ZigBee
②	ZigBee	RFID	luetooth
③	NFC	RFID	ZigBee
④	Bluetooth	ZigBee	RFID

(개) 블루투스[Bluetooth] : 블루투스(Bluetooth)는 휴대폰, 노트북, 이어폰·헤드폰 등의 휴대기기를 서로 연결해 정보를 교환하는 근거리 무선 기술 표준을 뜻한다. 주로 10미터 안팎의 초단거리에서 저전력 무선 연결이 필요할 때 쓰인다.

(내) 근거리 무선 통신[Near Field Communication] : 13.56MHz 대역의 주파수를 사용하여 약 10cm 이내의 근거리에서 데이터를 교환할 수 있는 비접촉식 무선통신 기술로서 스마트폰 등에 내장되어 교통카드, 신용카드, 멤버십카드, 쿠폰, 신분증 등 다양한 분야에서 활용될 수 있는 성장 잠재력이 큰 기술이다.

(대) 지그비[ZigBee] : 주로 양방향 무선 개인 영역 통신망(WPAN) 기반의 홈 네트워크 및 무선 센서망에서 사용되는 기술로 지그비 얼라이언스(zigbee alliance)에서 IEEE 802.15.4 물리 계층(PHY, MAC) 표준 기술을 기반으로 상위 프로토콜 및 응용 프로파일을 표준화하였다.

14 다음 Java 프로그램의 출력 결과는?

```java
class Foo {
    public int a = 3;
    public void addValue(int i) {
        a = a + i;
        System.out.println("Foo : "+ a + " " );
    }
    public void addFive() {
        a += 5;
        System.out.println("Foo : "+ a + " " );
    }
}

class Bar extends Foo {
    public int a = 8;
    public void addValue(double i) {
        a = a + (int)i;
        System.out.println("Bar : "+ a + " " );
    }
    public void addFive() {
        a += 5;
        System.out.println("Bar : "+ a + " " );
    }
}

public class Test {
    public static void main(String [] args) {
        Foo f = new Bar();
        f.addValue(1);
        f.addFive();
    }
}
```

① Foo : 4

　Foo : 9

② Bar : 9

　Foo : 8

③ Foo : 4

　Bar : 13

④ Bar : 9

　Bar : 14

 Foo 클래스를 Bar 클래스가 상속하고 있다. Foo, Bar 클래스 모두 동일하게 멤버변수로 a
를 가지고 있고, 멤버 메소드로는 addFive를 가지고 있다.

　Foo = new Bar()이 코드에서 f라는 인스턴스 변수를 선언하되, Foo(부모 클래스)형으로
선언한다. 이는, f를 통해서, 접근할 수 있는 범위가 Foo형이라는 의미이다. 그리고 new
Bar()의 의미는, Bar(자식 클래스)형의 생성자를 호출하여 실제로 Bar 클래스의 인스턴스
를 생성하고, (자식 클래스의 생성자에서는, 기본적으로 부모 클래스의 생성자를 먼저 호출
하기 때문에, 부모 클래스인 Foo 클래스의 내용물도 생성한다.) 이를 인스턴스 변수에 저
장하고 있다.

　f.addFive()를 보면, f는 기본적으로 Foo 클래스에만 접근할 수 있다고 했지만, 그것이
overriding 된 메소드이기 때문에, 실제 내용물인 Bar의 addFive 메소드가 호출된다. Bar
클래스의 addFive 메소드를 살펴보면, a += 5 ; 는 현재 자기 자신의 a에 5를 누적하므로
13이 된다.

※ 오버라이딩과 메소드

　㉠ 오버라이딩(Overriding) : 오버라이딩은 "메소드 재정의"라고도 불리며 이는 서로 상속
관계로 이루어진 객체들 간의 관계에서 비롯된다. super 클래스가 가지는 메소드를
sub 클래스에서 똑같은 것을 새롭게 만들게 되면, 더 이상 super 클래스의 이름이
같은 메소드를 호출할 수 없게 된다. 이를 Overriding이라 하고 또는 멤버 은폐라고
도 한다.

　㉡ 메소드 : 자주 필요한 수행 문장들을 독립적으로 정의하는 단위로 호출 가능한 프로그
램 모듈이다.

Answer ⏎ → 14.③

15 빅데이터에 대한 설명으로 옳지 않은 것은?

① 빅데이터의 특성을 나타내는 3V는 규모(Volume), 속도(Velocity), 가상화(Virtualization)를 의미한다.

② 빅데이터는 그림, 영상 등의 비정형 데이터를 포함한다.

③ 자연어 처리는 빅데이터 분석기술 중의 하나이다.

④ 시각화(visualization)는 데이터 분석 결과를 쉽게 이해할 수 있도록 표현하는 기술이다.

 빅데이터(Big Data)

㉠ 빅데이터란 디지털 환경에서 생성되는 데이터로 그 규모가 방대하고, 생성 주기도 짧고, 형태도 수치 데이터뿐 아니라 문자와 영상 데이터를 포함하는 대규모 데이터를 말한다.

㉡ 빅데이터의 공통적 특징은 3V로 설명할 수 있다.

- 3V는 데이터의 크기(Volume), 데이터의 속도(Velocity), 데이터의 다양성(variety)을 나타내며 이러한 세 가지 요소의 측면에서 빅데이터는 기존의 데이터베이스와 차별화된다.
- 데이터 크기(Volume)는 단순 저장되는 물리적 데이터양을 나타내며 빅데이터의 가장 기본적인 특징이다.
- 데이터 속도(Velocity)는 데이터의 고도화된 실시간 처리를 뜻한다. 이는 데이터가 생성되고, 저장되며, 시각화되는 과정이 얼마나 빠르게 이뤄져야 하는지에 대한 중요성을 나타낸다.
- 다양성(Variety)은 다양한 형태의 데이터를 포함하는 것을 뜻한다. 정형 데이터뿐만 아니라 사진, 오디오, 비디오, 소셜 미디어 데이터, 로그 파일 등과 같은 비정형 데이터도 포함된다.

16 유닉스 운영체제에 대한 설명으로 옳지 않은 것은?

① 계층적 파일시스템과 다중 사용자를 지원하는 운영체제이다.

② BSD 유닉스의 모든 코드는 어셈블리 언어로 작성되었다.

③ CPU 이용률을 높일 수 있는 다중 프로그래밍 기법을 사용한다.

④ 사용자 프로그램은 시스템 호출을 통해 커널 기능을 사용할 수 있다.

　　㉠ 유닉스 운영체제(UNIX) : 1969년에 미국의 벨 연구소에서 켄 톰슨과 데니스 리치에 의해 개발한 이식성이 있는 다중 작업, 다중 사용자의 계층구조형 운영체제이다. 처음에는 어셈블리어로 개발되었지만 데니스 리치가 1971년에 개발한 C언어로 1973년에 유닉스를 다시 만들어 유닉스는 고급언어로 작성된 최초의 운영체제가 되었다.

　　㉡ 유닉스의 특징 : 컴퓨터 시스템 자원을 효율적으로 사용하기 위한 운영체제로 PC뿐 아니라 워크스테이션, 서버 및 중대형 컴퓨터 등 다양한 환경에서 동작하며 고급언어로 개발되어 쉽게 이식할 수 있고 필요한 기능을 쉽게 구현할 수 있다.

　※ 유닉스 계열의 운영체제 BSD(Berkeley Software Distribution) 운영체제

　　㉠ AT&T가 매우 저렴한 가격에 소스코드를 버클리 대학의 소프트웨어 재단에 판매하였으며 버클리 대학에서 소스 코드를 수정, 보완하면서 네트워크 기능을 탑재한 BSD 버전을 출시하여 널리 사용된다.

　　㉡ 유닉스의 구조는 커널, 쉘, 유틸리티와 파일시스템이 있다.

　　　• 커널 : 운영체제의 중심이 되는 부분으로 컴퓨터 내부의 기능을 조정하는 핵심요소로 시스템의 하드웨어를 제어하며 주메모리 관리, 작업관리, 파일관리가 있다.

　　　• 쉘 : 사용자와 커널 사이의 중간자 역할을 담당하며 사용자가 입력한 명령을 해석하여 커널에 넘겨주면 커널이 명령의 수행결과를 돌려주고 쉘은 다시 사용자에게 이해할 수 있는 형태로 바꾸어 출력한다.

　　　• 유틸리티 : 유닉스는 각종 개발도구, 문서 편집도구, 네트워크 관련 도구 등 매우 다양한 유틸리티를 제공한다.

Answer ↪ 15.① 16.②

17 다음 Java 프로그램이 실행될 수 있도록 ㉠~㉢을 옳게 짝지은 것은?

```
import java.util.Stack;

public class StackDemo1 {
    public static void main(String[] args) {
        Stack< ㉠ > stack = ㉡ Stack<>();
        stack.push("java");
        stack.push("stack");
        stack.push("demo");

        ㉢ popResult = stack.pop();
        System.out.println(popResult);

        popResult = stack.pop();
        System.out.println(popResult);

        popResult = stack.pop();
        System.out.println(popResult);
    }
}
```

	㉠	㉡	㉢
①	String	create	String
②	Object	create	String
③	Object	new	char
④	String	new	Object

- STACK : LIFO 구조로 마지막에 들어온 것 부터 먼저 내보내는 후입선출 구조이다.
- PUSH : 데이터가 입력돼서 쌓이는 데이터는 가장 나중에 쌓인 데이터가 가장 위로 올라와 있는데 이때, 데이터를 입력하는 연산을 말한다.
- POP : 삭제 연산이 들어가게 되면 가장 위에 있는 데이터, 즉 가장 나중에 입력된 데이터부터 삭제가 되는데 이때, 데이터를 제거하는 연산을 말한다.
  - ㉠ stack.push에 ("java"),("stack"),("demo");와 같은 문자열이 삽입(push)되고 있으므로 ㉠ 위치에는 String로 지정해준다
  - ㉡ 자바에서 stack은 클래스로 구현, 사용하기 위해서는 새로운 객체 생성해야 하므로 객체생성 연산자는 new 예약어이므로 ㉡ 위치에 new Stack<>이라고 객체를 생성한다.
  - ㉢ popResult = stack.pop();
    System.out.println(popResult);를 보면
    popResult라는 변수에 stack으로 부터 삭제(pop)되어 나오는 값을 넘겨받은 뒤 출력
    popResult 변수를 선언한 부분이 없기 때문에 ㉢ 위치에서 변수를 선언하고 생성
    넘겨받을 값의 데이터 형식이 문자열이기 때문에 String 이나, Object를 사용할 수 있다.

18 다음 Java 프로그램의 출력 결과는?

```java
public class Foo {
    public static void main(String[] args) {
        int i, j, k;
        for (i = 1, j = 1, k = 0; i < 5; i++ ) {
            if ((i % 2) == 0)
                continue;
            k += i * j++;
        }
        System.out.println(k);
    }
}
```

① 5

② 7

③ 11

④ 15

- int i, j, k; 문에서 시작한다.

  if ((i % 2) == 0)는 조건에 맞지 않으므로 if 문을 생략하고 그 다음을 실행한다.

  k += i * j++; → j 뒤에 ++가 있으며 j값 1 증가

  k += 1 * 1 → k값에 1을 더해 1이 되고, j는 1이 증가하여 2가 된다.

- i가 1 증가해 → for (i = 3, j = 2, k = 1;에서 for 문 실행한다.

  if ((i % 2) == 0)은 조건에 맞으므로 continue; 가 실행되며 이후는 생략하고 다시 for 문으로 돌아간다.

- i가 1 증가해 값은 3이 되고 → for (i = 3, j = 2, k = 1;에서 for문 실행한다.

  if ((i % 2) == 0)은 조건이 맞지 않으므로 다음을 실행한다.

  k += i * j++; → j 뒤에 ++가 있으며 j값 1증가

  k += 3 * 2 → k값에 6을 더해 7이 되고, j는 1이 증가하여 3이 된다.

- for (i = 4, j = 3, k = 7;에서 for 문 실행한다.

  if ((i % 2) == 0)은 조건에 맞으므로 continue; 가 실행되며 이후는 생략하고 다시 for 문으로 돌아간다.

- i < 5; i++)에서 i=5가 되어, 5<5는 조건에 맞지 않으므로 for문을 나와 System.out.println(k); 문을 실행하여 → k값 7을 출력한다.

  결과 : k값 7

19 유닉스(Unix)의 로그 파일과 기록되는 내용을 바르게 연결한 것은?

> ㉠ history : 명령창에 실행했던 명령 내역
> ㉡ sulog : su 명령어 사용 내역
> ㉢ xferlog : 실패한 로그인 시도 내역
> ㉣ loginlog : FTP 파일 전송 내역

① ㉠, ㉡

② ㉠, ㉢

③ ㉡, ㉢

④ ㉢, ㉣

 유닉스(Unix)의 로그 유형
㉠ history : 명령창에 실행했던 명령 내역
㉡ sulog : switch user 명령어 사용 내역
㉢ xferlog : FTP 파일 전송 내역
㉣ loginlog : 5번 이상 로그인 실패를 했을 때 로그인 실패 정보를 기록한다.

20 다음 〈보기〉에서 설명하고 있는 무선네트워크의 보안 프로토콜은 무엇인가?

> 〈보기〉
> AP와 통신해야 할 클라이언트에 암호화키를 기본으로 등록해 두고 있다. 그러나 암호화키를 이용해 128비트인 통신용 암호화키를 새로 생성하고, 이 암호화키를 10,000개 패킷마다 바꾼다. 기존보다 훨씬 더 강화된 암호화 세션을 제공한다.

① WEP(Wired Equivalent Privacy)

② TKIP(Temporal Key Integrity Protocol)

③ WPA-PSK(Wi-Fi Protected Access Pre Shared Key)

④ EAP(Extensible Authentication Protocol)

 WPA-PSK(Wi-Fi Protected Access Pre-Shared Key)
　㉠ 802.11i 보안 표준 중 일부분으로 WEP 방식의 보안 문제점을 해결하기 위해 만들었다.
　㉡ 암호화키를 이용해 128비트인 통신용 암호화키를 새로 생성하고 이 암호화키를 10,000개 패킷마다 바꾼다.
　㉢ WPA-PSK는 암호화 알고리즘으로 TKIP(Temporal Key Integrity Protocol) 또는 AES 알고리즘을 선택하여 사용하는 것이 가능하며, WEP보다 훨씬 더 강화된 암호화 세션을 제공한다.
　㉣ AP에 접속하는 사용자마다 같은 암호화키를 사용한다는 점이 보안상 미흡하다.

Answer ➭ 19.① 20.③

PART

IV

인성검사

01 인성검사의 개요

1 인성(성격)검사의 개념과 목적

인성(성격)이란 개인을 특징짓는 평범하고 일상적인 사회적 이미지, 즉 지속적이고 일관된 공적 성격(Public – personality)이며, 환경에 대응함으로써 선천적·후천적 요소의 상호작용으로 결정화된 심리적·사회적 특성 및 경향을 의미한다.

인성검사는 직무적성검사를 실시하는 대부분의 기업체에서 병행하여 실시하고 있으며, 인성검사만 독자적으로 실시하는 기업도 있다.

기업체에서는 인성검사를 통하여 각 개인이 어떠한 성격 특성이 발달되어 있고, 어떤 특성이 얼마나 부족한지, 그것이 해당 직무의 특성 및 조직문화와 얼마나 맞는지를 알아보고 이에 적합한 인재를 선발하고자 한다. 또한 개인에게 적합한 직무 배분과 부족한 부분을 교육을 통해 보완하도록 할 수 있다.

인성검사의 측정요소는 검사방법에 따라 차이가 있다. 또한 각 기업체들이 사용하고 있는 인성검사는 기존에 개발된 인성검사방법에 각 기업체의 인재상을 적용하여 자신들에게 적합하게 재개발하여 사용하는 경우가 많다. 그러므로 기업체에서 요구하는 인재상을 파악하여 그에 따른 대비책을 준비하는 것이 바람직하다. 본서에서 제시된 인성검사는 크게 '특성'과 '유형'의 측면에서 측정하게 된다.

2 성격의 특성

(1) 정서적 측면

정서적 측면은 평소 마음에서 당연시하는 자세나 정신상태가 얼마나 안정되어 있는지 또는 불안정한지를 측정한다.

정서의 상태는 직무수행이나 대인관계와 관련하여 태도나 행동으로 드러난다. 그러므로 정서적 측면을 측정하는 것에 의해, 장래 조직 내의 인간관계에 어느 정도 잘 적응할 수 있을까 (또는 적응하지 못할까)를 예측하는 것이 가능하다.

그렇기 때문에, 정서적 측면의 결과는 채용 시에 상당히 중시된다. 아무리 능력이 좋아도 장기적으로 조직 내의 인간관계에 잘 적응할 수 없다고 판단되는 인재는 기본적으로는 채용되지 않는다.

일반적으로 인성(성격)검사는 채용과는 관계없다고 생각하나 정서적으로 조직에 적응하지 못하는 인재는 채용단계에서 가려내지는 것에 유의하여야 한다.

① 민감성(신경도) … 꼼꼼함, 섬세함, 성실함 등의 요소를 통해 일반적으로 신경질적인지 또는 자신의 존재를 위협받는다는 불안을 갖기 쉬운지를 측정한다.

질문	전혀 그렇지 않다	그렇지 않다	그렇다	매우 그렇다
• 배려적이라고 생각한다. • 어지러진 방에 있으면 불안하다. • 실패 후에는 불안하다. • 세세한 것까지 신경쓴다. • 이유 없이 불안할 때가 있다.				

▶측정결과

㉠ '그렇다'가 많은 경우(상처받기 쉬운 유형) : 사소한 일에 신경 쓰고 다른 사람의 사소한 한마디 말에 상처를 받기 쉽다.

• 면접관의 심리 : '동료들과 잘 지낼 수 있을까?', '실패할 때마다 위축되지 않을까?'

• 면접대책 : 다소 신경질적이라도 능력을 발휘할 수 있다는 평가를 얻도록 한다. 주변과 충분한 의사소통이 가능하고, 결정한 것을 실행할 수 있다는 것을 보여주어야 한다.

㉡ '그렇지 않다'가 많은 경우(정신적으로 안정적인 유형) : 사소한 일에 신경 쓰지 않고 금방 해결하며, 주위 사람의 말에 과민하게 반응하지 않는다.

• 면접관의 심리 : '계약할 때 필요한 유형이고, 사고 발생에도 유연하게 대처할 수 있다.'

• 면접대책 : 일반적으로 '민감성'의 측정치가 낮으면 플러스 평가를 받으므로 더욱 자신감 있는 모습을 보여준다.

② **자책성(과민도)** … 자신을 비난하거나 책망하는 정도를 측정한다.

질문	전혀 그렇지 않다	그렇지 않다	그렇다	매우 그렇다
• 후회하는 일이 많다. • 자신이 하찮은 존재라 생각된다. • 문제가 발생하면 자기의 탓이라고 생각한다. • 무슨 일이든지 끙끙대며 진행하는 경향이 있다. • 온순한 편이다.				

▶측정결과

㉠ '그렇다'가 많은 경우(자책하는 유형) : 비관적이고 후회하는 유형이다.
 • 면접관의 심리 : '끙끙대며 괴로워하고, 일을 진행하지 못할 것 같다.'
 • 면접대책 : 기분이 저조해도 항상 의욕을 가지고 생활하는 것과 책임감이 강하다는 것을 보여준다.
㉡ '그렇지 않다'가 많은 경우(낙천적인 유형) : 기분이 항상 밝은 편이다.
 • 면접관의 심리 : '안정된 대인관계를 맺을 수 있고, 외부의 압력에도 흔들리지 않는다.'
 • 면접대책 : 일반적으로 '자책성'의 측정치가 낮아야 좋은 평가를 받는다.

③ **기분성(불안도)** … 기분의 굴곡이나 감정적인 면의 미숙함이 어느 정도인지를 측정하는 것이다.

질문	전혀 그렇지 않다	그렇지 않다	그렇다	매우 그렇다
• 다른 사람의 의견에 자신의 결정이 흔들리는 경우가 많다. • 기분이 쉽게 변한다. • 종종 후회한다. • 다른 사람보다 의지가 약한 편이라고 생각한다. • 금방 싫증을 내는 성격이라는 말을 자주 듣는다.				

▶측정결과

㉠ '그렇다'가 많은 경우(감정의 기복이 많은 유형) : 의지력보다 기분에 따라 행동하기 쉽다.
 • 면접관의 심리 : '감정적인 것에 약하며, 상황에 따라 생산성이 떨어지지 않을까?'
 • 면접대책 : 주변 사람들과 항상 협조한다는 것을 강조하고 한결같은 상태로 일할 수 있다는 평가를 받도록 한다.
㉡ '그렇지 않다'가 많은 경우(감정의 기복이 적은 유형) : 감정의 기복이 없고, 안정적이다.
 • 면접관의 심리 : '안정적으로 업무에 임할 수 있다.'
 • 면접대책 : 기분성의 측정치가 낮으면 플러스 평가를 받으므로 자신감을 가지고 면접에 임한다.

④ **독자성(개인도)** ··· 주변에 대한 견해나 관심, 자신의 견해나 생각에 어느 정도의 속박감을 가지고 있는지를 측정한다.

질문	전혀 그렇지 않다	그렇지 않다	그렇다	매우 그렇다
• 창의적 사고방식을 가지고 있다. • 융통성이 있는 편이다. • 혼자 있는 편이 많은 사람과 있는 것보다 편하다. • 개성적이라는 말을 듣는다. • 교제는 번거로운 것이라고 생각하는 경우가 많다.				

▶측정결과

㉠ '그렇다'가 많은 경우 : 자기의 관점을 중요하게 생각하는 유형으로, 주위의 상황보다 자신의 느낌과 생각을 중시한다.
  • 면접관의 심리 : '제멋대로 행동하지 않을까?'
  • 면접대책 : 주위 사람과 협조하여 일을 진행할 수 있다는 것과 상식에 얽매이지 않는다는 인상을 심어준다.

㉡ '그렇지 않다'가 많은 경우 : 상식적으로 행동하고 주변 사람의 시선에 신경을 쓴다.
  • 면접관의 심리 : '다른 직원들과 협조하여 업무를 진행할 수 있겠다.'
  • 면접대책 : 협조성이 요구되는 기업체에서는 플러스 평가를 받을 수 있다.

⑤ **자신감**(자존심도) ··· 자기 자신에 대해 얼마나 긍정적으로 평가하는지를 측정한다.

질문	전혀 그렇지 않다	그렇지 않다	그렇다	매우 그렇다
• 다른 사람보다 능력이 뛰어나다고 생각한다. • 다소 반대의견이 있어도 나만의 생각으로 행동할 수 있다. • 나는 다른 사람보다 기가 센 편이다. • 동료가 나를 모욕해도 무시할 수 있다. • 대개의 일을 목적한 대로 헤쳐나갈 수 있다고 생각한다.				

▶측정결과

㉠ '그렇다'가 많은 경우 : 자기 능력이나 외모 등에 자신감이 있고, 비판당하는 것을 좋아하지 않는다.
 • 면접관의 심리 : '자만하여 지시에 잘 따를 수 있을까?'
 • 면접대책 : 다른 사람의 조언을 잘 받아들이고, 겸허하게 반성하는 면이 있다는 것을 보여주고, 동료들과 잘 지내며 리더의 자질이 있다는 것을 강조한다.
㉡ '그렇지 않다'가 많은 경우 : 자신감이 없고 다른 사람의 비판에 약하다.
 • 면접관의 심리 : '패기가 부족하지 않을까?', '쉽게 좌절하지 않을까?'
 • 면접대책 : 극도의 자신감 부족으로 평가되지는 않는다. 그러나 마음이 약한 면은 있지만 의욕적으로 일을 하겠다는 마음가짐을 보여준다.

⑥ 고양성(분위기에 들뜨는 정도) … 자유분방함, 명랑함과 같이 감정(기분)의 높고 낮음의 정도를 측정한다.

질문	전혀 그렇지 않다	그렇지 않다	그렇다	매우 그렇다
• 침착하지 못한 편이다. • 다른 사람보다 쉽게 우쭐해진다. • 모든 사람이 아는 유명인사가 되고 싶다. • 모임이나 집단에서 분위기를 이끄는 편이다. • 취미 등이 오랫동안 지속되지 않는 편이다.				

▶측정결과

㉠ '그렇다'가 많은 경우 : 자극이나 변화가 있는 일상을 원하고 기분을 들뜨게 하는 사람과 친밀하게 지내는 경향이 강하다.

• 면접관의 심리 : '일을 진행하는 데 변덕스럽지 않을까?'

• 면접대책 : 밝은 태도는 플러스 평가를 받을 수 있지만, 착실한 업무능력이 요구되는 직종에서는 마이너스 평가가 될 수 있다. 따라서 자기조절이 가능하다는 것을 보여준다.

㉡ '그렇지 않다'가 많은 경우 : 감정이 항상 일정하고, 속을 드러내 보이지 않는다.

• 면접관의 심리 : '안정적인 업무 태도를 기대할 수 있겠다.'

• 면접대책 : '고양성'의 낮음은 대체로 플러스 평가를 받을 수 있다. 그러나 '무엇을 생각하고 있는지 모르겠다' 등의 평을 듣지 않도록 주의한다.

⑦ 허위성(진위성) … 필요 이상으로 자기를 좋게 보이려 하거나 기업체가 원하는 '이상형'에 맞
춘 대답을 하고 있는지, 없는지를 측정한다.

질문	전혀 그렇지 않다	그렇지 않다	그렇다	매우 그렇다
• 약속을 깨뜨린 적이 한 번도 없다. • 다른 사람을 부럽다고 생각해 본 적이 없다. • 꾸지람을 들은 적이 없다. • 사람을 미워한 적이 없다. • 화를 낸 적이 한 번도 없다.				

▶측정결과
㉠ '그렇다'가 많은 경우 : 실제의 자기와는 다른, 말하자면 원칙으로 대답할 가능성이 있다.
 • 면접관의 심리 : '거짓을 말하고 있다.'
 • 면접대책 : 조금이라도 좋게 보이려고 하는 '거짓말쟁이'로 평가될 수 있다. '거짓을 말하고 있다.'
  는 마음 따위가 전혀 없다 해도 결과적으로는 정직하게 답하지 않는다는 것이 되어 버린다. '허
  위성'의 측정 질문은 구분되지 않고 다른 질문 중에 섞여 있다. 그러므로 모든 질문에 솔직하게
  답하여야 한다. 또한 자기 자신과 너무 동떨어진 이미지로 답하면 좋은 결과를 얻지 못한다. 그
  리고 면접에서 '허위성'을 기본으로 한 질문을 받게 되므로 당황하거나 또다른 모순된 답변을 하
  게 된다. 겉치레를 하거나 무리한 욕심을 부리지 말고 '이런 사회인이 되고 싶다.'는 현재의 자
  신보다, 조금 성장한 자신을 표현하는 정도가 적당하다.
㉡ '그렇지 않다'가 많은 경우 : 냉정하고 정직하며, 외부의 압력과 스트레스에 강한 유형이다. '대쪽
  같음'의 이미지가 굳어지지 않도록 주의한다.

(2) 행동적인 측면

행동적 측면은 인격 중에 특히 행동으로 드러나기 쉬운 측면을 측정한다. 사람의 행동 특징 자체에는 선도 악도 없으나, 일반적으로는 일의 내용에 의해 원하는 행동이 있다. 때문에 행동적 측면은 주로 직종과 깊은 관계가 있는데 자신의 행동 특성을 살려 적합한 직종을 선택한다면 플러스가 될 수 있다.

행동 특성에서 보여지는 특징은 면접장면에서도 드러나기 쉬운데 본서의 모의 TEST의 결과를 참고하여 자신의 태도, 행동이 면접관의 시선에 어떻게 비치는지를 점검하도록 한다.

① 사회적 내향성 … 대인관계에서 나타나는 행동경향으로 '낯가림'을 측정한다.

질문	선택
A : 파티에서는 사람을 소개받은 편이다. B : 파티에서는 사람을 소개하는 편이다.	
A : 처음 보는 사람과는 어색하게 시간을 보내는 편이다. B : 처음 보는 사람과는 즐거운 시간을 보내는 편이다.	
A : 친구가 적은 편이다. B : 친구가 많은 편이다.	
A : 자신의 의견을 말하는 경우가 적다. B : 자신의 의견을 말하는 경우가 많다.	
A : 사교적인 모임에 참석하는 것을 좋아하지 않는다. B : 사교적인 모임에 항상 참석한다.	

▶측정결과

㉠ 'A'가 많은 경우 : 내성적이고 사람들과 접하는 것에 소극적이다. 자신의 의견을 말하지 않고 조심스러운 편이다.
  • 면접관의 심리 : '소극적인데 동료와 잘 지낼 수 있을까?'
  • 면접대책 : 대인관계를 맺는 것을 싫어하지 않고 의욕적으로 일을 할 수 있다는 것을 보여준다.
㉡ 'B'가 많은 경우 : 사교적이고 자기의 생각을 명확하게 전달할 수 있다.
  • 면접관의 심리 : '사교적이고 활동적인 것은 좋지만, 자기주장이 너무 강하지 않을까?'
  • 면접대책 : 협조성을 보여주고, 자기주장이 너무 강하다는 인상을 주지 않도록 주의한다.

② 내성성(침착도) … 자신의 행동과 일에 대해 침착하게 생각하는 정도를 측정한다.

질문	선택
A : 시간이 걸려도 침착하게 생각하는 경우가 많다. B : 짧은 시간에 결정을 하는 경우가 많다.	
A : 실패의 원인을 찾고 반성하는 편이다. B : 실패를 해도 그다지(별로) 개의치 않는다.	
A : 결론이 도출되어도 몇 번 정도 생각을 바꾼다. B : 결론이 도출되면 신속하게 행동으로 옮긴다.	
A : 여러 가지 생각하는 것이 능숙하다. B : 여러 가지 일을 재빨리 능숙하게 처리하는 데 익숙하다.	
A : 여러 가지 측면에서 사물을 검토한다. B : 행동한 후 생각을 한다.	

▶측정결과

㉠ 'A'가 많은 경우 : 행동하기 보다는 생각하는 것을 좋아하고 신중하게 계획을 세워 실행한다.
• 면접관의 심리 : '행동으로 실천하지 못하고, 대응이 늦은 경향이 있지 않을까?'
• 면접대책 : 발로 뛰는 것을 좋아하고, 일을 더디게 한다는 인상을 주지 않도록 한다.
㉡ 'B'가 많은 경우 : 차분하게 생각하는 것보다 우선 행동하는 유형이다.
• 면접관의 심리 : '생각하는 것을 싫어하고 경솔한 행동을 하지 않을까?'
• 면접대책 : 계획을 세우고 행동할 수 있는 것을 보여주고 '사려깊다'라는 인상을 남기도록 한다.

③ 신체활동성 … 몸을 움직이는 것을 좋아하는가를 측정한다.

질문	선택
A : 민첩하게 활동하는 편이다. B : 준비행동이 없는 편이다.	
A : 일을 척척 해치우는 편이다. B : 일을 더디게 처리하는 편이다.	
A : 활발하다는 말을 듣는다. B : 얌전하다는 말을 듣는다.	
A : 몸을 움직이는 것을 좋아한다. B : 가만히 있는 것을 좋아한다.	
A : 스포츠를 하는 것을 즐긴다. B : 스포츠를 보는 것을 좋아한다.	

▶측정결과

㉠ 'A'가 많은 경우 : 활동적이고, 몸을 움직이게 하는 것이 컨디션이 좋다.
• 면접관의 심리 : '활동적으로 활동력이 좋아 보인다.'
• 면접대책 : 활동하고 얻은 성과 등과 주어진 상황의 대응능력을 보여준다.

㉡ 'B'가 많은 경우 : 침착한 인상으로, 차분하게 있는 타입이다.
• 면접관의 심리 : '좀처럼 행동하려 하지 않아 보이고, 일을 빠르게 처리할 수 있을까?'

④ **지속성(노력성)** … 무슨 일이든 포기하지 않고 끈기 있게 하려는 정도를 측정한다.

질문	선택
A : 일단 시작한 일은 시간이 걸려도 끝까지 마무리한다. B : 일을 하다 어려움에 부딪히면 단념한다.	
A : 끈질긴 편이다. B : 바로 단념하는 편이다.	
A : 인내가 강하다는 말을 듣는다. B : 금방 싫증을 낸다는 말을 듣는다.	
A : 집념이 깊은 편이다. B : 담백한 편이다.	
A : 한 가지 일에 구애되는 것이 좋다고 생각한다. B : 간단하게 체념하는 것이 좋다고 생각한다.	

▶측정결과
㉠ 'A'가 많은 경우 : 시작한 것은 어려움이 있어도 포기하지 않고 인내심이 높다.
• 면접관의 심리 : '한 가지의 일에 너무 구애되고, 업무의 진행이 원활할까?'
• 면접대책 : 인내력이 있는 것은 플러스 평가를 받을 수 있지만 집착이 강해 보이기도 한다.
㉡ 'B'가 많은 경우 : 뒤끝이 없고 조그만 실패로 일을 포기하기 쉽다.
• 면접관의 심리 : '질리는 경향이 있고, 일을 정확히 끝낼 수 있을까?'
• 면접대책 : 지속적인 노력으로 성공했던 사례를 준비하도록 한다.

⑤ 신중성(주의성) ··· 자신이 처한 주변 상황을 즉시 파악하고 자신의 행동이 어떤 영향을 미치는지를 측정한다.

질문	선택
A : 여러 가지로 생각하면서 완벽하게 준비하는 편이다. B : 행동할 때부터 임기응변적인 대응을 하는 편이다.	
A : 신중해서 타이밍을 놓치는 편이다. B : 준비 부족으로 실패하는 편이다.	
A : 자신은 어떤 일에도 신중히 대응하는 편이다. B : 순간적인 충동으로 활동하는 편이다.	
A : 시험을 볼 때 끝날 때까지 재검토하는 편이다. B : 시험을 볼 때 한 번에 모든 것을 마치는 편이다.	
A : 일에 대해 계획표를 만들어 실행한다. B : 일에 대한 계획표 없이 진행한다.	

▶측정결과

㉠ 'A'가 많은 경우 : 주변 상황에 민감하고, 예측하여 계획있게 일을 진행한다.
• 면접관의 심리 : '너무 신중해서 적절한 판단을 할 수 있을까?', '앞으로의 상황에 불안을 느끼지 않을까?'
• 면접대책 : 예측을 하고 실행을 하는 것은 플러스 평가가 되지만, 너무 신중하면 일의 진행이 정체될 가능성을 보이므로 추진력이 있다는 강한 의욕을 보여준다.

㉡ 'B'가 많은 경우 : 주변 상황을 살펴보지 않고 착실한 계획없이 일을 진행시킨다.
• 면접관의 심리 : '사려 깊지 않고, 실패하는 일이 많지 않을까?', '판단이 빠르고 유연한 사고를 할 수 있을까?'
• 면접대책 : 사전준비를 중요하게 생각하고 있다는 것 등을 보여주고, 경솔한 인상을 주지 않도록 한다. 또한 판단력이 빠르거나 유연한 사고 덕분에 일 처리를 잘 할 수 있다는 것을 강조한다.

(3) 의욕적인 측면

의욕적인 측면은 의욕의 정도, 활동력의 유무 등을 측정한다. 여기서의 의욕이란 우리들이 보통 말하고 사용하는 '하려는 의지'와는 조금 뉘앙스가 다르다. '하려는 의지'란 그 때의 환경이나 기분에 따라 변화하는 것이지만, 여기에서는 조금 더 변화하기 어려운 특징, 말하자면 정신적 에너지의 양으로 측정하는 것이다.

의욕적 측면은 행동적 측면과는 다르고, 전반적으로 어느 정도 점수가 높은 쪽을 선호한다. 모의검사에서 의욕적 측면의 결과가 낮다면, 평소 일에 몰두할 때 조금 의욕 있는 자세를 가지고 서서히 개선하도록 노력해야 한다.

① 달성의욕 ··· 목적의식을 가지고 높은 이상을 가지고 있는지를 측정한다.

질문	선택
A : 경쟁심이 강한 편이다. B : 경쟁심이 약한 편이다.	
A : 어떤 한 분야에서 제1인자가 되고 싶다고 생각한다. B : 어느 분야에서든 성실하게 임무를 진행하고 싶다고 생각한다.	
A : 규모가 큰 일을 해 보고 싶다. B : 맡은 일에 충실히 임하고 싶다.	
A : 아무리 노력해도 실패한 것은 아무런 도움이 되지 않는다. B : 가령 실패했을지라도 나름대로의 노력이 있었으므로 괜찮다.	
A : 높은 목표를 설정하여 수행하는 것이 의욕적이다. B : 실현 가능한 정도의 목표를 설정하는 것이 의욕적이다.	

▶측정결과

㉠ 'A'가 많은 경우 : 큰 목표와 높은 이상을 가지고 승부욕이 강한 편이다.
 • 면접관의 심리 : '열심히 일을 해줄 것 같은 유형이다.'
 • 면접대책 : 달성의욕이 높다는 것은 어떤 직종이라도 플러스 평가가 된다.
㉡ 'B'가 많은 경우 : 현재의 생활을 소중하게 여기고 비약적인 발전을 위하여 기를 쓰지 않는다.
 • 면접관의 심리 : '외부의 압력에 약하고, 기획입안 등을 하기 어려울 것이다.'
 • 면접대책 : 일을 통하여 하고 싶은 것들을 구체적으로 어필한다.

② **활동의욕** ⋯ 자신에게 잠재된 에너지의 크기로, 정신적인 측면의 활동력이라 할 수 있다.

질문	선택
A : 하고 싶은 일을 실행으로 옮기는 편이다. B : 하고 싶은 일을 좀처럼 실행할 수 없는 편이다.	
A : 어려운 문제를 해결해 가는 것이 좋다. B : 어려운 문제를 해결하는 것을 잘하지 못한다.	
A : 일반적으로 결단이 빠른 편이다. B : 일반적으로 결단이 느린 편이다.	
A : 곤란한 상황에도 도전하는 편이다. B : 사물의 본질을 깊게 관찰하는 편이다.	
A : 시원시원하다는 말을 잘 듣는다. B : 꼼꼼하다는 말을 잘 듣는다.	

▶**측정결과**

㉠ 'A'가 많은 경우 : 꾸물거리는 것을 싫어하고 재빠르게 결단해서 행동하는 타입이다.
 • **면접관의 심리** : '일을 처리하는 솜씨가 좋고, 일을 척척 진행할 수 있을 것 같다.'
 • **면접대책** : 활동의욕이 높은 것은 플러스 평가가 된다. 사교성이나 활동성이 강하다는 인상을 준다.

㉡ 'B'가 많은 경우 : 안전하고 확실한 방법을 모색하고 차분하게 시간을 아껴서 일에 임하는 타입이다.
 • **면접관의 심리** : '재빨리 행동을 못하고, 일의 처리속도가 느린 것이 아닐까?'
 • **면접대책** : 활동성이 있는 것을 좋아하고 움직임이 더디다는 인상을 주지 않도록 한다.

3 성격의 유형

(1) 인성검사유형의 4가지 척도

 정서적인 측면, 행동적인 측면, 의욕적인 측면의 요소들은 성격 특성이라는 관점에서 제시된 것들로 각 개인의 장·단점을 파악하는 데 유용하다. 그러나 전체적인 개인의 인성을 이해하는 데는 한계가 있다.

 성격의 유형은 개인의 '성격적인 특색'을 가리키는 것으로, 사회인으로서 적합한지, 아닌지를 말하는 관점과는 관계가 없다. 따라서 채용의 합격 여부에는 사용되지 않는 경우가 많으며, 입사 후의 적정 부서 배치의 자료가 되는 편이라 생각하면 된다. 그러나 채용과 관계가 없다고 해서 아무런 준비도 필요없는 것은 아니다. 자신을 아는 것은 면접 대책의 밑거름이 되므로 모의검사 결과를 충분히 활용하도록 하여야 한다.

본서에서는 4개의 척도를 사용하여 기본적으로 16개의 패턴으로 성격의 유형을 분류하고 있다. 각 개인의 성격이 어떤 유형인지 재빨리 파악하기 위해 사용되며, '적성'에 맞는지, 맞지 않는지의 관점에 활용된다.

- 흥미·관심의 방향 : 내향형 ←——————→ 외향형
- 사물에 대한 견해 : 직관형 ←——————→ 감각형
- 판단하는 방법 : 감정형 ←——————→ 사고형
- 환경에 대한 접근방법 : 지각형 ←——————→ 판단형

(2) 성격유형

① 흥미·관심의 방향(내향⇆외향) … 흥미·관심의 방향이 자신의 내면에 있는지, 주위환경 등 외면에 향하는지를 가리키는 척도이다.

질문	선택
A : 내성적인 성격인 편이다. B : 개방적인 성격인 편이다.	
A : 항상 신중하게 생각을 하는 편이다. B : 바로 행동에 착수하는 편이다.	
A : 수수하고 조심스러운 편이다. B : 자기 표현력이 강한 편이다.	
A : 다른 사람과 함께 있으면 침착하지 않다. B : 혼자서 있으면 침착하지 않다.	

▶측정결과
㉠ 'A'가 많은 경우(내향) : 관심의 방향이 자기 내면에 있으며, 조용하고 낯을 가리는 유형이다. 행동력은 부족하나 집중력이 뛰어나고 신중하고 꼼꼼하다.
㉡ 'B'가 많은 경우(외향) : 관심의 방향이 외부환경에 있으며, 사교적이고 활동적인 유형이다. 꼼꼼함이 부족하여 대충하는 경향이 있으나 행동력이 있다.

② 일(사물)을 보는 **방법**(직감 ⇆ 감각) … 일(사물)을 보는 법이 직감적으로 형식에 얽매이는지, 감각적으로 상식적인지를 가리키는 척도이다.

질문	선택
A : 현실주의적인 편이다. B : 상상력이 풍부한 편이다.	
A : 정형적인 방법으로 일을 처리하는 것을 좋아한다. B : 만들어진 방법에 변화가 있는 것을 좋아한다.	
A : 경험에서 가장 적합한 방법으로 선택한다. B : 지금까지 없었던 새로운 방법을 개척하는 것을 좋아한다.	
A : 성실하다는 말을 듣는다. B : 호기심이 강하다는 말을 듣는다.	

▶측정결과
㉠ 'A'가 많은 경우(감각) : 현실적이고 경험주의적이며 보수적인 유형이다.
㉡ 'B'가 많은 경우(직관) : 새로운 주제를 좋아하며, 독자적인 시각을 가진 유형이다.

③ 판단하는 **방법**(감정 ⇆ 사고) … 일을 감정적으로 판단하는지, 논리적으로 판단하는지를 가리키는 척도이다.

질문	선택
A : 인간관계를 중시하는 편이다. B : 일의 내용을 중시하는 편이다.	
A : 결론을 자기의 신념과 감정에서 이끌어내는 편이다. B : 결론을 논리적 사고에 의거하여 내리는 편이다.	
A : 다른 사람보다 동정적이고 눈물이 많은 편이다. B : 다른 사람보다 이성적이고 냉정하게 대응하는 편이다.	
A : 남의 이야기를 듣고 감정몰입이 빠른 편이다. B : 고민 상담을 받으면 해결책을 제시해주는 편이다.	

▶측정결과
㉠ 'A'가 많은 경우(감정) : 일을 판단할 때 마음·감정을 중요하게 여기는 유형이다. 감정이 풍부하고 친절하나 엄격함이 부족하고 우유부단하며, 합리성이 부족하다.
㉡ 'B'가 많은 경우(사고) : 일을 판단할 때 논리성을 중요하게 여기는 유형이다. 이성적이고 합리적이나 타인에 대한 배려가 부족하다.

④ 환경에 대한 접근방법 … 주변 상황에 어떻게 접근하는지, 그 판단기준을 어디에 두는지를 측정한다.

질문	선택
A : 사전에 계획을 세우지 않고 행동한다. B : 반드시 계획을 세우고 그것에 의거해서 행동한다.	
A : 자유롭게 행동하는 것을 좋아한다. B : 조직적으로 행동하는 것을 좋아한다.	
A : 조직성이나 관습에 속박당하지 않는다. B : 조직성이나 관습을 중요하게 여긴다.	
A : 계획없이 낭비가 심한 편이다. B : 예산을 세워 물건을 구입하는 편이다.	

▶측정결과
㉠ 'A'가 많은 경우(지각) : 일의 변화에 융통성을 가지고 유연하게 대응하는 유형이다. 낙관적이며 질서보다는 자유를 좋아하나 임기응변식의 대응으로 무계획적인 인상을 줄 수 있다.
㉡ 'B'가 많은 경우(판단) : 일의 진행 시 계획을 세워서 실행하는 유형이다. 순차적으로 진행하는 일을 좋아하고 끈기가 있으나 변화에 대해 적절하게 대응하지 못하는 경향이 있다.

(3) 성격유형의 판정

성격유형은 합격 여부의 판정보다는 배치를 위한 자료로써 이용된다. 즉, 기업은 입사시험 단계에서 입사 후에도 사용할 수 있는 정보를 입수하고 있다는 것이다. 성격검사에서는 어느 척도가 얼마나 고득점이었는지에 주시하고 각각의 측면에서 반드시 하나씩 고르고 편성한다. 편성은 모두 16가지가 되나 각각의 측면을 더 세분하면 200가지 이상의 유형이 나온다.

여기에서는 16가지 편성을 제시한다. 성격검사에 어떤 정보가 게재되어 있는지를 이해하면서 자기의 성격유형을 파악하기 위한 실마리로 활용하도록 한다.

① 내향 – 직관 – 감정 – 지각(TYPE A)
관심이 내면에 향하고 조용하고 소극적이다. 사물에 대한 견해는 새로운 것에 대해 호기심이 강하고, 독창적이다. 감정은 좋아하는 것과 싫어하는 것의 판단이 확실하고, 감정이 풍부하고 따뜻한 느낌이 있는 반면, 합리성이 부족한 경향이 있다. 환경에 접근하는 방법은 순응적이고 상황의 변화에 대해 유연하게 대응하는 것을 잘한다.

② 내향 – 직관 – 감정 – 판단(TYPE B)

관심이 내면으로 향하고 조용하고 쑥쓰러움을 잘 타는 편이다. 사물을 보는 관점은 독창적이며, 자기나름대로 궁리하며 생각하는 일이 많다. 좋고 싫음으로 판단하는 경향이 강하고 타인에게는 친절한 반면, 우유부단하기 쉬운 편이다. 환경 변화에 대해 유연하게 대응하는 것을 잘한다.

③ 내향 – 직관 – 사고 – 지각(TYPE C)

관심이 내면으로 향하고 얌전하고 교제범위가 좁다. 사물을 보는 관점은 독창적이며, 현실에서 먼 추상적인 것을 생각하기를 좋아한다. 논리적으로 생각하고 판단하는 경향이 강하고 이성적이지만, 남의 감정에 대해서는 무반응인 경향이 있다. 환경의 변화에 순응적이고 융통성있게 임기응변으로 대응할 수가 있다.

④ 내향 – 직관 – 사고 – 판단(TYPE D)

관심이 내면으로 향하고 주의깊고 신중하게 행동을 한다. 사물을 보는 관점은 독창적이며 논리를 좋아해서 이치를 따지는 경향이 있다. 논리적으로 생각하고 판단하는 경향이 강하고, 객관적이지만 상대방의 마음에 대한 배려가 부족한 경향이 있다. 환경에 대해서는 순응하는 것보다 대응하며, 한 번 정한 것은 끈질기게 행동하려 한다.

⑤ 내향 – 감각 – 감정 – 지각(TYPE E)

관심이 내면으로 향하고 조용하며 소극적이다. 사물을 보는 관점은 상식적이고 그대로의 것을 좋아하는 경향이 있다. 좋음과 싫음으로 판단하는 경향이 강하고 타인에 대해서 동정심이 많은 반면, 엄격한 면이 부족한 경향이 있다. 환경에 대해서는 순응적이고, 예측할 수 없다해도 태연하게 행동하는 경향이 있다.

⑥ 내향 – 감각 – 감정 – 판단(TYPE F)

관심이 내면으로 향하고 얌전하며 쑥쓰러움을 많이 탄다. 사물을 보는 관점은 상식적이고 논리적으로 생각하는 것보다도 경험을 중요시하는 경향이 있다. 좋고 싫음으로 판단하는 경향이 강하고 사람이 좋은 반면, 개인적 취향이나 소원에 영향을 받는 일이 많은 경향이 있다. 환경에 대해서는 영향을 받지 않고, 자기 페이스 대로 꾸준히 성취하는 일을 잘한다.

⑦ 내향 – 감각 – 사고 – 지각(TYPE G)

관심이 내면으로 향하고 얌전하고 교제범위가 좁다. 사물을 보는 관점은 상식적인 동시에 실천적이며, 틀에 박힌 형식을 좋아한다. 논리적으로 판단하는 경향이 강하고 침착하지만 사람에 대해서는 엄격하여 차가운 인상을 주는 일이 많다. 환경에 대해서 순응적이고, 계획적으로 행동하지 않으며 자유로운 행동을 좋아하는 경향이 있다.

⑧ 내향 – 감각 – 시고 – 판단(TYPE H)

관심이 내면으로 향하고 주의 깊고 신중하게 행동을 한다. 사물을 보는 관점이 상식적이고 새롭고 경험하지 못한 일에 대응을 잘하지 못한다. 논리적으로 생각하고 판단하는 경향이 강하고, 공평하지만 상대방의 감정에 대해 배려가 부족할 때가 있다. 환경에 대해서는 작용하는 편이고, 질서있게 행동하는 것을 좋아한다.

⑨ 외향 – 직관 – 감정 – 지각(TYPE I)

관심이 외향으로 향하고 밝고 활동적이며 교제범위가 넓다. 사물을 보는 관점은 독창적이고 호기심이 강하며 새로운 것을 생각하는 것을 좋아한다. 좋음 싫음으로 판단하는 경향이 강하다. 사람은 좋은 반면 개인적 취향이나 소원에 영향을 받는 일이 많은 편이다.

⑩ 외향 – 직관 – 감정 – 판단(TYPE J)

관심이 외향으로 향하고 개방적이며 누구와도 쉽게 친해질 수 있다. 사물을 보는 관점은 독창적이고 자기 나름대로 궁리하고 생각하는 면이 많다. 좋음과 싫음으로 판단하는 경향이 강하고, 타인에 대해 동정적이기 쉽고 엄격함이 부족한 경향이 있다. 환경에 대해서는 작용하는 편이고 질서 있는 행동을 하는 것을 좋아한다.

⑪ 외향 – 직관 – 사고 – 지각(TYPE K)

관심이 외향으로 향하고 태도가 분명하며 활동적이다. 사물을 보는 관점은 독창적이고 현실과 거리가 있는 추상적인 것을 생각하는 것을 좋아한다. 논리적으로 생각하고 판단하는 경향이 강하고, 공평하지만 상대에 대한 배려가 부족할 때가 있다.

⑫ 외향 – 직관 – 사고 – 판단(TYPE L)

관심이 외향으로 향하고 밝고 명랑한 성격이며 사교적인 것을 좋아한다. 사물을 보는 관점은 독창적이고 논리적인 것을 좋아하기 때문에 이치를 따지는 경향이 있다. 논리적으로 생각하고 판단하는 경향이 강하고 침착성이 뛰어나지만 사람에 대해서 엄격하고 차가운 인상을 주는 경우가 많다. 환경에 대해 작용하는 편이고 계획을 세우고 착실하게 실행하는 것을 좋아한다.

⑬ 외향 – 감각 – 감정 – 지각(TYPE M)

관심이 외향으로 향하고 밝고 활동적이고 교제범위가 넓다. 사물을 보는 관점은 상식적이고 종래대로 있는 것을 좋아한다. 보수적인 경향이 있고 좋아함과 싫어함으로 판단하는 경향이 강하며 타인에게는 친절한 반면, 우유부단한 경우가 많다. 환경에 대해 순응적이고, 융통성이 있고 임기응변으로 대응할 가능성이 높다.

⑭ 외향 - 감각 - 감정 - 판단(TYPE N)

관심이 외향으로 향하고 개방적이며 누구와도 쉽게 대면할 수 있다. 사물을 보는 관점은 상식적이고 논리적으로 생각하기보다는 경험을 중시하는 편이다. 좋아함과 싫어함으로 판단하는 경향이 강하고 감정이 풍부하며 따뜻한 느낌이 있는 반면에 합리성이 부족한 경우가 많다. 환경에 대해서 작용하는 편이고, 한 번 결정한 것은 끈질기게 실행하려고 한다.

⑮ 외향 - 감각 - 사고 - 지각(TYPE O)

관심이 외향으로 향하고 시원한 태도이며 활동적이다. 사물을 보는 관점이 상식적이며 동시에 실천적이고 명백한 형식을 좋아하는 경향이 있다. 논리적으로 생각하고 판단하는 경향이 강하고, 객관적이지만 상대 마음에 대해 배려가 부족한 경향이 있다.

⑯ 외향 - 감각 - 사고 - 판단(TYPE P)

관심이 외향으로 향하고 밝고 명랑하며 사교적인 것을 좋아한다. 사물을 보는 관점은 상식적이고 경험하지 못한 새로운 것에 대응을 잘 하지 못한다. 논리적으로 생각하고 판단하는 경향이 강하고 이성적이지만 사람의 감정에 무심한 경향이 있다. 환경에 대해서는 작용하는 편이고, 자기 페이스대로 꾸준히 성취하는 것을 잘한다.

4 인성검사의 대책

(1) 미리 알아두어야 할 점

① 출제 문항 수 … 인성검사의 출제 문항 수는 특별히 정해진 것이 아니며 각 기업체의 기준에 따라 달라질 수 있다. 보통 100문항 이상에서 500문항까지 출제된다고 예상하면 된다.

  ㉠ 1Set로 묶인 세 개의 문항 중 자신에게 가장 가까운 것(Most)과 가장 먼 것(Least)을 하나씩 고르는 유형(72Set, 1Set당 3문항)

다음 세 가지 문항 중 자신에게 가장 가까운 것은 Most, 가장 먼 것은 Least에 체크하시오.

질문	Most	Least
① 자신의 생각이나 의견은 좀처럼 변하지 않는다.	✔	
② 구입한 후 끝까지 읽지 않은 책이 많다.		✔
③ 여행가기 전에 계획을 세운다.		

ⓛ '예' 아니면 '아니오'의 유형(178문항)

다음 문항을 읽고 자신에게 해당되는지 안 되는지를 판단하여 해당될 경우 '예'를, 해당되지 않을 경우 '아니오'를 고르시오.

질문	예	아니오
① 걱정거리가 있어서 잠을 못 잘 때가 있다.	✔	
② 시간에 쫓기는 것이 싫다.		✔

ⓒ 그 외의 유형

다음 문항에 대해서 평소에 자신이 생각하고 있는 것이나 행동하고 있는 것에 체크하시오.

질문	전혀 그렇지 않다	그렇지 않다	그렇다	매우 그렇다
① 머리를 쓰는 것보다 땀을 흘리는 일이 좋다.			✔	
② 자신은 사교적이 아니라고 생각한다.	✔			

(2) 임하는 자세

① 솔직하게 있는 그대로 표현한다 … 인성검사는 평범한 일상생활 내용들을 다룬 짧은 문장과 어떤 대상이나 일에 대한 선로를 선택하는 문장으로 구성되었으므로 평소에 자신이 생각한 바를 너무 골똘히 생각하지 말고 문제를 보는 순간 떠오른 것을 표현한다.

② 모든 문제를 신속하게 대답한다 … 인성검사는 시간 제한이 없는 것이 원칙이지만 기업체들은 일정한 시간 제한을 두고 있다. 인성검사는 개인의 성격과 자질을 알아보기 위한 검사이기 때문에 정답이 없다. 다만, 기업체에서 바람직하게 생각하거나 기대되는 결과가 있을 뿐이다. 따라서 시간에 쫓겨서 대충 대답을 하는 것은 바람직하지 못하다.

실전 인성검사

※ 인성검사는 개인의 성향을 측정하기 위한 도구로 정답이 없습니다.

| 1~228 | 다음 제시된 문항이 당신에게 해당한다면 YES, 그렇지 않다면 NO를 선택하시오.

	YES	NO
1. 조금이라도 나쁜 소식은 절망의 시작이라고 생각해버린다.	( )	( )
2. 언제나 실패가 걱정이 되어 어쩔 줄 모른다.	( )	( )
3. 다수결의 의견에 따르는 편이다.	( )	( )
4. 혼자서 커피숍에 들어가는 것은 전혀 두려운 일이 아니다.	( )	( )
5. 승부근성이 강하다.	( )	( )
6. 자주 흥분해서 침착하지 못하다.	( )	( )
7. 지금까지 살면서 타인에게 폐를 끼친 적이 없다.	( )	( )
8. 소곤소곤 이야기하는 것을 보면 자기에 대해 험담하고 있는 것으로 생각된다.	( )	( )
9. 무엇이든지 자기가 나쁘다고 생각하는 편이다.	( )	( )
10. 자신을 변덕스러운 사람이라고 생각한다.	( )	( )
11. 고독을 즐기는 편이다.	( )	( )
12. 자존심이 강하다고 생각한다.	( )	( )
13. 금방 흥분하는 성격이다.	( )	( )
14. 거짓말을 한 적이 없다.	( )	( )
15. 신경질적인 편이다.	( )	( )
16. 끙끙대며 고민하는 타입이다.	( )	( )
17. 감정적인 사람이라고 생각한다.	( )	( )
18. 자신만의 신념을 가지고 있다.	( )	( )
19. 다른 사람을 바보 같다고 생각한 적이 있다.	( )	( )
20. 금방 말해버리는 편이다.	( )	( )
21. 싫어하는 사람이 없다.	( )	( )
22. 대재앙이 오지 않을까 항상 걱정을 한다.	( )	( )
23. 쓸데없는 고생을 사서 하는 일이 많다.	( )	( )
24. 자주 생각이 바뀌는 편이다.	( )	( )

	YES	NO

25. 문제점을 해결하기 위해 여러 사람과 상의한다. ·····················(   )(   )

26. 내 방식대로 일을 한다. ·····················(   )(   )

27. 영화를 보고 운 적이 많다. ·····················(   )(   )

28. 어떤 것에 대해서도 화낸 적이 없다. ·····················(   )(   )

29. 사소한 충고에도 걱정을 한다. ·····················(   )(   )

30. 자신은 도움이 안되는 사람이라고 생각한다. ·····················(   )(   )

31. 금방 싫증을 내는 편이다. ·····················(   )(   )

32. 개성적인 사람이라고 생각한다. ·····················(   )(   )

33. 자기 주장이 강한 편이다. ·····················(   )(   )

34. 산만하다는 말을 들은 적이 있다. ·····················(   )(   )

35. 학교를 쉬고 싶다고 생각한 적이 한 번도 없다. ·····················(   )(   )

36. 사람들과 관계맺는 것을 보면 잘하지 못한다. ·····················(   )(   )

37. 사려깊은 편이다. ·····················(   )(   )

38. 몸을 움직이는 것을 좋아한다. ·····················(   )(   )

39. 끈기가 있는 편이다. ·····················(   )(   )

40. 신중한 편이라고 생각한다. ·····················(   )(   )

41. 인생의 목표는 큰 것이 좋다. ·····················(   )(   )

42. 어떤 일이라도 바로 시작하는 타입이다. ·····················(   )(   )

43. 낯가림을 하는 편이다. ·····················(   )(   )

44. 생각하고 나서 행동하는 편이다. ·····················(   )(   )

45. 쉬는 날은 밖으로 나가는 경우가 많다. ·····················(   )(   )

46. 시작한 일은 반드시 완성시킨다. ·····················(   )(   )

47. 면밀한 계획을 세운 여행을 좋아한다. ·····················(   )(   )

48. 야망이 있는 편이라고 생각한다. ·····················(   )(   )

49. 활동력이 있는 편이다. ·····················(   )(   )

50. 많은 사람들과 왁자지껄하게 식사하는 것을 좋아하지 않는다. ·····················(   )(   )

51. 돈을 허비한 적이 없다. ·····················(   )(   )

52. 운동회를 아주 좋아하고 기대했다. ·····················(   )(   )

53. 하나의 취미에 열중하는 타입이다. ······························(   )(   )

54. 모임에서 회장에 어울린다고 생각한다. ·····················(   )(   )

55. 입신출세의 성공이야기를 좋아한다. ·························(   )(   )

56. 어떠한 일도 의욕을 가지고 임하는 편이다. ················(   )(   )

57. 학급에서는 존재가 희미했다. ·······························(   )(   )

58. 항상 무언가를 생각하고 있다. ·······························(   )(   )

59. 스포츠는 보는 것보다 하는 게 좋다. ·····················(   )(   )

60. '참 잘했네요'라는 말을 듣는다. ····························(   )(   )

61. 흐린 날은 반드시 우산을 가지고 간다. ····················(   )(   )

62. 주연상을 받을 수 있는 배우를 좋아한다. ·················(   )(   )

63. 공격하는 타입이라고 생각한다. ····························(   )(   )

64. 리드를 받는 편이다. ···(   )(   )

65. 너무 신중해서 기회를 놓친 적이 있다. ····················(   )(   )

66. 시원시원하게 움직이는 타입이다. ··························(   )(   )

67. 야근을 해서라도 업무를 끝낸다. ····························(   )(   )

68. 누군가를 방문할 때는 반드시 사전에 확인한다. ···········(   )(   )

69. 노력해도 결과가 따르지 않으면 의미가 없다. ·············(   )(   )

70. 무조건 행동해야 한다. ···(   )(   )

71. 유행에 둔감하다고 생각한다. ·······························(   )(   )

72. 정해진 대로 움직이는 것은 시시하다. ·····················(   )(   )

73. 꿈을 계속 가지고 있고 싶다. ·······························(   )(   )

74. 질서보다 자유를 중요시하는 편이다. ·····················(   )(   )

75. 혼자서 취미에 몰두하는 것을 좋아한다. ·················(   )(   )

76. 직관적으로 판단하는 편이다. ·······························(   )(   )

77. 영화나 드라마를 보면 등장인물의 감정에 이입된다. ······(   )(   )

78. 시대의 흐름에 역행해서라도 자신을 관철하고 싶다. ······(   )(   )

79. 다른 사람의 소문에 관심이 없다. ··························(   )(   )

80. 창조적인 편이다. ··(   )(   )

81. 비교적 눈물이 많은 편이다. ··( )( )

82. 융통성이 있다고 생각한다. ···( )( )

83. 친구의 휴대전화 번호를 잘 모른다. ···( )( )

84. 스스로 고안하는 것을 좋아한다. ···( )( )

85. 정이 두터운 사람으로 남고 싶다. ···( )( )

86. 조직의 일원으로 별로 안 어울린다. ···( )( )

87. 세상의 일에 별로 관심이 없다. ···( )( )

88. 변화를 추구하는 편이다. ···( )( )

89. 업무는 인간관계로 선택한다. ···( )( )

90. 환경이 변하는 것에 구애되지 않는다. ·····································( )( )

91. 불안감이 강한 편이다. ···( )( )

92. 인생은 살 가치가 없다고 생각한다. ···( )( )

93. 의지가 약한 편이다. ···( )( )

94. 다른 사람이 하는 일에 별로 관심이 없다. ·····························( )( )

95. 사람을 설득시키는 것은 어렵지 않다. ·····································( )( )

96. 심심한 것을 못 참는다. ···( )( )

97. 다른 사람을 욕한 적이 한 번도 없다. ···································( )( )

98. 다른 사람에게 어떻게 보일지 신경을 쓴다. ·························( )( )

99. 금방 낙심하는 편이다. ···( )( )

100. 다른 사람에게 의존하는 경향이 있다. ···································( )( )

101. 그다지 융통성이 있는 편이 아니다. ·······································( )( )

102. 다른 사람이 내 의견에 간섭하는 것이 싫다. ·······················( )( )

103. 낙천적인 편이다. ···( )( )

104. 숙제를 잊어버린 적이 한 번도 없다. ···································( )( )

105. 밤길에는 발소리가 들리기만 해도 불안하다. ·······················( )( )

106. 상냥하다는 말을 들은 적이 있다. ···( )( )

107. 자신은 유치한 사람이다. ···( )( )

108. 잡담을 하는 것보다 책을 읽는 게 낫다. ·······························( )( )

109. 나는 영업에 적합한 타입이라고 생각한다. ·······························( )( )

110. 술자리에서 술을 마시지 않아도 흥을 돋울 수 있다. ···············( )( )

111. 한 번도 병원에 간 적이 없다. ···( )( )

112. 나쁜 일은 걱정이 되어서 어쩔 줄을 모른다. ·························( )( )

113. 금세 무기력해지는 편이다. ···( )( )

114. 비교적 고분고분한 편이라고 생각한다. ································( )( )

115. 독자적으로 행동하는 편이다. ···( )( )

116. 적극적으로 행동하는 편이다. ···( )( )

117. 금방 감격하는 편이다. ··( )( )

118. 어떤 것에 대해서는 불만을 가진 적이 없다. ·······················( )( )

119. 밤에 못 잘 때가 많다. ··( )( )

120. 자주 후회하는 편이다. ··( )( )

121. 뜨거워지기 쉽고 식기 쉽다. ···( )( )

122. 자신만의 세계를 가지고 있다. ···( )( )

123. 많은 사람 앞에서도 긴장하는 일은 없다. ····························( )( )

124. 말하는 것을 아주 좋아한다. ···( )( )

125. 인생을 포기하는 마음을 가진 적이 한 번도 없다. ···············( )( )

126. 어두운 성격이다. ··( )( )

127. 금방 반성한다. ···( )( )

128. 활동범위가 넓은 편이다. ··( )( )

129. 자신을 끈기 있는 사람이라고 생각한다. ····························( )( )

130. 좋다고 생각하더라도 좀 더 검토하고 나서 실행한다. ···········( )( )

131. 위대한 인물이 되고 싶다. ··( )( )

132. 한 번에 많은 일을 떠맡아도 힘들지 않다. ·························( )( )

133. 사람과 만날 약속은 부담스럽다. ·······································( )( )

134. 질문을 받으면 충분히 생각하고 나서 대답하는 편이다. ········( )( )

135. 머리를 쓰는 것보다 땀을 흘리는 일이 좋다. ·····················( )( )

136. 결정한 것에는 철저히 구속받는다. ····································( )( )

137. 외출 시 문을 잠갔는지 몇 번을 확인한다. ·······································( )( )

138. 이왕 할 거라면 일등이 되고 싶다. ···( )( )

139. 과감하게 도전하는 타입이다. ···( )( )

140. 자신은 사교적이 아니라고 생각한다. ···( )( )

141. 무심코 도리에 대해서 말하고 싶어진다. ···································( )( )

142. '항상 건강하네요'라는 말을 듣는다. ···( )( )

143. 단념하면 끝이라고 생각한다. ···( )( )

144. 예상하지 못한 일은 하고 싶지 않다. ···( )( )

145. 파란만장하더라도 성공하는 인생을 걷고 싶다. ···························( )( )

146. 활기찬 편이라고 생각한다. ···( )( )

147. 소극적인 편이라고 생각한다. ···( )( )

148. 무심코 평론가가 되어 버린다. ···( )( )

149. 자신은 성급하다고 생각한다. ···( )( )

150. 꾸준히 노력하는 타입이라고 생각한다. ·······································( )( )

151. 내일의 계획이라도 메모한다. ···( )( )

152. 리더십이 있는 사람이 되고 싶다. ···( )( )

153. 열정적인 사람이라고 생각한다. ···( )( )

154. 다른 사람 앞에서 이야기를 잘 하지 못한다. ·····························( )( )

155. 통찰력이 있는 편이다. ···( )( )

156. 엉덩이가 가벼운 편이다. ··( )( )

157. 여러 가지로 구애됨이 있다. ···( )( )

158. 돌다리도 두들겨 보고 건너는 쪽이 좋다. ···································( )( )

159. 자신에게는 권력욕이 있다. ···( )( )

160. 업무를 할당받으면 기쁘다. ···( )( )

161. 사색적인 사람이라고 생각한다. ···( )( )

162. 비교적 개혁적이다. ··( )( )

163. 좋고 싫음으로 정할 때가 많다. ···( )( )

164. 전통에 구애되는 것은 버리는 것이 적절하다. ·····························( )( )

165. 교제 범위가 좁은 편이다. ··( )( )

166. 발상의 전환을 할 수 있는 타입이라고 생각한다. ·····················( )( )

167. 너무 주관적이어서 실패한다. ···( )( )

168. 현실적이고 실용적인 면을 추구한다. ··( )( )

169. 내가 어떤 배우의 팬인지 아무도 모른다. ·································( )( )

170. 현실보다 가능성이다. ···( )( )

171. 마음이 담겨 있으면 선물은 아무 것이나 좋다. ·······················( )( )

172. 여행은 마음대로 하는 것이 좋다. ···( )( )

173. 추상적인 일에 관심이 있는 편이다. ··( )( )

174. 일은 대담히 하는 편이다. ···( )( )

175. 괴로워하는 사람을 보면 우선 동정한다. ···································( )( )

176. 가치기준은 자신의 안에 있다고 생각한다. ·······························( )( )

177. 조용하고 조심스러운 편이다. ··( )( )

178. 상상력이 풍부한 편이라고 생각한다. ··( )( )

179. 의리, 인정이 두터운 상사를 만나고 싶다. ·······························( )( )

180. 인생의 앞날을 알 수 없어 재미있다. ··( )( )

181. 밝은 성격이다. ··( )( )

182. 별로 반성하지 않는다. ···( )( )

183. 활동범위가 좁은 편이다. ···( )( )

184. 자신을 시원시원한 사람이라고 생각한다. ·································( )( )

185. 좋다고 생각하면 바로 행동한다. ···( )( )

186. 좋은 사람이 되고 싶다. ···( )( )

187. 한 번에 많은 일을 떠맡는 것은 골칫거리라고 생각한다. ·········( )( )

188. 사람과 만날 약속은 즐겁다. ··( )( )

189. 질문을 받으면 그때의 느낌으로 대답하는 편이다. ···················( )( )

190. 땀을 흘리는 것보다 머리를 쓰는 일이 좋다. ···························( )( )

191. 결정한 것이라도 그다지 구속받지 않는다. ·······························( )( )

192. 외출 시 문을 잠갔는지 별로 확인하지 않는다. ························( )( )

193. 지위에 어울리면 된다. ·······································( )( )

194. 안전책을 고르는 타입이다. ·································( )( )

195. 자신은 사교적이라고 생각한다. ···························( )( )

196. 도리는 상관없다. ···( )( )

197. '침착하네요'라는 말을 듣는다. ·····························( )( )

198. 단념이 중요하다고 생각한다. ·····························( )( )

199. 예상하지 못한 일도 해보고 싶다. ·························( )( )

200. 평범하고 평온하게 행복한 인생을 살고 싶다. ···········( )( )

201. 몹시 귀찮아하는 편이라고 생각한다. ·····················( )( )

202. 특별히 소극적이라고 생각하지 않는다. ·················( )( )

203. 이것저것 평하는 것이 싫다. ·····························( )( )

204. 자신은 성급하지 않다고 생각한다. ·····················( )( )

205. 꾸준히 노력하는 것을 잘 하지 못한다. ·················( )( )

206. 내일의 계획은 머릿속에 기억한다. ·····················( )( )

207. 협동성이 있는 사람이 되고 싶다. ·······················( )( )

208. 열정적인 사람이라고 생각하지 않는다. ·················( )( )

209. 다른 사람 앞에서 이야기를 잘한다. ·····················( )( )

210. 행동력이 있는 편이다. ·····································( )( )

211. 엉덩이가 무거운 편이다. ·································( )( )

212. 특별히 구애받는 것이 없다. ·····························( )( )

213. 돌다리는 두들겨 보지 않고 건너도 된다. ···············( )( )

214. 자신에게는 권력욕이 없다. ·······························( )( )

215. 업무를 할당받으면 부담스럽다. ·························( )( )

216. 활동적인 사람이라고 생각한다. ·························( )( )

217. 비교적 보수적이다. ·······································( )( )

218. 손해인지 이익인지로 정할 때가 많다. ·················( )( )

219. 전통을 견실히 지키는 것이 적절하다. ·················( )( )

220. 교제 범위가 넓은 편이다. ·······························( )( )

221. 상식적인 판단을 할 수 있는 타입이라고 생각한다. ……………………( )( )

222. 너무 객관적이어서 실패한다. ……………………………………………( )( )

223. 보수적인 면을 추구한다. …………………………………………………( )( )

224. 내가 누구의 팬인지 주변의 사람들이 안다. ……………………………( )( )

225. 가능성보다 현실이다. ………………………………………………………( )( )

226. 그 사람이 필요한 것을 선물하고 싶다. …………………………………( )( )

227. 여행은 계획적으로 하는 것이 좋다. ……………………………………( )( )

228. 구체적인 일에 관심이 있는 편이다. ……………………………………( )( )

PART

V

면접

01 면접의 기본

1 **면접준비**

(1) 면접의 기본 원칙

① **면접의 의미** … 면접이란 다양한 면접기법을 활용하여 지원한 직무에 필요한 능력을 지원자가 보유하고 있는지를 확인하는 절차라고 할 수 있다. 즉, 지원자의 입장에서는 채용 직무수행에 필요한 요건들과 관련하여 자신의 환경, 경험, 관심사, 성취 등에 대해 기업에 직접 어필할 수 있는 기회를 제공받는 것이며, 기업의 입장에서는 서류전형만으로 알 수 없는 지원자에 대한 정보를 직접적으로 수집하고 평가하는 것이다.

② **면접의 특징** … 면접은 기업의 입장에서 서류전형이나 필기전형에서 드러나지 않는 지원자의 능력이나 성향을 볼 수 있는 기회로, 면대면으로 이루어지며 즉흥적인 질문들이 포함될 수 있기 때문에 지원자가 완벽하게 준비하기 어려운 부분이 있다. 하지만 지원자 입장에서도 서류전형이나 필기전형에서 모두 보여주지 못한 자신의 능력 등을 기업의 인사담당자에게 어필할 수 있는 추가적인 기회가 될 수도 있다.

[서류 · 필기전형과 차별화되는 면접의 특징]

- 직무수행과 관련된 다양한 지원자 행동에 대한 관찰이 가능하다.
- 면접관이 알고자 하는 정보를 심층적으로 파악할 수 있다.
- 서류상의 미비한 사항과 의심스러운 부분을 확인할 수 있다.
- 커뮤니케이션 능력, 대인관계 능력 등 행동 · 언어적 정보도 얻을 수 있다.

③ **면접의 유형**

㉠ **구조화 면접** : 구조화 면접은 사전에 계획을 세워 질문의 내용과 방법, 지원자의 답변 유형에 따른 추가 질문과 그에 대한 평가 역량이 정해져 있는 면접 방식으로 표준화 면접이라고도 한다.

- 표준화된 질문이나 평가요소가 면접 전 확정되며, 지원자는 편성된 조나 면접관에 영향을 받지 않고 동일한 질문과 시간을 부여받을 수 있다.

- 조직 또는 직무별로 주요하게 도출된 역량을 기반으로 평가요소가 구성되어, 조직 또는 직무에서 필요한 역량을 가진 지원자를 선발할 수 있다.
- 표준화된 형식을 사용하는 특성 때문에 비구조화 면접에 비해 신뢰성과 타당성, 객관성이 높다.
© 비구조화 면접 : 비구조화 면접은 면접 계획을 세울 때 면접 목적만을 명시하고 내용이나 방법은 면접관에게 전적으로 일임하는 방식으로 비표준화 면접이라고도 한다.
- 표준화된 질문이나 평가요소 없이 면접이 진행되며, 편성된 조나 면접관에 따라 지원자에게 주어지는 질문이나 시간이 다르다.
- 면접관의 주관적인 판단에 따라 평가가 이루어져 평가 오류가 빈번히 일어난다.
- 상황 대처나 언변이 뛰어난 지원자에게 유리한 면접이 될 수 있다.

④ 경쟁력 있는 면접 요령
㉠ 면접 전에 준비하고 유념할 사항
- 예상 질문과 답변을 미리 작성한다.
- 작성한 내용을 문장으로 외우지 않고 키워드로 기억한다.
- 지원한 회사의 최근 기사를 검색하여 기억한다.
- 지원한 회사가 속한 산업군의 최근 기사를 검색하여 기억한다.
- 면접 전 1주일 간 이슈가 되는 뉴스를 기억하고 자신의 생각을 반영하여 정리한다.
- 찬반토론에 대비한 주제를 목록으로 정리하여 자신의 논리를 내세운 예상답변을 작성한다.

㉡ 면접장에서 유념할 사항
- 질문의 의도 파악 : 답변을 할 때에는 질문 의도를 파악하고 그에 충실한 답변이 될 수 있도록 질문사항을 유념해야 한다. 많은 지원자가 하는 실수 중 하나로 답변을 하는 도중 자기 말에 심취되어 질문의 의도와 다른 답변을 하거나 자신이 알고 있는 지식만을 나열하는 경우가 있는데, 이럴 경우 의사소통능력이 부족한 사람으로 인식될 수 있으므로 주의하도록 한다.
- 답변은 두괄식 : 답변을 할 때에는 두괄식으로 결론을 먼저 말하고 그 이유를 설명하는 것이 좋다. 미괄식으로 답변을 할 경우 용두사미의 답변이 될 가능성이 높으며, 결론을 이끌어 내는 과정에서 논리성이 결여될 우려가 있다. 또한 면접관이 결론을 듣기 전에 말을 끊고 다른 질문을 추가하는 예상치 못한 상황이 발생될 수 있으므로 답변은 자신이 전달하고자 하는 바를 먼저 밝히고 그에 대한 설명을 하는 것이 좋다.

- 지원한 회사의 기업정신과 인재상을 기억 : 답변을 할 때에는 회사가 원하는 인재라는 인상을 심어주기 위해 지원한 회사의 기업정신과 인재상 등을 염두에 두고 답변을 하는 것이 좋다. 모든 회사에 해당되는 두루뭉술한 답변보다는 지원한 회사에 맞는 맞춤형 답변을 하는 것이 좋다.
- 나보다는 회사와 사회적 관점에서 답변 : 답변을 할 때에는 자기중심적인 관점을 피하고 좀 더 넓은 시각으로 회사와 국가, 사회적 입장까지 고려하는 인재임을 어필하는 것이 좋다. 자기중심적 시각을 바탕으로 자신의 출세만을 위해 회사에 입사하려는 인상을 심어줄 경우 면접에서 불이익을 받을 가능성이 높다.
- 난처한 질문은 정직한 답변 : 난처한 질문에 답변을 해야 할 때에는 피하기보다는 정면돌파로 정직하고 솔직하게 답변하는 것이 좋다. 난처한 부분을 감추고 드러내지 않으려 회피하려는 지원자의 모습은 인사담당자에게 입사 후에도 비슷한 상황에 처했을 때 회피할 수도 있다는 우려를 심어줄 수 있다. 따라서 직장생활에 있어 중요한 덕목 중 하나인 정직을 바탕으로 솔직하게 답변을 하도록 한다.

(2) 면접의 종류 및 준비 전략

① 인성면접

ⓐ 면접 방식 및 판단기준
- 면접 방식 : 면접관이 가지고 있는 개인적 면접 노하우나 관심사에 의해 질문을 실시한다. 주로 입사지원서나 자기소개서의 내용을 토대로 지원동기, 과거의 경험, 미래 포부 등을 이야기하도록 하는 방식이다.
- 판단기준 : 면접관의 개인적 가치관과 경험, 해당 역량의 수준, 경험의 구체성·진실성 등

ⓑ 특징 : 그 방식으로 인해 역량과 무관한 질문들이 많고 지원자에게 주어지는 면접질문, 시간 등이 다를 수 있다. 또한 입사지원서나 자기소개서의 내용을 토대로 하기 때문에 지원자별 질문이 달라질 수 있다.

ⓒ 예시 문항 및 준비전략

• 예시 문항

> • 3분 동안 자기소개를 해 보십시오.
> • 자신의 장점과 단점을 말해 보십시오.
> • 학점이 좋지 않은데 그 이유가 무엇입니까?
> • 최근에 인상 깊게 읽은 책은 무엇입니까?
> • 회사를 선택할 때 중요시하는 것은 무엇입니까?
> • 일과 개인생활 중 어느 쪽을 중시합니까?
> • 10년 후 자신은 어떤 모습일 것이라고 생각합니까?
> • 휴학 기간 동안에는 무엇을 했습니까?

• 준비전략 : 인성면접은 입사지원서나 자기소개서의 내용을 바탕으로 하는 경우가 많으므로 자신이 작성한 입사지원서와 자기소개서의 내용을 충분히 숙지하도록 한다. 또한 최근 사회적으로 이슈가 되고 있는 뉴스에 대한 견해를 묻거나 시사상식 등에 대한 질문을 받을 수 있으므로 이에 대한 대비도 필요하다. 자칫 부담스러워 보이지 않는 질문으로 가볍게 대답하지 않도록 주의하고 모든 질문에 입사 의지를 담아 성실하게 답변하는 것이 중요하다.

② 발표면접

㉠ 면접 방식 및 판단기준

• 면접 방식 : 지원자가 특정 주제와 관련된 자료를 검토하고 그에 대한 자신의 생각을 면접관 앞에서 주어진 시간 동안 발표하고 추가 질의를 받는 방식으로 진행된다.

• 판단기준 : 지원자의 사고력, 논리력, 문제해결력 등

㉡ 특징 : 지원자에게 과제를 부여한 후, 과제를 수행하는 과정과 결과를 관찰·평가한다. 따라서 과제수행 결과뿐 아니라 수행과정에서의 행동을 모두 평가할 수 있다.

ⓒ 예시 문항 및 준비전략

• 예시 문항

[신입사원 조기 이직 문제]

※ 지원자는 아래에 제시된 자료를 검토한 뒤, 신입사원 조기 이직의 원인을 크게 3가지로 정리하고 이에 대한 구체적인 개선안을 도출하여 발표해 주시기 바랍니다.

※ 본 과제에 정해진 정답은 없으나 논리적 근거를 들어 개선안을 작성해 주십시오.

- A기업은 동종업계 유사기업들과 비교해 볼 때, 비교적 높은 재무안정성을 유지하고 있으며 업무강도가 그리 높지 않은 것으로 외부에 알려져 있음.
- 최근 조사결과, 동종업계 유사기업들과 연봉을 비교해 보았을 때 연봉 수준도 그리 나쁘지 않은 편이라는 것이 확인되었음.
- 그러나 지난 3년간 1~2년차 직원들의 이직률이 계속해서 증가하고 있는 추세이며, 경영진 회의에서 최우선 해결과제 중 하나로 거론되었음.
- 이에 따라 인사팀에서 현재 1~2년차 사원들을 대상으로 개선되어야 하는 A기업의 조직문화에 대한 설문조사를 실시한 결과, '상명하복식의 의사소통'이 36.7%로 1위를 차지했음.
- 이러한 설문조사와 함께, 신입사원 조기 이직에 대한 원인을 분석한 결과 파랑새 증후군, 셀프홀릭 증후군, 피터팬 증후군 등 3가지로 분류할 수 있었음.

〈동종업계 유사기업들과의 연봉 비교〉   〈우리 회사 조직문화 중 개선되었으면 하는 것〉

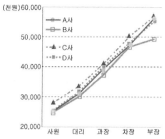 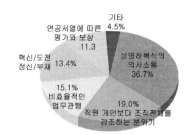

〈신입사원 조기 이직의 원인〉

• 파랑새 증후군

- 현재의 직장보다 더 좋은 직장이 있을 것이라는 막연한 기대감으로 끊임없이 새로운 직장을 탐색함.
- 학력 수준과 맞지 않는 '하향지원', 전공과 적성을 고려하지 않고 일단 취업하고 보자는 '묻지마 지원'이 파랑새 증후군을 초래함.

• 셀프홀릭 증후군

- 본인의 역량에 비해 가치가 낮은 일을 주로 하면서 갈등을 느낌.

• 피터팬 증후군

- 기성세대의 문화를 무조건 수용하기보다는 자유로움과 변화를 추구함.
- 상명하복, 엄격한 규율 등 기성세대가 당연시하는 관행에 거부감을 가지며 직장에 답답함을 느낌.

- 준비전략 : 발표면접의 시작은 과제 안내문과 과제 상황, 과제 자료 등을 정확하게 이해하는 것에서 출발한다. 과제 안내문을 침착하게 읽고 제시된 주제 및 문제와 관련된 상황의 맥락을 파악한 후 과제를 검토한다. 제시된 기사나 그래프 등을 충분히 활용하여 주어진 문제를 해결할 수 있는 해결책이나 대안을 제시하며, 발표를 할 때에는 명확하고 자신 있는 태도로 전달할 수 있도록 한다.

③ 토론면접

㉠ 면접 방식 및 판단기준

- 면접 방식 : 상호갈등적 요소를 가진 과제 또는 공통의 과제를 해결하는 내용의 토론 과제를 제시하고, 그 과정에서 개인 간의 상호작용 행동을 관찰하는 방식으로 면접이 진행된다.
- 판단기준 : 팀워크, 적극성, 갈등 조정, 의사소통능력, 문제해결능력 등

㉡ 특징 : 토론을 통해 도출해 낸 최종안의 타당성도 중요하지만, 결론을 도출해내는 과정에서의 의사소통능력이나 갈등상황에서 의견을 조정하는 능력 등이 중요하게 평가되는 특징이 있다.

㉢ 예시 문항 및 준비전략

- 예시 문항

  - 군 가산점제 부활에 대한 찬반토론
  - 담뱃값 인상에 대한 찬반토론
  - 비정규직 철폐에 대한 찬반토론
  - 대학의 영어 강의 확대 찬반토론
  - 워크숍 장소 선정을 위한 토론

- 준비전략 : 무엇보다 팀워크와 적극성이 강조된다. 따라서 토론과정에 적극적으로 참여하며 자신의 의사를 분명하게 전달하며, 갈등상황에서 자신의 의견만 내세울 것이 아니라 다른 지원자의 의견을 경청하고 배려하는 모습도 중요하다. 갈등상황을 일목요연하게 정리하여 조정하는 등의 의사소통능력을 발휘하는 것도 좋은 전략이 될 수 있다.

④ 상황면접

㉠ 면접 방식 및 판단기준

- 면접 방식 : 상황면접은 직무수행 시 접할 수 있는 상황들을 제시하고, 그러한 상황에서 어떻게 행동할 것인지를 이야기하는 방식으로 진행된다.
- 판단기준 : 해당 상황에 적절한 역량의 구현과 구체적 행동지표

ⓛ 특징 : 실제 직무 수행 시 접할 수 있는 상황들을 제시하므로 입사 이후 지원자의 업무
  수행능력을 평가하는 데 적절한 면접 방식이다. 또한 지원자의 가치관, 태도, 사고방식
  등의 요소를 통합적으로 평가하는 데 용이하다.

ⓒ 예시 문항 및 준비전략

  • 예시 문항

> 당신은 생산관리팀의 팀원으로, 생산팀이 기한에 맞춰 효율적으로 제품을 생산할 수 있도
> 록 관리하는 역할을 맡고 있습니다. 3개월 뒤에 제품A를 정상적으로 출시하기 위해 생산
> 팀의 생산 계획을 수립한 상황입니다. 그러나 원가가 곧 실적으로 이어지는 구매팀에서는
> 최대한 원가를 줄여 전반적 단가를 낮추려고 원가절감을 위한 제안을 하였으나, 연구개발
> 팀에서는 구매팀이 제안한 방식으로 제품을 생산할 경우 대부분이 구매팀의 실적으로 산정
> 될 것이므로 제대로 확인도 해보지 않은 채 적합하지 않은 방식이라고 판단하고 있습니다.
> 당신은 어떻게 하겠습니까?

  • 준비전략 : 먼저 주어진 상황에서 핵심이 되는 문제가 무엇인지를 파악하는 것에서 시작
    한다. 주질문과 세부질문을 통하여 질문의 의도를 파악하였다면, 그에 대한 구체적인
    행동이나 생각 등에 대해 응답할수록 높은 점수를 얻을 수 있다.

⑤ 역할면접

  ㉠ 면접 방식 및 판단기준

    • 면접 방식 : 역할면접 또는 역할연기 면접은 기업 내 발생 가능한 상황에서 부딪히게 되
      는 문제와 역할을 가상적으로 설정하여 특정 역할을 맡은 사람과 상호작용하고 문제를
      해결해 나가도록 하는 방식으로 진행된다. 역할연기 면접에서는 면접관이 직접 역할연
      기를 하면서 지원자를 관찰하기도 하지만, 역할연기 수행만 전문적으로 하는 사람을 투
      입할 수도 있다.

    • 판단기준 : 대처능력, 대인관계능력, 의사소통능력 등

  ㉡ 특징 : 실제 상황과 유사한 가상 상황에서의 행동을 관찰함으로서 지원자의 성격이나 대
    처 행동 등을 관찰할 수 있다.

  ㉢ 예시 문항 및 준비전략

    • 예시 문항

> [금융권 역할면접의 예]
> 당신은 ○○은행의 신입 텔러이다. 사람이 많은 월말 오전 한 할아버지(면접관 또는 역할담
> 당자)께서 ○○은행을 사칭한 보이스피싱으로 500만 원을 피해 보았다며 소란을 일으키고
> 있다. 실제 업무상황이라고 생각하고 상황에 대처해 보시오.

- 준비전략 : 역할연기 면접에서 측정하는 역량은 주로 갈등의 원인이 되는 문제를 해결하고 제시된 해결방안을 상대방에게 설득하는 것이다. 따라서 갈등해결, 문제해결, 조정·통합, 설득력과 같은 역량이 중요시된다. 또한 갈등을 해결하기 위해서 상대방에 대한 이해도 필수적인 요소이므로 고객 지향을 염두에 두고 상황에 맞게 대처해야 한다. 역할면접에서는 변별력을 높이기 위해 면접관이 압박적인 분위기를 조성하는 경우가 많기 때문에 스트레스 상황에서 불안해하지 않고 유연하게 대처할 수 있도록 시간과 노력을 들여 충분히 연습하는 것이 좋다.

2　면접 이미지 메이킹

(1) 성공적인 이미지 메이킹 포인트

① 복장 및 스타일

　㉠ 남성

- 양복 : 양복은 단색으로 하며 넥타이나 셔츠로 포인트를 주는 것이 효과적이다. 짙은 회색이나 감청색이 가장 단정하고 품위 있는 인상을 준다.
- 셔츠 : 흰색이 가장 선호되나 자신의 피부색에 맞추는 것이 좋다. 푸른색이나 베이지색은 산뜻한 느낌을 줄 수 있다. 양복과의 배색도 고려하도록 한다.
- 넥타이 : 의상에 포인트를 줄 수 있는 아이템이지만 너무 화려한 것은 피한다. 지원자의 피부색은 물론, 정장과 셔츠의 색을 고려하며, 체격에 따라 넥타이 폭을 조절하는 것이 좋다.
- 구두&양말 : 구두는 검정색이나 짙은 갈색이 어느 양복에나 무난하게 어울리며 깔끔하게 닦아 준비한다. 양말은 정장과 동일한 색상이나 검정색을 착용한다.
- 헤어스타일 : 머리스타일은 단정한 느낌을 주는 짧은 헤어스타일이 좋으며 앞머리가 있다면 이마나 눈썹을 가리지 않는 선에서 정리하는 것이 좋다.

ⓛ 여성

- 의상 : 단정한 스커트 투피스 정장이나 슬랙스 슈트가 무난하다. 블랙이나 그레이, 네이비, 브라운 등 차분해 보이는 색상을 선택하는 것이 좋다.
- 소품 : 구두, 핸드백 등은 같은 계열로 코디하는 것이 좋으며 구두는 너무 화려한 디자인이나 굽이 높은 것을 피한다. 스타킹은 의상과 구두에 맞춰 단정한 것으로 선택한다.
- 액세서리 : 액세서리는 너무 크거나 화려한 것은 좋지 않으며 과하게 많이 하는 것도 좋은 인상을 주지 못한다. 착용하지 않거나 작고 깔끔한 디자인으로 포인트를 주는 정도가 적당하다.
- 메이크업 : 화장은 자연스럽고 밝은 이미지를 표현하는 것이 좋으며 진한 색조는 인상이 강해 보일 수 있으므로 피한다.
- 헤어스타일 : 커트나 단발처럼 짧은 머리는 활동적이면서도 단정한 이미지를 줄 수 있도록 정리한다. 긴 머리의 경우 하나로 묶거나 단정한 머리망으로 정리하는 것이 좋으며, 짙은 염색이나 화려한 웨이브는 피한다.

② 인사

㉠ 인사의 의미 : 인사는 예의범절의 기본이며 상대방의 마음을 여는 기본적인 행동이라고 할 수 있다. 인사는 처음 만나는 면접관에게 호감을 살 수 있는 가장 쉬운 방법이 될 수 있기도 하지만 제대로 예의를 지키지 않으면 지원자의 인성 전반에 대한 평가로 이어질 수 있으므로 각별히 주의해야 한다.

㉡ 인사의 핵심 포인트

- 인사말 : 인사말을 할 때에는 밝고 친근감 있는 목소리로 하며, 자신의 이름과 수험번호 등을 간략하게 소개한다.
- 시선 : 인사는 상대방의 눈을 보며 하는 것이 중요하며 너무 빤히 쳐다본다는 느낌이 들지 않도록 주의한다.
- 표정 : 인사는 마음에서 우러나오는 존경이나 반가움을 표현하고 예의를 차리는 것이므로 살짝 미소를 지으며 하는 것이 좋다.
- 자세 : 인사를 할 때에는 가볍게 목만 숙인다거나 흐트러진 상태에서 인사를 하지 않도록 주의하며 절도 있고 확실하게 하는 것이 좋다.

③ 시선처리와 표정, 목소리

ⓐ 시선처리와 표정 : 표정은 면접에서 지원자의 첫인상을 결정하는 중요한 요소이다. 얼굴 표정은 사람의 감정을 가장 잘 표현할 수 있는 의사소통 도구로 표정 하나로 상대방에게 호감을 주거나, 비호감을 사기도 한다. 호감이 가는 인상의 특징은 부드러운 눈썹, 자연스러운 미간, 적당히 볼록한 광대, 올라간 입 꼬리 등으로 가볍게 미소를 지을 때의 표정과 일치한다. 따라서 면접 중에는 밝은 표정으로 미소를 지어 호감을 형성할 수 있도록 한다. 시선은 면접관과 고르게 맞추되 생기 있는 눈빛을 띄도록 하며, 너무 빤히 쳐다본다는 인상을 주지 않도록 한다.

ⓑ 목소리 : 면접은 주로 면접관과 지원자의 대화로 이루어지므로 목소리가 미치는 영향이 상당하다. 답변을 할 때에는 부드러우면서도 활기차고 생동감 있는 목소리로 하는 것이 면접관에게 호감을 줄 수 있으며 적당한 제스처가 더해진다면 상승효과를 얻을 수 있다. 그러나 적절한 답변을 하였음에도 불구하고 콧소리나 날카로운 목소리, 자신감 없는 작은 목소리는 답변의 신뢰성을 떨어뜨릴 수 있으므로 주의하도록 한다.

④ 자세

ⓐ 걷는 자세
- 면접장에 입실할 때에는 상체를 곧게 유지하고 발끝은 평행이 되게 하며 무릎을 스치듯 11자로 걷는다.
- 시선은 정면을 향하고 턱은 가볍게 당기며 어깨나 엉덩이가 흔들리지 않도록 주의한다.
- 발바닥 전체가 닿는 느낌으로 안정감 있게 걸으며 발소리가 나지 않도록 주의한다.
- 보폭은 어깨넓이만큼이 적당하지만, 스커트를 착용했을 경우 보폭을 줄인다.
- 걸을 때도 미소를 유지한다.

ⓑ 서있는 자세
- 몸 전체를 곧게 펴고 가슴을 자연스럽게 내민 후 등과 어깨에 힘을 주지 않는다.
- 정면을 바라본 상태에서 턱을 약간 당기고 아랫배에 힘을 주어 당기며 바르게 선다.
- 양 무릎과 발뒤꿈치는 붙이고 발끝은 11자 또는 V형을 취한다.
- 남성의 경우 팔을 자연스럽게 내리고 양손을 가볍게 쥐어 바지 옆선에 붙이고, 여성의 경우 공수자세를 유지한다.

ⓒ 앉은 자세

• 남성

> • 의자 깊숙이 앉고 등받이와 등 사이에 주먹 1개 정도의 간격을 두며 기대듯 앉지 않도록 주의한다. (남녀 공통 사항)
> • 무릎 사이에 주먹 2개 정도의 간격을 유지하고 발끝은 11자를 취한다.
> • 시선은 정면을 바라보며 턱은 가볍게 당기고 미소를 짓는다. (남녀 공통 사항)
> • 양손은 가볍게 주먹을 쥐고 무릎 위에 올려놓는다.
> • 앉고 일어날 때에는 자세가 흐트러지지 않도록 주의한다. (남녀 공통 사항)

• 여성

> • 스커트를 입었을 경우 왼손으로 뒤쪽 스커트 자락을 누르고 오른손으로 앞쪽 자락을 누르며 의자에 앉는다.
> • 무릎은 붙이고 발끝을 가지런히 하며, 다리를 왼쪽으로 비스듬히 기울이면 여성스러워 보이는 효과가 있다.
> • 양손을 모아 무릎 위에 모아 놓으며 스커트를 입었을 경우 스커트 위를 가볍게 누르듯이 올려놓는다.

(2) 면접 예절

① 행동 관련 예절

ⓐ **지각은 절대금물** : 시간을 지키는 것은 예절의 기본이다. 지각을 할 경우 면접에 응시할 수 없거나, 면접 기회가 주어지더라도 불이익을 받을 가능성이 높아진다. 따라서 면접 장소가 결정되면 교통편과 소요시간을 확인하고 가능하다면 사전에 미리 방문해 보는 것도 좋다. 면접 당일에는 서둘러 출발하여 면접 시간 20~30분 전에 도착하여 회사를 둘러보고 환경에 익숙해지는 것도 성공적인 면접을 위한 요령이 될 수 있다.

ⓑ **면접 대기 시간** : 지원자들은 대부분 면접장에서의 행동과 답변 등으로만 평가를 받는다고 생각하지만 그렇지 않다. 면접관이 아닌 면접진행자 역시 대부분 인사실무자이며 면접관이 면접 후 지원자에 대한 평가에 있어 확신을 위해 면접진행자의 의견을 구한다면 면접진행자의 의견이 당락에 영향을 줄 수 있다. 따라서 면접 대기 시간에도 행동과 말을 조심해야 하며, 면접을 마치고 돌아가는 순간까지도 긴장을 늦춰서는 안 된다. 면접 중 압박적인 질문에 답변을 잘 했지만, 면접장을 나와 흐트러진 모습을 보이거나 욕설을 한다면 면접 탈락의 요인이 될 수 있으므로 주의해야 한다.

ⓒ 입실 후 태도 : 본인의 차례가 되어 호명되면 또렷하게 대답하고 들어간다. 만약 면접장 문이 닫혀 있다면 상대에게 소리가 들릴 수 있을 정도로 노크를 두세 번 한 후 대답을 듣고 나서 들어가야 한다. 문을 여닫을 때에는 소리가 나지 않게 조용히 하며 공손한 자세로 인사한 후 성명과 수험번호를 말하고 면접관의 지시에 따라 자리에 앉는다. 이 경우 착석하라는 말이 없는데 먼저 의자에 앉으면 무례한 사람으로 보일 수 있으므로 주의한다. 의자에 앉을 때에는 끝에 앉지 말고 무릎 위에 양손을 가지런히 얹는 것이 예절이라고 할 수 있다.

ⓔ 옷매무새를 자주 고치지 마라. : 일부 지원자의 경우 옷매무새 또는 헤어스타일을 자주 고치거나 확인하기도 하는데 이러한 모습은 과도하게 긴장한 것 같아 보이거나 면접에 집중하지 못하는 것으로 보일 수 있다. 남성 지원자의 경우 넥타이를 자꾸 고쳐 맨다거나 정장 상의 끝을 너무 자주 만지작거리지 않는다. 여성 지원자는 머리를 계속 쓸어 올리지 않고, 특히 짧은 치마를 입고서 신경이 쓰여 치마를 끌어 내리는 행동은 좋지 않다.

ⓜ 다리를 떨거나 산만한 시선은 면접 탈락의 지름길 : 자신도 모르게 다리를 떨거나 손가락을 만지는 등의 행동을 하는 지원자가 있는데, 이는 면접관의 주의를 끌 뿐만 아니라 불안하고 산만한 사람이라는 느낌을 주게 된다. 따라서 가능한 한 바른 자세로 앉아 있는 것이 좋다. 또한 면접관과 시선을 맞추지 못하고 여기저기 둘러보는 듯한 산만한 시선은 지원자가 거짓말을 하고 있다고 여겨지거나 신뢰할 수 없는 사람이라고 생각될 수 있다.

② 답변 관련 예절

ⓐ 면접관이나 다른 지원자와 가치 논쟁을 하지 않는다. : 질문을 받고 답변하는 과정에서 면접관 또는 다른 지원자의 의견과 다른 의견이 있을 수 있다. 특히 평소 지원자가 관심이 많은 문제이거나 잘 알고 있는 문제인 경우 자신과 다른 의견에 대해 이의가 있을 수 있다. 하지만 주의할 것은 면접에서 면접관이나 다른 지원자와 가치 논쟁을 할 필요는 없다는 것이며 오히려 불이익을 당할 수도 있다. 정답이 정해져 있지 않은 경우에는 가치관이나 성장배경에 따라 문제를 받아들이는 태도에서 답변까지 충분히 차이가 있을 수 있으므로 굳이 면접관이나 다른 지원자의 가치관을 지적하고 고치려 드는 것은 좋지 않다.

ⓒ 답변은 항상 정직해야 한다. : 면접이라는 것이 아무리 지원자의 장점을 부각시키고 단점을 축소시키는 것이라고 해도 절대로 거짓말을 해서는 안 된다. 거짓말을 하게 되면 지원자는 불안하거나 꺼림칙한 마음이 들게 되어 면접에 집중을 하지 못하게 되고 수많은 지원자를 상대하는 면접관은 그것을 놓치지 않는다. 거짓말은 그 지원자에 대한 신뢰성을 떨어뜨리며 이로 인해 다른 스펙이 아무리 훌륭하다고 해도 채용에서 탈락하게 될 수 있음을 명심하도록 한다.

ⓒ 경력직의 경우 전 직장에 대해 험담하지 않는다. : 지원자가 전 직장에서 무슨 업무를 담당했고 어떤 성과를 올렸는지는 면접관이 관심을 둘 사항일 수 있지만, 이전 직장의 기업문화나 상사들이 어땠는지는 그다지 궁금해 하는 사항이 아니다. 전 직장에 대해 험담을 늘어놓는다든가, 동료와 상사에 대한 악담을 하게 된다면 오히려 지원자에 대한 부정적인 이미지만 심어줄 수 있다. 만약 전 직장에 대한 말을 해야 할 경우가 생긴다면 가능한 한 객관적으로 이야기하는 것이 좋다.

ⓔ 자기 자신이나 배경에 대해 자랑하지 않는다. : 자신의 성취나 부모 형제 등 집안사람들이 사회 · 경제적으로 어떠한 위치에 있는지에 대한 자랑은 면접관으로 하여금 지원자에 대해 오만한 사람이거나 배경에 의존하려는 나약한 사람이라는 이미지를 갖게 할 수 있다. 따라서 자기 자신이나 배경에 대해 자랑하지 않도록 하고, 자신이 한 일에 대해서 너무 자세하게 얘기하지 않도록 주의해야 한다.

3 면접 질문 및 답변 포인트

(1) 가족 및 대인관계에 관한 질문

① 당신의 가정은 어떤 가정입니까?

면접관들은 지원자의 가정환경과 성장과정을 통해 지원자의 성향을 알고 싶어 이와 같은 질문을 한다. 비록 가정 일과 사회의 일이 완전히 일치하는 것은 아니지만 '가화만사성'이라는 말이 있듯이 가정이 화목해야 사회에서도 화목하게 지낼 수 있기 때문이다. 그러므로 답변 시에는 가족사항을 정확하게 설명하고 집안의 분위기와 특징에 대해 이야기하는 것이 좋다.

② 아버지의 직업은 무엇입니까?

아주 기본적인 질문이지만 지원자는 아버지의 직업과 내가 무슨 관련성이 있을까 생각하기 쉬워 포괄적인 답변을 하는 경우가 많다. 그러나 이는 바람직하지 않은 것으로 단답형으로 답변하면 세부적인 직종 및 근무연한 등을 물을 수 있으므로 모든 걸 한 번에 대답하는 것이 좋다.

③ 친구 관계에 대해 말해 보십시오.

지원자의 인간성을 판단하는 질문으로 교우관계를 통해 답변자의 성격과 대인관계능력을 파악할 수 있다. 새로운 환경에 적응을 잘하여 새로운 친구들이 많은 것도 좋지만, 깊고 오래 지속되어온 인간관계를 말하는 것이 더욱 바람직하다.

(2) 성격 및 가치관에 관한 질문

① 당신의 PR포인트를 말해 주십시오.

PR포인트를 말할 때에는 지나치게 겸손한 태도는 좋지 않으며 적극적으로 자기를 주장하는 것이 좋다. 앞으로 입사 후 하게 될 업무와 관련된 자기의 특성을 구체적인 일화를 더하여 이야기하도록 한다.

② 당신의 장·단점을 말해 보십시오.

지원자의 구체적인 장·단점을 알고자 하기보다는 지원자가 자기 자신에 대해 얼마나 알고 있으며 어느 정도의 객관적인 분석을 하고 있나, 그리고 개선의 노력 등을 시도하는지를 파악하고자 하는 것이다. 따라서 장점을 말할 때는 업무와 관련된 장점을 뒷받침할 수 있는 근거와 함께 제시하며, 단점을 이야기할 때에는 극복을 위한 노력을 반드시 포함해야 한다.

③ 가장 존경하는 사람은 누구입니까?

존경하는 사람을 말하기 위해서는 우선 그 인물에 대해 알아야 한다. 잘 모르는 인물에 대해 존경한다고 말하는 것은 면접관에게 바로 지적당할 수 있으므로, 추상적이라도 좋으니 평소에 존경스럽다고 생각했던 사람에 대해 그 사람의 어떤 점이 좋고 존경스러운지 대답하도록 한다. 또한 자신에게 어떤 영향을 미쳤는지도 언급하면 좋다.

(3) 학교생활에 관한 질문

① 지금까지의 학교생활 중 가장 기억에 남는 일은 무엇입니까?

가급적 직장생활에 도움이 되는 경험을 이야기하는 것이 좋다. 또한 경험만을 간단하게 말하지 말고 그 경험을 통해서 얻을 수 있었던 교훈 등을 예시와 함께 이야기하는 것이 좋으나 너무 상투적인 답변이 되지 않도록 주의해야 한다.

② 성적은 좋은 편이었습니까?

면접관은 이미 서류심사를 통해 지원자의 성적을 알고 있다. 그럼에도 불구하고 이 질문을 하는 것은 지원자가 성적에 대해서 어떻게 인식하느냐를 알고자 하는 것이다. 성적이 나빴던 이유에 대해서 변명하려 하지 말고 담백하게 받아들이고 그것에 대한 개선노력을 했음을 밝히는 것이 적절하다.

③ 학창시절에 시위나 집회 등에 참여한 경험이 있습니까?

기업에서는 노사분규를 기업의 사활이 걸린 중대한 문제로 인식하고 거시적인 차원에서 접근한다. 이러한 기업문화를 제대로 인식하지 못하여 학창시절의 시위나 집회 참여 경험을 자랑스럽게 답변할 경우 감점요인이 되거나 심지어는 탈락할 수 있다는 사실에 주의한다. 시위나 집회에 참가한 경험을 말할 때에는 타당성과 정도에 유의하여 답변해야 한다.

(4) 지원동기 및 직업의식에 관한 질문

① 왜 우리 회사를 지원했습니까?

이 질문은 어느 회사나 가장 먼저 물어보고 싶은 것으로 지원자들은 기업의 이념, 대표의 경영능력, 재무구조, 복리후생 등 외적인 부분을 설명하는 경우가 많다. 이러한 답변도 적절하지만 지원 회사의 주력 상품에 관한 소비자의 인지도, 경쟁사 제품과의 시장점유율을 비교하면서 입사동기를 설명한다면 상당히 주목받을 수 있을 것이다.

② 만약 이번 채용에 불합격하면 어떻게 하겠습니까?

불합격할 것을 가정하고 회사에 응시하는 지원자는 거의 없을 것이다. 이는 지원자를 궁지로 몰아넣고 어떻게 대응하는지를 살펴보며 입사 의지를 알아보려고 하는 것이다. 이 질문은 너무 깊이 들어가지 말고 침착하게 답변하는 것이 좋다.

③ 당신이 생각하는 바람직한 사원상은 무엇입니까?

직장인으로서 또는 조직의 일원으로서의 자세를 묻는 질문으로 지원하는 회사에서 어떤 인재상을 요구하는가를 알아두는 것이 좋으며, 평소에 자신의 생각을 미리 정리해두어 당황하지 않도록 한다.

④ 직무상의 적성과 보수의 많음 중 어느 것을 택하겠습니까?

이런 질문에서 회사 측에서 원하는 답변은 당연히 직무상의 적성에 비중을 둔다는 것이다. 그러나 적성만을 너무 강조하다 보면 오히려 솔직하지 못하다는 인상을 줄 수 있으므로 어느 한 쪽을 너무 강조하거나 경시하는 태도는 바람직하지 못하다.

⑤ 상사와 의견이 다를 때 어떻게 하겠습니까?

과거와 다르게 최근에는 상사의 명령에 무조건 따르겠다는 수동적인 자세는 바람직하지 않다. 회사에서는 때에 따라 자신이 판단하고 행동할 수 있는 직원을 원하기 때문이다. 그러나 지나치게 자신의 의견만을 고집한다면 이는 팀원 간의 불화를 야기할 수 있으며 팀 체제에 악영향을 미칠 수 있으므로 선호하지 않는다는 것에 유념하여 답해야 한다.

⑥ 근무지가 지방인데 근무가 가능합니까?

근무지가 지방 중에서도 특정 지역은 되고 다른 지역은 안 된다는 답변은 바람직하지 않다. 직장에서는 순환 근무라는 것이 있으므로 처음에 지방에서 근무를 시작했다고 해서 계속 지방에만 있는 것은 아님을 유의하고 답변하도록 한다.

(5) 여가 활용에 관한 질문

① 취미가 무엇입니까?

기초적인 질문이지만 특별한 취미가 없는 지원자의 경우 대답이 애매할 수 밖에 없다. 그래서 가장 많이 대답하게 되는 것이 독서, 영화감상, 혹은 음악감상 등과 같은 흔한 취미를 말하게 되는데 이런 취미는 면접관의 주의를 끌기 어려우며 설사 정말 위와 같은 취미를 가지고 있다하더라도 제대로 답변하기는 힘든 것이 사실이다. 가능하면 독특한 취미를 말하는 것이 좋으며 이제 막 시작한 것이라도 열의를 가지고 있음을 설명할 수 있으면 그것을 취미로 답변하는 것도 좋다.

② 술자리를 좋아합니까?

이 질문은 정말로 술자리를 좋아하는 정도를 묻는 것이 아니다. 우리나라에서는 대부분 술자리가 친교의 자리로 인식되기 때문에 그것에 얼마나 적극적으로 참여할 수 있는가를 우회적으로 묻는 것이다. 술자리를 싫어한다고 대답하게 되면 원만한 대인관계에 문제가 있을 수 있다고 평가될 수 있으므로 술을 잘 마시지 못하더라도 술자리의 분위기는 즐긴다고 답변하는 것이 좋으며 주량에 대해서는 정확하게 말하는 것이 좋다.

(6) 여성 지원자들을 겨냥한 질문

① 결혼은 언제 할 생각입니까?

지원자가 결혼예정자일 경우 기업은 채용을 꺼리게 되는 경향이 있다. 업무를 어느 정도 인식하고 수행할 정도가 되면 퇴사하는 일이 흔하기 때문이다. 가능하면 향후 몇 년간은 결혼 계획이 없다고 답변하는 것이 현실적인 대처 요령이며, 덧붙여 결혼 후에도 일하고자 하는 의지를 강하게 내보인다면 더욱 도움이 된다.

② 만약 결혼 후 남편이나 시댁에서 직장생활을 그만두라고 강요한다면 어떻게 하겠습니까?

결혼적령기의 여성 지원자들에게 빈번하게 묻는 질문으로 의견 대립이 생겼을 때 상대방을 설득하고 타협하는 능력을 알아보고자 하는 것이다. 따라서 남편이나 시댁과 충분한 대화를 통해 설득하고 계속 근무하겠다는 의지를 밝히는 것이 좋다.

③ 여성의 취업을 어떻게 생각합니까?

여성 지원자들의 일에 대한 열의와 포부를 알고자 하는 질문이다. 많은 기업들이 여성들의 섬세하고 꼼꼼한 업무능력과 감각을 높이 평가하고 있으며, 사회 전반적인 분위기 역시 맞벌이를 이해하고 있으므로 자신의 의지를 당당하고 자신감 있게 밝히는 것이 좋다.

④ 커피나 복사 같은 잔심부름이 주어진다면 어떻게 하겠습니까?

여성 지원자들에게 가장 난감하고 자존심상하는 질문일 수 있다. 이 질문은 여성 지원자에게 잔심부름을 시키겠다는 요구가 아니라 직장생활 중에서의 협동심이나 봉사정신, 직업관을 알아보고자 하는 것이다. 또한 이 과정에서 압박기법을 사용해 비꼬는 투로 말하는 수 있는데 이는 자존심이 상하거나 불쾌해질 때의 행동을 알아보려는 것이다. 이럴 경우 흥분하여 과격하게 답변하면 탈락하게 되며, 무조건 열심히 하겠다는 대답도 신뢰성이 없는 답변이다. 직장생활을 위해 필요한 일이면 할 수 있다는 정도의 긍정적인 답변을 하되, 한 사람의 사원으로서 당당함을 유지하는 것이 좋다.

(7) 지원자를 당황하게 하는 질문

① 성적이 좋지 않은데 이 정도의 성적으로 우리 회사에 입사할 수 있다고 생각합니까?

비록 자신의 성적이 좋지 않더라도 이미 서류심사에 통과하여 면접에 참여하였다면 기업에서는 지원자의 성적보다 성적 이외의 요소, 즉 성격·열정 등을 높이 평가했다는 것이라고 할 수 있다. 그러나 이런 질문을 받게 되면 지원자는 당황할 수 있으나 주눅 들지 말고 침착하게 대처하는 면모를 보인다면 더 좋은 인상을 남길 수 있다.

② 우리 회사 회장님 함자를 알고 있습니까?

회장이나 사장의 이름을 조사하는 것은 면접일을 통고받았을 때 이미 사전 조사되었어야 하는 사항이다. 단답형으로 이름만 말하기보다는 그 기업에 입사를 희망하는 지원자의 입장에서 답변하는 것이 좋다.

③ 당신은 이 회사에 적합하지 않은 것 같군요.

이 질문은 지원자의 입장에서 상당히 곤혹스러울 수밖에 없다. 질문을 듣는 순간 그렇다면 면접은 왜 참가시킨 것인가 하는 생각이 들 수도 있다. 하지만 당황하거나 흥분하지 말고 침착하게 자신의 어떤 면이 회사에 적당하지 않는지 겸손하게 물어보고 지적당한 부분에 대해서 고치겠다는 의지를 보인다면 오히려 자신의 능력을 어필할 수 있는 기회로 사용할 수도 있다.

④ 다시 공부할 계획이 있습니까?

이 질문은 지원자가 합격하여 직장을 다니다가 공부를 더 하기 위해 회사를 그만 두거나 학습에 더 관심을 두어 일에 대한 능률이 저하될 것을 우려하여 묻는 것이다. 이때에는 당연히 학습보다는 일을 강조해야 하며, 업무 수행에 필요한 학습이라면 업무에 지장이 없는 범위에서 야간학교를 다니거나 회사에서 제공하는 연수 프로그램 등을 활용하겠다고 답변하는 것이 적당하다.

⑤ 지원한 분야가 전공한 분야와 다른데 여기 일을 할 수 있겠습니까?

수험생의 입장에서 본다면 지원한 분야와 전공이 다르지만 서류전형과 필기전형에 합격하여 면접을 보게 된 경우라고 할 수 있다. 이는 결국 해당 회사의 채용 방침상 전공에 크게 영향을 받지 않는다는 것이므로 무엇보다 자신이 전공하지는 않았지만 어떤 업무도 적극적으로 임할 수 있다는 자신감과 능동적인 자세를 보여주도록 노력하는 것이 좋다.

02 면접기출

❊ 건강보험심사평가원에서 자주묻는 면접질문

(1) 일반면접(인성, 기본)

• 자기소개를 해 보라

• 당사 지원 동기는?

• 마지막으로 하고 싶은 말은?

• 당사에 대해 아는 대로 말해보라

• 자신의 취미를 소개해보라

• 입사 후 포부를 말해보라

• 자신의 장점(강점)을 말해보라

• 자신을 채용해야 하는 이유는?

• 주량은 어느 정도인가?

• 자신의 특기를 설명해보라

• 자신의 장단점을 말해보라

• 자신의 전공을 소개해보라

• 가족소개를 해 보라

• 자신만의 경쟁력을 말해보라

• 봉사활동 경험을 말해보라

• 존경하는 인물은?

- 전공이 회사 및 지원 분야에 어떻게 도움이 되는지 말해보라

- 상사와 갈등이 계속 생긴다면?

- 자신의 생활신조 또는 좌우명은?

- 최근 관심있게 본 신문, 뉴스 기사는?

- 자신의 논문 또는 졸업 작품에 대해 말해보라

- 당사 홈페이지를 보고 느낀 점은?

- 식사했는가? 어떤 메뉴였는가?

- 면접 보러 와서 회사에 대해 느낀 점은?

- 직장인으로서 갖추어야 할 덕목은?

- 우리 회사에 몇 시에 도착했나?

- 자신의 멘토는 누구인가?

- 회사의 방침과 자신의 생각이 다를 경우 어떻게 하겠는가?

(2) 일반면접(직무 질문)

- 입사하면 어떤 일을 하고 싶은가?

- 전공이 직무와 안 맞는데 지원한 이유는?

- 희망하지 않는 분야에 배치된다면?

- 자신의 직무경험을 말해보라

- 전공이 지원 분야에 어떻게 도움이 되겠는가?

- 지원 분야를 위해 어떤 준비를 했는가?

(3) 일반면접(업종 질문)

- 최근 당사 또는 당사 업종의 이슈는 무엇인가?

- 공기업인 및 공무원이 갖추어야 할 덕목은?

(4) 토론면접(업지종 공통)

• 원격진료에 대한 찬반토론

• AIIB에 대한 논의 및 대응방안에 대해 토론하시오

• 사드 배치에 대한 견해 토론

• 조직변화에 따른 거부감의 최소화 방안

서원각과 함께

꿈의 날개를 펴라

기업체 시리즈

한전KPS

KAC 한국공항공사

안전보건공단

예금보험공사